हिन्दी साहित्य : सृष्टि और दृष्टि

हिन्दी साहित्य : सृष्टि और दृष्टि

डॉ. सदानन्दप्रसाद गुप्त

लोकभारती प्रकाशन

लोकभारती प्रकाशन
पहली मंजिल, दरबारी बिल्डिंग, महात्मा गाँधी मार्ग
प्रयागराज–211 001
वेबसाइट : www.lokbharatiprakashan.com
ईमेल : info@lokbharatiprakashan.com

शाखाएँ : 1–बी, नेताजी सुभाष मार्ग, दरियागंज
नयी दिल्ली–110 002
अशोक राजपथ, साइन्स कॉलेज के सामने
पटना–800 006 (बिहार)
36-ए, शेक्सपियर सरणी
कोलकाता-700 017

प्रथम संस्करण : 2022

मूल्य : ₹ 695

बी.के. ऑफसेट
नवीन शाहदरा, दिल्ली–110 032
द्वारा मुद्रित

HINDI SAHITYA : SRISHTI AUR DRISHTI
by Dr. Sadanand Prasad Gupt

ISBN : 978-93-92186-81-3

स्वर्गीय कृष्णचन्द्र अग्रवाल

जिनके संरक्षण में मेरे जीवन को
सार्थक दिशा मिली ।

अनुक्रम

अपनी बात

प्रस्तुत पुस्तक में समय-समय पर विभिन्न पत्र-पत्रिकाओं के लिए लिखे गये तथा विभिन्न संगोष्ठियों के लिए तैयार किये गये आलेखों को संकलित किया गया है। संकलन का उद्देश्य इन्हें एक साथ पुस्तक रूप में सुधी पाठकों के समक्ष विचारार्थ रखना है। आलेख विभिन्न काव्य प्रवृत्तियों या विभिन्न रचनाकारों के व्यक्तित्व पर केंद्रित हैं, पर पाठक अनुभव करेंगे कि इनमें भारतीयता की दृष्टि को प्रधानता दी गई है। मेरे मन पर आचार्य रामचन्द्र शुक्ल के इस वाक्य का गहरा प्रभाव रहा है—'हमें अपनी दृष्टि से दूसरे देशों के साहित्य को देखना होगा, दूसरे देशों की दृष्टि से अपने साहित्य को नहीं। जब तक हम इस विचार सामर्थ्य का सम्पादन न कर लेंगे तब तक अफ्रीका के जंगलियों की तरह जो अंग्रेजों के उतारे कपड़े बदन पर डालकर स्ववर्गियों के बीच बड़ी ऐंठ से चला करते हैं, भद्दी नकल को ही नवीनता मानकर सन्तोष करते रहेंगे और सभ्य जगत के उपहास भाजन बने रहेंगे (चिन्तामणि /2/123, संस्करण सं 2035 वि.)। आचार्य शुक्ल ने 17 अक्टूबर 1939 को साहित्यकारों से बड़ी मार्मिक अपील की थी—'हमारी आप महानुभावों से यही प्रार्थना है कि आप हममें साहित्य सम्बन्धिनी स्वतंत्रता का ऐसा भाव जगा दें कि योरोप में हर एक उठी हुई बात की ओर लपकना छोड़ दें समझ-बूझकर उन्हीं बातों को ग्रहण करें, जिनका कुछ स्थाई मूल्य हो, जो हमारी परिस्थिति के अनुकूल हो।' (चिंतामणि /3/276,संस्करण 1985) पिछले सत्तर वर्षों से विदेशी मान्यताओं की नकल के आधार पर ही साहित्य के मूल्यांकन के प्रयास हुए, कुछ अपवादों को छोड़कर। इसने साहित्य विशेषकर हिन्दी साहित्य के स्वरूप को बहुत अधिक विकृत किया। इस प्रवृत्ति से मुक्त होना आवश्यक है। इस पुस्तक के विभिन्न आलेखों में इसके प्रतिकार का प्रयास किया गया है। इस दृष्टि से 'राष्ट्रीयता की भारतीय अवधारणा' तथा 'राष्ट्रीय चेतना और भारत भारती' निबंधों को देखा जा सकता है। पश्चिम में राष्ट्रीयता को जिस रूप में परिभाषित किया जाता रहा है, भारतीय परम्परा में उससे भिन्न अवधारणा विकसित हुई है। जहाँ पश्चिम की राष्ट्रीयता राजनीतिक उद्देश्यों की पूर्ति करती है वहीं भारत में राष्ट्रीयता की अवधारणा सांस्कृतिक उद्देश्यों से परिचालित है और उसका अधिष्ठान आध्यात्मिक है। मैथिलीशरण गुप्त की 'भारत भारती' के मूल्यांकन में यही दृष्टि कार्य कर रही है। छायावाद को

व्यक्ति स्वातंत्र्य का काव्य कहकर उसका एकांगी मूल्यांकन किया जाता रहा है, उसे वायवी और पलायनवादी कहा जाता रहा है जबकि छायावादी कविता में स्वाधीनता संघर्ष का प्रबल स्वर सुनाई देता है। 'छायावादी काव्य में मातृभूमि वंदना' आलेख इसकी पुष्टि करता है। छायावादी कवियों में सूर्यकान्त त्रिपाठी निराला को वामपंथी खाँचों के भीतर मूल्यांकित करने के प्रयास हुए हैं जबकि निराला को समग्रता में पढ़ा जाय तो स्पष्ट होता है कि उनका साहित्य भारतीय परम्परा का पुनराख्यान और विकास है। 'भारतीयता और निराला का काव्य' विषयक निबन्ध में इस ओर संकेत करने का प्रयास किया गया है। सच्चिदानन्द वात्स्यायन अज्ञेय, निर्मल वर्मा तथा रमेशचन्द्र शाह स्वतंत्रता प्राप्ति के बाद के ऐसे विचारक रचनाकार हैं, जिन्होंने पश्चिम के बौद्धिक जगत के समक्ष भारतीय चिन्तन परम्परा के वैशिष्ट्य को आत्मविश्वास के साथ आधुनिक परिप्रेक्ष्य में रखा है। इनके रचनात्मक व्यक्तित्व की यात्रा करते हुए मुझे इसकी अनुभूति हुई है।

शंकराचार्य के बाद भारतीय ज्ञान एवं साधना परंपरा के वैशिष्ट्य को रूपायित करने और सम्पूर्ण भारतीय समाज को दिशा देने में नाथपंथ तथा उसके लगभग प्रवर्तक के रूप में मान्य महायोगी गुरु गोरखनाथ का सर्वाधिक योगदान है। सम्पूर्ण भक्ति साहित्य और विशेषकर सन्त तथा सूफीकाव्य पर सर्वाधिक प्रभाव गोरखनाथ का ही पड़ा है। 'नाथपन्थ और हिन्दी साहित्य' आलेख में इस प्रभाव का आकलन किया गया है। सूफी मत का भारत में प्रवेश यद्यपि छिपे रूप में इस्लाम के प्रचार प्रसार के लिए ही हुआ था, पर हिन्दी सूफी कवियों विशेषतः मलिक मुहम्मद जायसी पर भारतीयता का रंग गहरा है। 'मानुष पेम भयउ बैकुण्ठी' आलेख में इसे रेखांकित किया गया है। पंडित दीनदयाल उपाध्याय भारतीय राजनीति के विरले ऐसे शिखर पुरुष रहे हैं, जिनके चिंतन की दिशा पश्चिमोन्मुख नहीं रही है, उनपर भारतीय अद्वैत दर्शन का गहरा प्रभाव है। इसलिए इस पुस्तक में उनके व्यक्तित्व और कृतित्व को विवेचन का विषय बनाया गया है। भारतेंदु युग के तेजस्वी रचनाकार राधाचरण गोस्वामी और द्विवेदी युग के महत्त्वपूर्ण कवि अयोध्यासिंह उपाध्याय 'हरिऔध' के रचनाकार व्यक्तित्व से सम्बन्धित आलेख को इस पुस्तक में स्थान दिया गया है। आशा है, इस पुस्तक को सुधी और सुहृद पाठकों का स्नेह मिलेगा। यदि ऐसा हुआ तो मैं अपना श्रम सार्थक समझूँगा।

इस पुस्तक को प्रकाश में लाने का श्रेय लोकभारती प्रकाशन को है। अतः मैं उनके स्वत्वाधिकारी श्री आमोद माहेश्वरी का आभारी हूँ। श्री राम सिंह की भी इसमें सक्रिय भूमिका रही है। इसलिए उन्हें भी मैं हृदय से साधुवाद देता हूँ।

—सदानन्दप्रसाद गुप्त

गुरु पूर्णिमा

सं. 2078 वि.

नाथ-पन्थ और हिन्दी साहित्य

'आ नो भद्राः क्रतवो यन्तु विश्वतः, 'एकं सद् विप्रा बहुधा वदन्ति' 'संगछध्वं, सं वदध्वं, आ रोह तमसो ज्योतिः 'माता भूमि पुत्रों अहं पृथिव्या' जैसे उदात्त, प्रेरक, मानवतावादी, विश्वदृष्टि सम्पन्न, आत्मा को तेजोद्दीप्त बनानेवाली, राष्ट्रीय चेतना से युक्त जीवन मूल्यों का प्रतिपादन करनेवाली वैदिक काल एवं उससे भी पूर्व अनाहत एवं अबाध गति से प्रवहमान अविच्छिन्न भारतीय चिन्तन परम्परा कई अर्थों में विशिष्ट एवं महत्त्वपूर्ण है। जहाँ विश्व की अन्य चिन्तन परम्पराएँ विशेष कर सामी मजहवी परम्पराएँ एक ईश्वर, एक पुस्तक एवं एक पैगम्बर में आबद्ध होने के कारण सीमित एवं संकुचित दृष्टि का परिचय देती हैं, वही भारतीय चिन्तन परम्परा का फलक विश्वव्यापी है। अनादि काल से प्रवाहित इस परम्परा के प्रथम प्रामाणिक एवं उल्लेखनीय पड़ाव वैदिक साहित्य के अध्ययन से इस बात की पुष्टि होती है। वैदिक काल से प्रवाहित इस विचार परम्परा को विभिन्न कालों में परिवेश के अनुसार अनेक चिन्तकों और मनीषियों ने अपने उत्कृष्ट योगदान से परिपुष्ट और परिष्कृत किया है तथा युगानरूप किंचित् परिवर्तन करते हुए परवर्ती समाज के लिए अनुकरणीय बनाया है। ग्रहण और त्याग के आधार पर विकसित यह परम्परा आजतक चली आ रही है। इसमें विभिन्न आध्यात्मिक, सांस्कृतिक एवं सामाजिक चिन्तकों का अन्यतम योगदान रहा है। भारत की इस महिमामयी उज्ज्वल और विपुल उत्तराधिकार से सम्पन्न परम्परा की कड़ी में नाथ-पन्थ के प्रवर्त्तक के रूप में मान्य साम्प्रदायिक दृष्टि से शिव के अवतार के रूप में विख्यात योगिराज गोरखनाथ का अनन्य महत्त्व है। आचार्य हजारीप्रसाद द्विवेदी ने उचित ही लिखा है कि शंकराचार्य के बाद इतना प्रभावशाली और इतना महिमान्वित महापुरुष भारतवर्ष में दूसरा नहीं हुआ। भक्ति आन्दोलन के पूर्व सबसे शक्तिशाली आन्दोलन गोरखनाथ का योगमार्ग ही था। गोरखनाथ अपने युग के सबसे बड़े नेता थे। उन्होंने जिस धातु को छुआ, वही सोना हो गया। हजारीप्रसाद द्विवेदी ग्रन्थावली नाम 6, पृ. 107) महायोगी गोरखनाथ भारतीय अध्यात्म साधना के ज्योति स्तम्भ थे। वे युग प्रवाह को मोड़नेवाले, परिस्थितियों को अपने अनुकूल बनानेवाले, परम्परागत विचार प्रवाह को मथकर इसके भीतर से सार्वजनीन तत्त्व को प्रकट करनेवाले सच्चे धार्मिक, साधक विचारक तथा युगद्रष्टा व्यक्तित्त्व थे।

नाथ-पन्थ के उदय एवं प्रसार की पृष्ठभूमि का वर्णन करते हुए प्रसिद्ध इतिहासकार डॉ. राजबली पाण्डेय ने अपनी पुस्तक हिन्दू धर्म कोश में संकेत किया है—"जब तान्त्रिकों और सिद्धों के चमत्कार एवं अभिचार बदनाम हो गये, शाक्त मद्य मांसादि के लिए तथा सिद्ध तान्त्रिक आदि स्त्री सम्बन्धी आचारों के कारण घृणा की दृष्टि से देखे जाने लगे तथा जब इनकी क्रियाएँ मन्द पड़ने लगीं तब इन यौगिक क्रियाओं के उद्धार के लिए ही उस समय नाथ सम्प्रदाय का उदय हुआ (पृ. 358)"

गोरखनाथ के अभ्युदय काल के आसपास भारतवर्ष का धार्मिक वातावरण विविध वैदिक-अवैदिक सम्प्रदायों से आच्छादित था। शैव मतावलम्बियों का आधिक्य था और उनके भी विविध रूप थे। इन सब पर तान्त्रिक पद्धति तथा पौराणिक मान्यताओं का प्रभाव था। वस्तुतः तत्कालीन धार्मिक समाज में एक साथ समानान्तर भाव से परस्पर विरोधी प्रवृत्तियाँ सक्रिय थीं। रूढ़ि और रूढ़ि-विरोध, बाह्याचार और अन्तस्साधना, कर्मकाण्ड और भाव साधना कर्मकाण्ड और अद्वैत वेदान्त, यज्ञ और यज्ञ-विरोध हिंसा और अहिंसा—ये सभी क्रिया-प्रतिक्रिया के रूप में समाज में विद्यमान थे। नास्तिक और आस्तिक सम्प्रदाय एक साथ समाज में रहकर परस्पर खण्डन-मण्डन में संलग्न थे। मुस्लिम आक्रमण का प्रभाव भी समाज पर पड़ रहा था। दूसरी ओर तन्त्र-साधना का भी प्रभाव बढ़ रहा था। जहाँ तक सामाजिक स्थिति का प्रश्न है गोरखनाथ के बहुत पूर्व ही वर्ण-व्यवस्था पूर्णतया जन्मना हो गयी थी। दूसरी सदी ईसा पूर्व के आसपास शुंगों के शासन काल में यह परिवर्तन विशेष रूप से हुआ। इस काल में वर्णाश्रम-व्यवस्था का जो पुनर्विकास और संगठन हुआ वही आगे भी चलता रहता। पर आगे चलकर तान्त्रिक धर्म सम्प्रदायों के विकास और प्रसार के कारण वर्णाश्रम-व्यवस्था कुछ शिथिल हुई। इस्लामी आक्रमण के कारण आजीविका के विभिन्न साधनों में अवरोध उत्पन्न हुआ। इससे जटिल स्थिति उत्पन्न हुई। मुस्लिम-आक्रमण, अनुलोम प्रतिलोम विवाह, वर्णाश्रम-व्यवस्था की कठोरता, तान्त्रिक सम्प्रदायों की वृद्धि, विविध प्रकार की जातियों उपजातियों का उदय आदि के कारण समाज में विघटन बढ़ रहा था। ऊँच-नीच के विभाजन के विरुद्ध विद्रोह का भाव भी उत्पन्न हो रहा था। ये विघटन, विग्रह और असन्तोष मानों किसी महापुरुष की प्रतीक्षा कर रहे थे। बौद्ध सिद्ध समूह में इस प्रकार के व्यक्तित्त्व की कोई सम्भावना नहीं थी, क्योंकि वह एकान्त सेवी सामान्य जनों के लिए भयकारक और घृणा उत्पन्न करनेवाले अवैदिक और नास्तिक थे संयम और सदाचार के विघातक और असामाजिक थे। अतः "भारतीय समाज को एक ऐसे महापुरुष की आवश्यकता थी जो उनके बीच से उदित हुआ हो, उनके बीच रहनेवाला हो और भारतीय परम्परा के प्राचीन आदर्शों के अनुकूल रहकर युगानुरूप मार्ग दिखा सके। उस समय के नेता से जिस प्रकार के चारित्रिक उच्चादर्श की अपेक्षा थी और जन समाज को सद्भावना से युक्त होकर उसी के बीच में रहकर सन्मार्ग दिखाने की योग्यता की अपेक्षा थी वह गोरखनाथ में जनता ने पायी (नागेन्द्र नाथ उपाध्याय—

गोरखनाथ, साहित्य अकादमी, नयी दिल्ली, पृ. 25)

विद्वान्‌ों में योगिराज गोरखनाथ के समय को लेकर मतैक्य नहीं है। आठवीं शताब्दी से लेकर तेरहवीं शताब्दी तक का समय विद्वानों ने निश्चित किया है। राहुल सांकृत्यायन ने गोरखनाथ का समय सं. 902 वि. अर्थात्‌ 845 ई. माना है। आचार्य हजारीप्रसाद द्विवेदी ने विक्रम की दसवी शताब्दी माना है। आचार्य रामचन्द्र शुक्ल 13वीं शताब्दी का समय निर्धारित करते हैं। पीताम्बर दत्त बड़थ्वाल का मानना है कि गोरखनाथ का जन्म 11वीं शताब्दी में किसी समय हुआ होगा। डॉ. राम कुमार वर्मा आचार्य रामचन्द्र शुक्ल द्वारा निर्धारित समय को ही सही ठहराते हैं। आचार्य परशुराम चतुर्वेदी का मत है कि गोरखनाथ के जीवन काल के लिए ईसा की दसवीं शताब्दी अथवा अधिक-से-अधिक 11वीं शताब्दी के प्रारम्भिक भाग में अर्थात्‌ विक्रम की 11वीं शताब्दी में ही कोई समय निश्चित करना समीचीन होगा। गोरखनाथ के जन्म स्थान को लेकर भी विद्वान्‌ एकमत नहीं हैं। पर परशुराम चतुर्वेदी का मानना है कि गोरखनाथ का जन्म पश्चिमी भारत के पंजाब प्रान्त के ही किसी स्थान में हुआ था। चतुर्वेदी जी का मानना है कि गोरखनाथ योगी सम्प्रदाय के सर्व प्रधान नेता थे और वास्तव में इसे संगठित करने एवं सुव्यवस्थित रूप देने में सबसे अधिक हाथ इन्हीं का था। इसके लिए उन्होंने असम से लेकर पेशावर से आगे तक पूर्व पश्चिम तथा काश्मीर व नेपाल से लेकर महाराष्ट्र और उससे आगे तक उत्तर दक्षिण की लम्बी यात्राएँ कीं, कई स्थानों पर उनके केन्द्र स्थापित किये और वहाँ अपने योग्य शिष्यों को प्रचार के लिए नियुक्त किया।

नाथ सम्प्रदाय के उद्‌भव के सम्बन्ध में भी अनेक मत प्रचलित हैं। यह कहा जाता है कि सिद्धों की व्रजयान शाखा ही 'नाथ सम्प्रदाय' के रूप में पल्लवित हुई। आचार्य रामचन्द्र शुक्ल का भी यही निष्कर्ष है—"गोरखनाथ के नाथ-पन्थ का मूल भी बौद्धों की यही वज्रयान शाखा है।" राम कुमार वर्मा के अनुसार "जीवन के जिस रूप को सिद्धों ने कर्मकाण्ड के जाल से मुक्त कर 'सहज रूप' दिया था उसे सम्प्रदाय के रूप में आगे बढ़ाने का श्रेय नाथों को ही दिया जाना चाहिए। "इस प्रकार कुछ लोगों के मतानुसार नाथ सम्प्रदाय को सिद्ध सम्प्रदाय का विकसित और शक्तिशाली रूप समझना चाहिए। गोरखनाथ ने सिद्धों की साधना में व्याप्त विकृतियों से समाज को मुक्त किया, यह एक उद्‌घाटित सत्य है। डॉ. सुमन राजे का मानना है कि नाथ सम्प्रदाय भारतीय चिन्ता धारा के मध्य एक कड़ी के रूप में प्रस्फुटित हुआ जिसकी पृष्ठभूमि में एक ओर भारतीय वर्ण-व्यवस्था और कर्मकाण्ड है दूसरी ओर लोक जीवन में प्रचलित सामान्य विश्वास। सिद्धों की कविता से लेकर सन्त साहित्य तक जो गुणात्मक विकास हुआ है उसे हम बिना नाथ साहित्य की कड़ी के समझ ही नहीं सकते (साहित्येतिहास आदिकाल) कुछ लोग नाथ सम्प्रदाय का विकास स्वतन्त्र रूप से मानते हैं। पर सामान्यतया नाथ सम्प्रदाय के उद्‌भव के सम्बन्ध में मुख्यतः तीन सिद्धान्त

प्रचलित हैं—पहला यह कि नाथ सम्प्रदाय सिद्ध सम्प्रदाय का परवर्ती रूप है, दूसरा यह कि शैव सम्प्रदाय की ही एक शाखा है और तीसरा यह कि यह तन्त्रों के यौगिक सम्प्रदाय का विकास है। योगिराज गोरखनाथ के गुरु मत्स्येन्द्रनाथ पर योगिनी कौल मत का प्रभाव था इसीलिए नाथ सम्प्रदाय को सिद्धों से जोड़कर देखा जाता है। यह सत्य है कि गोरखनाथ के गुरु मत्स्येन्द्रनाथ कौलाचार के साधक थे किन्तु गोरखनाथ ने अपने गुरु की विचारधारा में परिवर्तन संघटित किया और उन्हें सात्त्विक सनातन मार्ग का साधक बना दिया। 'जाग मछन्दर गोरख आया' का यही अभिप्राय समझना चाहिए।

गोरखनाथ साधना की जिस पद्धति विशेष के प्रवर्त्तक माने जाते हैं वह शाखा दार्शनिकता की दृष्टि से शैव मत के अन्तर्गत है और व्यावहारिकता की दृष्टि से पतंजलि के हठयोग से सम्बन्ध रखती है। पतंजलि के हठयोग को जनता के बीच प्रतिष्ठित करने का श्रेय गोरखनाथ को ही जाता है। पतंजलि का योग जहाँ सिद्धान्त-परक ज्ञान है वही योगी गोरखनाथ का योग व्यावहारिक अधिक है। इसी कारण पतंजलि प्रवर्तित योग वेदों की भाँति ग्रन्थों का एक आभूषण मात्र रह गया था जबकि योगिराज गोरखनाथ द्वारा बताया गया योग मार्ग नित्य उपयोग में आनेवाले परिधानों की भाँति जीवन की एक आवश्यकता बन गया।

पं. गोपीनाथ कविराज का मत है कि योग साधना का चरम आदर्श जैसा इस सम्प्रदाय में माना गया है वह पतंजलि के पूर्व या परवर्ती कुछ बौद्ध मतों तथा बहुत अंशों तक शांकर-वेदान्त की धारणाओं से मूलतः भिन्न है। तथापि हमें यह निश्चित रूप से लक्षित करना चाहिए कि नाथ-मत का सैद्धान्तिक आदर्श प्राचीन व मध्यकालीन भारत के अद्वैतवादी आगम मतों के अनुरूप ही है। इस आदर्श को एक शब्द में सामरस्य कहा जा सकता है जिसका तात्पर्य है समस्त भेदात्मक स्थितियों से ऊपर उठकर समरस हो जाना (प्रस्तावना—गोरख दर्शन,लेखक अक्षय कुमार बनर्जी,पृ. 28)

नाथ सम्प्रदाय ने 14वीं शताब्दी तक साहित्य और धर्म का शासन किया और गोरखनाथ इस धर्म साहित्य के एक बड़े सन्त कवि हैं। उनकी ग्रन्थ रचना संस्कृत में अधिक कही जाती है। 'अमनस्क', 'अवधूत गीता', गोरक्षकल्प, गोरक्ष कौमुदी, गोरक्ष गीता, गोरक्ष चिकित्सा, गोरक्षपञ्चक , गोरक्ष पद्धति, गोरक्ष शतक, गोरक्ष शास्त्र, गोरक्ष संहिता, योग चिन्तामणि, योग मार्तण्ड, विवेक मार्तण्ड, महार्थ मंजरी, सिद्ध सिद्धान्त पद्धति, हठयोग, हठ संहिता, अमरौध प्रबोध आदि रचनाएँ संस्कृत भाषा में लिखी हुई बतायी जाती हैं। इनमें गोरक्ष शतक, सिद्ध सिद्धान्त पद्धति, महार्थ मंजरी, अमरौघ प्रबोध रचनाएँ अधिक प्रामाणिक मानी जाती हैं। इन ग्रन्थों का मुख्य प्रतिपाद्य योग और उसकी सहायता से प्राप्त ज्ञान है जिसमें पिण्ड ब्रह्माण्डवाद और हठयोग समन्वित राजयोग को महत्त्वपूर्ण स्थान प्राप्त है। गोरखनाथ की हिन्दी रचनाएँ भी अत्यन्त महत्त्वपूर्ण हैं। देशी भाषा के रूप में प्राप्त ये रचनाएँ विविध रूपात्मक हैं और इस काल

में प्रचलित विविध रचना शैलियों में लिखी हुई हैं। डॉ. पीताम्बर दत्त बड़थ्वाल ने 'गोरखबानी' में इन रचनाओं का सम्पादन किया है। मूल ग्रन्थ में तेरह रचनाएँ संकलित हैं जिन्हें डॉ. बड़थ्वाल अन्य रचना की तुलना में अधिक प्रामाणिक मानते हैं—सबदी, पद, सिस्या दरसन, प्राण संकली, नरवैबोध, आत्मबोध, अभै यात्रा जोग, पन्द्रह तिथि, सप्तवार मछीन्द्र गोरख बोध रोमावली, ग्यान-तिलक, पंच मात्रा।

नाथ सम्प्रदाय प्रधान रूप से निवृत्तमार्गी ज्ञानयोग के अन्तर्गत है। नाथ का अर्थ इस सम्प्रदाय में 'मुक्तिदान करनेवाला' माना गया है। मुक्ति का दान वही कर सकता है जो स्वयं मुक्त हो। अतः नाथ सम्प्रदाय में संसार के बन्धनों से मुक्त होने की विधि विशेष रूप से मान्य है। संसार के शब्द, स्पर्श, रूप, रस, गन्ध विषयों से स्वतन्त्रता तभी मिल सकती है जब वैराग्य भावना मन में स्थिर हो जाय। वैराग्य गुरु कृपा से आता है अतः नाथ सम्प्रदाय गुरु मन्त्र या गुरुदीक्षा से प्रारम्भ होता है। गुरु शिष्य की परीक्षा लेता है। वैराग्य भावना जब हृदय में स्थिर होती है तब वह अपनी अभिव्यंजना में तीन मार्ग ग्रहण करती है—पहला मार्ग इन्द्रिय निग्रह का है, दूसरा प्राण साधना का और तीसरा मन साधना का। नाथ सम्प्रदाय में इन्द्रिय निग्रह पर बड़ा जोर दिया गया है। वस्तुतः गोरखनाथ बौद्ध विहार में भिक्षुणियों के प्रवेश और अबाध भोग का परिणाम देख चुके थे इसलिए इन्द्रिय निग्रह पर उन्होंने बहुत बधिक बल दिया। योग साधना में इन्द्रिय निग्रह का बड़ा महत्त्व है। गोरखनाथ ने अपने समय के समाज को संयम और आत्म नियन्त्रण की शिक्षा दी। उन्होंने योगी के लिए ब्रह्मचर्य व्रत पालन अनिवार्य बताया।

यन्द्री का लड़बड़ा जिम्या का फूहड़ा।
गोरख कहै ते पर्तषि चूहड़ा।

जल के संजमि अटल प्रकाश। अन्न के संजमि जोति प्रकाश।।
पवना संजमि लाणे बंध। ब्यंद संजमि थिर है कंध।।

गीता में 'युक्ताहार विहारस्य मुक्त चेष्टस्य कर्मसु' के द्वारा आहार-विहार में संयम पर बल दिया गया है; गोरखनाथ भी इसे स्वीकृति देते हैं—

भरि भरि खाइ ढरि ढरि जाई।
जोग नहिं पूता बड़ी बलाई।।
संजम होई बाइ संग्रहौ।
इस विधि सकल पुरिस को गहौ

आगे वे कहते हैं—

खाये भी मरिये अणखाये भी मरिये।
गोरख कहै पूता संजम ही तरिये ।।

काम-क्रोध साधना के ही प्रबल शत्रु नहीं हैं, अपितु सात्त्विक जीवन जीने के मार्ग में प्रबल अवरोधक भी हैं—

हसिका षेलिबा रहिबा रंग। काम क्रोध न करिबा संग।
हसिबा षेलिबा गाइबी गीत। दिढ़ करि राखि आपनी चित्त ।।

साधना की दृष्टि से और सामान्य जीवन के लिए भी संयम का अत्यन्त महत्त्व है। इसलिए गोरखनाथ ने संयमित जीवन पर बहुत बल दिया।

हबकि न बोलिबा ठबकि न चलिबा
धीरे धरिबा पाँव।
गरब न करिबा, सहजै रहिबा भणत गोरख रावं।।

इसी प्रकार गोरखनाथ कथनी-करनी की एकता पर बहुत बल देते हैं—

कहणि सुहेली रहणि दुहेली।
कहणि रहणि बन थोथी।।

योगी का आचरण ही वस्तुतः प्रधान वस्तु है, कथनी नहीं—बड़ी-बड़ी बातें बघारना उचित नहीं है। वस्तुतः शीलवान व्यक्ति ही पवित्र होता है—

सहज सील का धरै सरीर।
सो गिरती गंगा का नीर ।।

इसी आचरण की पवित्रता का एक अंग है मित कथन। गोरखनाथ मित कथन पर जोर देते हैं—

गोरख कहै सुण रे अवधू,
जग में ऐसे रहणा।
आषै देखिबा कानै सुणिबा,
मुष थै कछु न कहणा

भारतीय परम्परा बाह्याचार को अर्थहीन बताती है। बाह्याचार का खण्डन सिद्धों ने भी किया था पर बाद में वे उसी के शिकार हो गये। गोरखनाथ भी बाह्याचार की निरर्थकता सिद्ध करते हुए मन की पवित्रता पर बल देते हैं—

मन मन्दिर में वास है
पाप पुण्य का ग्यांन
पुण्य रूप मन सुद्ध है
पाप असुद्ध महान्।

मन की पवित्रता पर बल देने के कारण गोरखनाथ कहते हैं कि यदि अन्तरात्मा पवित्र है तो गंगा-स्नान की आवश्यकता नहीं है, कठौती का जल ही गंगा जल के समान पवित्र है—

अवधू मन चंगा तो कठौती ही गंगा

गोरखनाथ अपने समय के समाज में व्याप्त पाखण्ड से बहुत क्षुब्ध थे, वे अपने समय के योगियों और संन्यासियों की दशा पर चिन्तित थे। इसलिए उन्होंने सचेत किया—

केता आवै केता जाई
केता मांगै केता खाई
केता रूप विरखि तलि रहै
गोरख अनभै कासों कहै।

उन्होंने योगियों को उपदेश दिया कि उन्हें अपने भीतर धैर्य रखना चाहिए और अपने अहं को नियन्त्रित करना चाहिए—

नाथ कहै तुम आपा राखौ, हठ करि बाद न करणां।
यह जग है काँटे की बाणी देखि देखि पग धरणां ।।

इसीं प्रकार गोरखनाथ ने संयम के लिए योगियों को स्त्री के प्रबल आकर्षण से दूर रहने का परामर्श दिया और कहा कि नाद (वाणी) और बिन्दु (वीर्य) को संयमित रखनेवाला पुरुष साक्षात् शिव स्वरूप हो जाता है—

धन जोबन की करै न आस। चित्त न राखै कामिनि पास।
नाद बिंद जाकै घटि जरै। ताकी सेवा पारबती करै।।

जो आसन सिद्ध हो गया, जिसने आहार को संयमित रख लिया, जिसने निद्रा को जीत लिया, वह अमरत्व का अधिकारी हो गया—

आसन दिढ़ आहार दिढ़ जो निद्रा दिढ़ होय,
नाथ कहैं सुन बालका मरे ना बूढ़ा होय।।

वस्तुतः इन्द्रिय निग्रह के व्यापक स्वरूप पर गोरखनाथ ने बल दिया क्योंकि इन्द्रिय निग्रह से ही आसन, प्राण साधना से प्राणायाम और मन साधना से प्रत्याहार सिद्ध होने पर साधक में नाड़ी साधन और कुण्डलिनी जागरण की शक्ति उत्पन्न होती है। इड़ा, पिंगला और सुषुम्ना नाड़ी के सचेतन होने पर मूलाधार चक्र के त्रिकोण में स्थित निम्नमुखी कुण्डलिनी तेज सम्पन्न होकर जागृत होती है और सुषुम्ना नाड़ी के भीतर-ही-भीतर ऊपर की ओर बढ़ती है। अपने बढ़ने की क्रिया में वह मेरुदण्ड के समानान्तर सुषम्णा नाड़ी पर स्थित मूलाधार, स्वाधिष्ठान मणिपूरक, अनाहत विशुद्ध और आज्ञा चक्रों का भेदन करती हुई तालु मूल के सिर तक स्थित सहस्त्रार के ब्रह्मरन्ध्र का स्पर्श करती है। षडचक्र भेदन की स्यिति के बाद सुरति शब्द योग की अनुभूति होती है। यह शब्द योग, 'अनाहत नाद' से सम्बन्ध रखता है जो कुण्डलिनी के द्वारा षडचक्र भेदन के उपरान्त सहस्त्रार या सहस्त्रदल कमल में होता है। इस 'अनाहत नाद' का सुख अनिर्वचनीय होता है। इसी में शून्य की महत्ता और व्यापकता समझ में आती है। यह शून्य ऐसी अवस्था का द्योतक है जहाँ द्वैत का विनाश होकर सत्-चित् -आनन्द की अनुभूति शरीर में प्रकट होती है। यह 'शून्य' शरीर मनस् और प्रज्ञा से परे है। यह असीम तथा अखण्ड प्रकाश चैतन्य शक्ति के जागरण की स्थिति है। इस विराट् चेतना के उदय होते ही अखण्ड ज्ञान प्राप्त हो जाता है और पिण्ड सिद्धि मिल जाती है। नाथ-पन्थ का आदर्श ही है पहले पिण्ड सिद्धि द्वारा जीवन मुक्ति प्राप्त करना और

तत्पश्चात् परा मुक्ति प्राप्त करना। शिव ही नाथ-पन्थ के आराध्य देव हैं। गोरखनाथ ने जिस योगमार्ग का प्रचार किया, उसमें 'शिव' और 'शक्ति' को आदि तत्त्व माना गया है।

गोरखनाथ के काल में देश मुस्लिम आक्रान्ताओं से त्रस्त था। मुस्लिम आक्रमणकारियों द्वारा साम्राज्य स्थापित होने लगे थे। इस्लामी मत का भारतीय धर्म के साथ सामंजस्य स्थापित नहीं हो सका और विग्रह की स्थिति आ गयी। इस्लामी आक्रमणकारियों के कारण देश की हिन्दू जनता त्रस्त हो गयी थी, सनातन धर्म संकट में पड़ गया। गुरु गोरखनाथ ने इसका खुलकर विरोध किया। तत्कालीन परिस्थितियों में मुल्ला मौलवी और काजी का विरोध गोरखनाथ के ही बस की बात थी। इससे समाज पर उनके प्रभाव का अनुमान लगाया जा सकता है। उन्होंने मुल्ला मौलवी के आडम्बर की निर्भीक आलोचना की साथ ही हिन्दू धर्म में व्याप्त कुरीतियों का भी खण्डन किया था।

हिन्दू ध्यावै देहुरा मुसलमान मसीत।
जोगी ध्यावै परम पद जहाँ देहुरा न मसीत ।।

हिन्दू मन्दिरों में देवता के विग्रह की प्राण प्रतिष्ठा करके उसका ध्यान करते हैं जबकि मुसलमान मस्जिद में निराकार ईश्वर का चिन्तन करते हैं। किन्तु योगी के लिए परम पद सर्वत्र है। योगी को मन्दिर मस्जिद सब जगह परमात्मा का सहज ज्ञान उपलब्ध होता है—

हिन्दू आषैं राम कौ मुसलमान खुदाई।
जोगी आषै अलख कौं तहां राम अछै न खुदाइ ।।

हिन्दू राम का चिन्तन करता है जबकि मुसलमान खुदा का ध्यान करता है परन्तु योगी तो घट-घट व्यापी अलख को देखता है, उसी का चिन्तन करता है। इसी प्रकार गोरखनाथ ने हिन्दू और मुसलमानों में व्याप्त आडम्बर पर तीव्रता के साथ प्रहार किया—

काजी मुलां कुरांण लगाया
ब्रह्म लगाया वेदं ।
कापड़ी संन्यासी तीरथ भरमाया
न पाया नृबाण पद का भेवं ।।

मुसलमानों के काजी और मुल्ला कुरान को सब-कुछ मानते हैं जबकि ब्रह्म ज्ञानी वेदों के अध्ययन पर बल देते हैं, तीर्थ यात्री और संन्यासी यात्रा को महत्त्व देते हैं, पर इनमें से किसी ने भी परमतत्त्व का रहस्य नहीं समझा है। उन्होंने मुसलमानों से कहा-तुम पैगम्बर-पैगम्बर रटते हो पैगम्बर तो बहुत हैं—

महमंद महमंद न करि काजी महमंद का बौहोत विचारं।
महमंद साथि पैगंबर सीधा एक लख असी हजारं।।

इस प्रकार अपने प्रभावों से गोरखनाथ ने युगान्तरकारी परिवर्तन उपस्थित किया। आडम्बर युक्त समाज को उन्होंने आडम्बर से मुक्त करने का अथक प्रयास किया। योग मार्ग के माध्यम से सात्त्विक जीवन जीने का मार्ग दिखाया। उन्होंने एक ओर सिद्ध सम्प्रदाय में व्याप्त जड़ीभूत तत्त्वों को छोड़ा और समाज में नवीन प्राण प्रतिष्ठा की तो दूसरी ओर इस्लामी आक्रमण से उत्पन्न विषम परिस्थिति का भी सामना किया। ऐसे महान् समाज सुधारक तत्त्व चिन्तक के साहित्य का परवर्ती साहित्य परम्परा पर व्यापक प्रभाव पड़ा। सम्पूर्ण मध्यकालीन काव्य धारा पर इसका प्रभाव परिलक्षित होता है। विशेष कर सन्त काव्य और सूफी काव्य परम्परा पर इसका गहरा प्रभाव दिखायी पड़ता है। नाथपन्थी साधना से सन्त साहित्य की समता मुख्यतः इन आधारों पर दिखायी देती है—वर्ण व्यवस्था तथा बाह्याडम्बर का विरोध, गुरु का महत्त्व, पिण्ड ब्राह्माण्ड की एकता तथा सहज समतत्त्व। वर्ण-व्यवस्था तथा अन्य बाह्य आडम्बर का विरोध नाथ-पन्थी साहित्य में मिलता है और सन्त साहित्य में भी। गोरखनाथ का महत्त्वपूर्ण कथन है—

छोड़ौ वेद वणज व्यौपार पढ़िबा गुणिका लोकाचार ।
पूजा पाठ जपौ जिमि जाप जोग मांहि विटवौ आप ।।

इसी परम्परा का अनुसरण करते हुए कबीर ने भी पुस्तकीय ज्ञान और देवी-देवता, तीर्थ, वेद, काव्य आदि सभी की निन्दा की है—

वेद पुरान पढ़त अस पांडे खर चन्दन जैसे भारा।
राम नाम सत समझत नाहीं, अंति पड़ै मुख छारा।।

× × ×

कबीर दुनिया देहुरै सीस नवावण जाइ।
हिरदा भीतर हरि बसै तू ताही सौं ल्यो लाइ ।।

नाथ सम्प्रदाय में गुरु के महत्त्व की पूर्ण स्वीकृति है। वस्तुतः गुरु माहात्म्य भारतीय साधना पद्धति का महत्त्वपूर्ण अंग बन गया। भक्ति काल के सभी सम्प्रदायों में गुरु के महत्त्व को स्वीकार किया गया है गोरखनाथ स्पष्ट रूप से कहते हैं—

गुरु कीजै गहिला निगुरा न रहिला।
बिन गुरु ग्यांन न पाइला रे भाईला।।

कबीर ने उन्मुक्त भाव से गुरु के महत्त्व को स्वीकार किया है। कभी वे कहते हैं गुरु कुम्हार और शिष्य घड़ा है गुरु शिष्य रूपी घड़े को ठोक पीट कर सुधार देता है कभी वे गुरु को गोविन्द को लक्षित करानेवाला मानते हैं। तुलसी, सूर आदि सगुण भक्त कवियों ने भी गुरु के महत्त्व को स्वीकार किया है।

सन्त साहित्य ने योग की समस्त शब्दावलियों को ग्रहण किया है। कबीर के पद झीनी झीनी बीनी चदरिया में योग के रूपक का प्रभावी प्रयोग है। नाथ-पन्थ में पिण्ड और ब्राह्माण्ड की एकता का प्रतिपादन किया गया है, कबीर ने भी इसे स्वीकार किया

है। नाथ-पन्थ में सहज और शून्य की चर्चा है, कबीर भी सहज साधना को महत्त्व देते हैं—

सहज सहज सब कोइ कहै, सहज न चीन्है कोइ।
जिन्ह सहजै हरिजी मिलैं सहज कही जै सोइ ।।

हिन्दू मुस्लिम भेद की व्यर्थता पर बल गोरखनाथ देते हैं और कबीरदास भी। वस्तुतः यह पिण्ड-ब्रह्माण्ड की एकता का ही प्रतिपादन है—

हिन्दू आषै राम कौं मुसलमान खुदाइ।
जोगी आषै अलख कौं तहाँ राम अछै न खुदाइ।।

कबीर की प्रसिद्ध पंक्ति है—

हिन्दू मुए राम कहि मुसलमान खुदाइ।
कहै कबीर सो जीवता दुह मैं कदे न जाइ।।

सूफियों के भारत में प्रवेश के पश्चात् उन पर भारतीय योग-साधना विशेषकर नाथ-पन्थ में प्रचलित हठ योग का पर्याप्त प्रभाव पड़ा है। उदाहरणार्थ सूफी कवि मलिक मुहम्मद जायसी द्वारा रचित पद्मावत महाकाव्य में स्थान-स्थान पर नाथ-पन्थ के प्रभाव को परिलक्षित किया जा सकता है। नाथ-पन्थ में प्रचलित पारिभाषिक शब्दावलियों का जायसी ने स्थान-स्थान पर प्रयोग किया है। नाथ सम्प्रदाय में प्रचलित हठयोग की क्रियाओं का जायसी ने अनूभूत वर्णन किया है। डॉ. वासुदेवशरण अग्रवाल लिखते हैं—'हमारा अनुमान है कि सहजयान सिद्धों की परम्परा और नाथ योगियों की परम्परा—इन दोनों के सम्पर्क में आकर जायसी ने जीवन में उनका प्रत्यक्ष अनुभव प्राप्त किया था। उन्होंनें दोनों की विशेषताओं को स्वीकार करके अपने काव्य में स्थान दिया। पद्मावत में नाथ-पन्थी योगियों का श्रद्धापूर्वक स्मरण किया गया है। गुरु गोरखनाथ का नाम भी पद्मावत में कई बार आया है। हीरामन पद्मावती का सन्देश रत्नसेन को ऐसे देता है मानों वह गोरख का उपदेश हो-

आई पेम रस कहा सँदेसा। गोरख मिला मिला उपदेसा।।

नाथ सम्प्रदाय में प्रतिपादित पिंड ब्रह्माण्ड की एकता का समर्थन जायसी ने पद्मावत में किया है—

चौदह भुवन जो तर उपराहीं।
ते सब मानुष के घट माहीं ।।

'अखरावट' में भी पिण्ड-ब्रह्माण्ड की एकता का प्रतिपादन है—

सातौं दीप नवौ खण्ड आठो दिसा जो आहिं।
जो ब्रह्माण्ड सो पिण्ड है हेरत अन्त न जाहिं ।।

नाथ-पन्थ में गुरु की अनन्य महत्ता सिद्ध है। जायसी ने नाथ-पन्थ की इस मान्यता को पूर्णतया स्वीकार किया है कि गुरु कृपा से ही सिद्धि की प्राप्ति सम्भव है—

बिन गुरु पन्थ न पाइय भूले सो जो मेट।
जोगी सिद्ध होइ तब, जब गोरख सौ भेंट ।।

नाथ पंथ में 'उलटा साधन' का बहुत प्रचार था, इसे उजान साधन भी कहा गया है। चित्त की जो अधोमुखी वृत्तियाँ हैं, उनसे उन्हें हटाकर उद्यान या ऊर्ध्व मार्ग में जगाना उल्टी साधना का लक्षण था। वैष्णव, बाउल और सूफी—सभी ने इस परिभाषा को स्वीकार किया। जायसी ने उल्टी दृष्टि का उल्लेख किया है—

उलटि दिस्टि लाव सो देखा

जायसी ने प्रेम पन्थ को विपरीत मार्ग के रूप में ग्रहण किया है—

उलटा पन्थ प्रेम कै बारा।
चढ़ै सरग जो परै पतारा ।।

जायसी ने सूफी प्रेम साधना के अन्तर्गत कुण्ड़ली योग की सब परिभाषाओं को अंगीकार किया है। वासुदेव शरण अग्रवाल लिखते हैं—'जायसी ने सूफी प्रेम साधना के अन्तर्गत कुण्डली योग की सब परिभाषाओं को अंगीकार किया इससे पद्मावत काव्य में भारतीयता का गहरा रंग आ गया। सूफी साधना की शब्दावली सरल बनकर भारतीय भावनाओं के साथ इस प्रकार घुल-मिल गयी कि पढ़ते हुए दोनों में कोई विरोध या पार्थक्य नहीं दिखायी देता। सिंहल द्वीप के वर्णन में हम उनकी इन समृद्ध परिभाषाओं को एक साथ देखते हैं—

नव पँवरी बाँकी नव खण्डा । नवहुँ जो चढ़ै जाइ ब्रह्मण्डा।'

हठ योग साधकों द्वारा प्रयुक्त अनेक शब्दों का प्रयोग प्रायः उन्हीं के अर्थ में किया गया है। सहस्रार में शिव-शक्ति का मिलन नाथ-पन्थी साधना का अन्तिम सोपान है। सहस्रार को ही उन्होंने कैलास नाम दिया जायसी ने पद्मावत में अनेक स्थानों पर 'कबिलास' का जो प्रयोग किया है, उसका मूल प्रेरणा स्रोत नाथ-पन्थ की हठयोग साधना ही है। इस प्रकार स्पष्ट है कि सूफी काव्य पर नाथ-पन्थ के सिद्धान्तों का गहरा प्रभाव पड़ा है।

सूरदास को भी योग का मूल रूप, जिसमें चित्त वृत्तियों के निरोध को स्वीकृति दी गयी है मान्य है। गोरखनाथ की तरह सूरदास को भी कर्मकाण्ड का आडम्बर मान्य नहीं हैं। सूरदास ने भक्ति पथ का अनुसरण करनेवालों के लिए अष्टांग योग साधना को आवश्यक बताया है।

राम भक्ति साधना में योगधारा का अजस्र प्रवाह स्वामी राघवानन्द के समय से प्राप्त होता है। उनके शिष्य रामानन्द तथा प्रशिष्य स्वामी अनन्तानन्द से इस भावना के प्रसार में विशेष बल मिला। किन्तु वह पराकाष्ठा को पहुँची श्रीकृष्णदास पयहारी की अलौकिक सिद्धियों के प्रकाश से। पयहारी जी ने मुक्ति के लोक प्रचलित चार रूपों—सालोक्य (ईश्वर के लोक की प्राप्ति), सामीप्य (ईश्वर के सान्निध्य में रहना) सारूप्य (ईश्वर के रूप की प्राप्ति), सायुज्य (भगवान् में लीन होना), से परे पाँचवीं

मुक्ति 'ध्यान लीन दशा' की जो कल्पना की है, वह निर्गुण मार्गियों के अनहदनाद जैसी स्थिति है। जहाँ पयहारी जी अपने आराध्य युगल 'सीता राम' के दर्शन करते हैं, यही नाथ पंक्तियों का 'जयोति दर्शन' है।

नाथपन्थ का हिन्दी भाषा के विकास में भी महत्त्वपूर्ण योगदान है। आचार्य रामचन्द्र शुक्ल ने नाथ-साहित्य की भाषा को राजस्थानी से युक्त खड़ी बोली कहा है। उनके अनुसार गोरखनाथ के समय जो भाषा लिखने-पढ़ने में व्यवहृत होती थी उसमें प्राकृत या अपभ्रंश शब्दों का थोड़ा या बहुत मेल अवश्य रहता था। शुक्ल जी आगे लिखते हैं कबीर आदि सन्तों को नाथ पान्थियों से जिस प्रकार 'साखी' और 'बानी' शब्द मिले उसी प्रकार 'साखी' और 'बानी' के लिए बहुत-कुछ सामग्री और सधुक्कड़ी भाषा। ध्यातव्य है कि आचार्य शुक्ल ने कबीर की भाषा को भी सधुक्कड़ी कहा है। अपभ्रंश भाषा ने भक्तिकाल तक की जो यात्रा की नाथ-पन्थ का साहित्य उसके बीच की कड़ी है। योगिराज गोरखनाथ की बाणियों में जिस भाषा का प्रयोग मिलता है उसका विकास भक्तिकालीन विशेषतः सन्त साहित्य में हुआ है। उलटवाँसियों लोकोक्तियों तथा लोक भाषा के जो रूप नाथ साहित्य में मिलते हैं उन्होंने सन्त साहित्य के लिए सहज मार्ग निर्धारित कर दिया।

इस प्रकार हिन्दी साहित्य पर नाथपन्थी साहित्य का व्यापक प्रभाव पड़ा है। योगिराज गोरखनाथ ने अपने समय में समाज में व्याप्त कुरीतियों का प्रत्याख्यान कर जिस नैतिक बोध को जागृत किया, मनुष्य को सात्त्विक सहज जीवन के प्रति उन्मुख किया, साधना की जिस पद्धति का निरूपण किया उसका व्यापक प्रभाव न केवल हिन्दी भाषी समाज और साहित्य पर पड़ा अपितु सम्पूर्ण भारतीय समाज और साहित्य पर पड़ा। योगिराज गोरखनाथ द्वारा प्रवर्तित पन्थ भक्तिकाल के पूर्व प्रबल लोकधर्म था। आचार्य परशुराम चतुर्वेदी का निष्कर्ष है कि, "गुरु गोरखनाथ द्वारा निर्दिष्ट निर्गुण और निराकार की उपासना भक्ति और प्रेम का आधार पाकर आगे और भी लोकप्रिय बन गयी और उनके द्वारा निर्मित तत्त्व विचार एवं योग साधना का ग्रन्थि-बन्धन आज तक भी प्रायः उसी रूप में वर्तमान समझा जा सकता है। इस सम्प्रदाय के अनेक अनुयायी बड़े विद्वान् चरित्रवान् तथा लोक-संग्रही बनकर मानव-समाज के समक्ष अपना आदर्श रखते गये हैं और उनके स्वस्थ शरीर, शुद्ध अन्तःकरण एवं सात्त्विक जीवन की स्मृति किसी को भी अनुप्राणित कर जीवन में सानन्द अग्रसर कर सकती है।" (उत्तरी भारत की सन्त परम्परा, पृ. 55)

मानुस पेम भएउ बैकुंठी

मध्यकाल के सबसे बड़े प्रेमाख्यानक कवि मलिक मुहम्मद जायसी की कालजयी रचना 'पद्मावत' में एक महत्त्वपूर्ण छन्द आता है। यह छन्द पद्मावत के मण्डप गमन खण्ड का है। रत्नसेन पद्मावती के अलौकिक रूप सौन्दर्य का वर्णन हीरामन तोते के मुँह से सुनता है और प्रेम से आविष्ट होकर उसकी प्राप्ति हेतु सिंहल द्वीप पहुँचता है, जहाँ वह महादेव के मन्दिर में पद्मावती के दर्शन के लिए प्रार्थना करता है। उसी समय मण्डप से आकशवाणी होती है—

कै अस्तुति जौं बहुत मनावा। सबद अकूत मँडप महँ आवा।।
मानुस पेम भएउ बैकुंठी। नाहिं त काह छार एक मूँठी ।।
पेमहिं माँहि बिरह औ रसा। मैन के घर मधु अंबरित बसा।।
निसत जो धाइ मरै तो काहा। सत जो करै पंथ होई लाहा।।
एक बार जेईं मन दै सेवा। सेवहि फल परसन होइ देवा ।।
सुनि कै सबद मँडप झनकारा। बैठेउ जाइ पुरुष के बारा ।।
पिंड चढ़ाइ छार जेत आँटी। माँटी होइ अंत जौ माँटी ।।
माटी मोल न किछु लहै औ माँटी सब मोल।
दिस्टि जो माँटी सौ करै माँटी होइ अमोल ।।

(पदुमावति/ सं. कन्हैया सिंह छं. सं. 166)

इस छन्द में महत्त्वपूर्ण पंक्ति है—'मानुस पेम भएउ बैकुंठी। नाहिं न काह छार एक मूँठी।' अर्थात् मनुष्य के भीतर प्रेम ही स्वर्गीय या अलौकिक तत्त्व है अन्यथा वह एक मुट्ठी राख के अतिरिक्त और कुछ नहीं है। जायसी इसी अलौकिक, पवित्र एवं दिव्य तत्त्व की खोज करते हैं। सूफी साधना में इसे ही इश्क हकीकी कहा गया है। जब तक इश्क मजाजी अर्थात् ऐहिक प्रेम इश्क इकीकी अर्थात् दिव्य प्रेम में परिवर्तित नहीं होता, तब तक वह अश्लील और वासनामय है, हेय है, तुच्छ है, वह श्लील होता तब है जब उसमें से भौतिकता का तत्त्व निकल जाता है। इसे यदि हम औपनिषदिक शब्दावली में समझना चाहें तो प्रेय और श्रेय के माध्यम से समझ सकते हैं। श्रेय ही प्राप्तव्य है प्रेय नहीं, श्रेय ही आनन्दमय कोश है। यात्रा हमारी अन्नमय कोश से आरम्भ होती है, पर गन्तव्य हमारा आनन्दमय कोश है। इस प्रेम में प्राप्ति

की आकांक्षा नहीं होती। ऐसा प्रेम अनन्य होता है—'हौ' पदुमावति कहँ भिखमँगा। दिष्टि न आव समुँद औ गंगा।' नारद भक्ति सूत्र के माध्यम से कहें तो तदर्पिताऽखिलाचारिता तद्‌विस्मरणे परम व्याकुलतेति यथा ब्रजगोपिकानाम् । नारद भक्तिसूत्र में ऐसे प्रेम के स्वरूप को अनिर्वचनीय कहा गया है—अनिर्वचनीयं प्रेम स्वरूपं। मूकस्वादनवत्, गुणरहितं, कामनारहितं, प्रतिक्षण वर्धमानम्, अविच्छिन्नं, सूक्ष्मतरम् अनुभवरूपम्।

मलिक मुहम्मद जायसी इसी शाश्वत राग चेतना के गायक हैं। पद्मावत के उपसंहार खण्ड में जायसी का महत्त्वपूर्ण कथन है—

मुहम्मद यह कवि जोरि सुनावा। सुना सो पेम पीर गा पावा।।
जोरी लाइ रकत कै लेई। गाढ़ि प्रीति नैन जल भेई।
औ मन जानि कबित अस कीन्हा। मकु यह रहै जगत् महँ चीन्हा।।
कहाँ सो रतनसेनि अस राजा। कहाँ सुना अस बुधि उपराजा?
कहाँ अलाउद्दीन सुलतानू कहँ राधौ जइँ कीन्ह बखानू?
कहाँ सुरूप पदुमावति रानी । कोऊ न रहा जग रही कहानी।
धनि सो पुरुख जस कीरति जासू। फूल मरै पै मरै न बासू

(वही छंद सं. 652)

अर्थात् पद्मावती और रत्नसेन की कथा के माध्यम से जायसी ने अलौकिक प्रेम के स्वरूप का ही निरूपण किया है, वह प्रेम जो शाश्वत है और नश्वर शरीर की समाप्ति के बाद भी उसका अस्तित्त्व विद्यमान रहता है। इस राग चेतना के माध्यम से जायसी ने तत्कालीन समाज को एक सूत्र में गूँथने का प्रयास किया। यह कहा जाता है कि जायसी सूफी कवि थे। सूफियों की यह परम्परा अरब फारस से सम्बन्ध रखती है। पर ध्यातव्य है कि जायसी के यहाँ फारसी परम्परा और भारतीय परम्परा में अद्‌भुत सामंजस्य हो जाता है बल्कि भारतीय परम्परा का रंग गहरा हो जाता है। भारतीय साहित्य में प्रेमाख्यानों की एक लम्बी परम्परा मिलती है। यह परम्परा वैदिक संस्कृत और लौकिक संस्कृत, प्राकृत तथा अपभ्रंश से होती हुई हिन्दी में आयी है। जायसी ने इसे अपने काव्य में आत्मसात् किया है।

यह निर्भ्रान्त रूप से कहा जा सकता है कि मलिक मुहम्मद जायसी को सम्मान के साथ साहित्य में स्थापित करने का श्रेय आचार्य रामचन्द्र शुक्ल को जाता है। इसके पूर्व साहित्य के मंच पर सूर, तुलसी के साथ केशव, देव और बिहारी विद्यमान थे। मिश्र बन्धुओं ने अपने 'हिन्दी नवरत्न' में जायसी को गौण कवि के रूप में स्थान दिया है। मिश्र बन्धुओं ने वृहत्रयी में सूर तुलसी के साथ देव को रखा है। जायसी को उन्होंने रीतिकाल के एक गौण कवि तोषनिधि की श्रेणी में रखा—"पीछे से जायसी की कविता बहुत बढ़िया समझ पड़ी और सेनापति के स्थान पर उनका नाम करने का विचार हुआ, किन्तु अन्त में उसे कई बार ध्यान से पढ़ने पर उसका चमत्कार कुछ फीका जँचा और जायसी का स्थान तोष कवि की श्रेणी में समझ पड़ा। यह पद्माकर की श्रेणी से नीचे

है। सबसे पहले मतिराम श्रेणी थी फिर दास की और तब पद्माकर की तोष की श्रेणी से नीचे साधारण श्रेणी है।'' (हिन्दी नवरत्न)

आचार्य रामचन्द्र शुक्ल के आते ही आलोचना का परिदृश्य बदलता है और वृहत्रयी में सूर, तुलसी के साथ मलिक मुहम्मद जायसी विराजमान हो जाते हैं। जायसी का महत्त्व कई दृष्टियों से आँका गया है। विजयदेवनारायण साही लिखते हैं—''जायसी हिन्दी के अति महत्त्वपूर्ण कवि हैं। बीते हुए काल के एक वरिष्ठ कवि होने के नाते नहीं बल्कि इस अर्थ में कि आज के साहित्यकार और साहित्य से सरोकार रखनेवाले के लिए जायसी से अपरिचित होना अंकिचन होने जैसा है।'' (जायसी)

साही जी की दृष्टि में जायसी हिन्दी के पहले विधिवत कवि हैं। ''मैं यह नहीं कहता कि कबीरदास ने कविता के द्वारा एक अत्यन्त कठिन समय में अभिव्यक्ति की समर्थ और शक्तिशाली राह नहीं बनायी पर कबीर अपनी प्रतिभा के सहारे भाषा को ठेल-ठेल कर आगे बढ़ाते हैं। उनकी कविता में इस प्रयास के चिह्न बराबर दिखते हैं। लेकिन जायसी में पहली बार हिन्दी भाषा सहज काव्य प्रवाह में बहने लगती है। हिन्दी का अवधी रूप जिसे जायसी ने अपने काव्य माध्यम के लिए चुना, समूचा-का-समूचा काव्यमय हो जाता है। कवि का प्रयास, कहीं दिखता नहीं। लगता है कि समूची अवधी भाषा कविता ही है जो जायसी के कलम से अपना स्वरूप ग्रहण करती चलती है। जब भाषा में इस तरह की अपनी स्वतः स्फूर्त गति दिखे तो हम बेखटके समझ सकते हैं कि हम एक बड़े कवि के सामने उपस्थित हैं (जायसी)। हालाँकि जायसी के पूर्व हिन्दी काव्य परम्परा में सरहपा, गोरखनाथ, विद्यापति तथा कबीर का नाम आता है। सरहपा में विद्रोह का स्वर प्रधान है, गोरखनाथ के काव्य में नैतिकता का स्वर प्रधान है, कबीर में विद्रोह, भक्ति, उपदेश सभी के स्वर मिलते हैं, विद्यापति के काव्य में कवित्वमयता है; कवित्वाभिमान भी है। 'बालचन्द बिज्जावइ भाषा दुहु नहिं लग्गइ दुज्जन हासा' तथा 'सक्कय बानी बहुवन भावइ पाउअ रस को मम्म न पावइ देसिल बअना सब जन मिट्‌ठा तैं तैसन जम्पओ अवहट्‌ठा' जैसी पंक्तियों में इसकी झलक मिलती है। पर साही जी ने अवधी भाषा के सहज प्रवाहमय प्रयोग के कारण जायसी को पहला विधिवत् कवि कहा है।

विजयदेवनारायण साही ने जायसी को एक और अर्थ में पहला कवि कहा है। वे अपने कवित्व का उद्‌घोष कहते हैं। 'पद्मावत' में वे बार-बार अपने को कवि कहकर ही पाठक के सामने प्रस्तुत करते हैं। कुछ पंक्तियाँ द्रष्टव्य हैं—

मुहम्मद कवि जो प्रेम का न तन रकत न माँसु ।
जेइँ मुख देखा सो हँसा सुना तो आए आँसु ।।

(पदुमावति / 23)

एक नयन कवि मुहम्मद गुनी सोइ बिमोहा जेहँ कवि सुनी ।।

× × ×

हौं सब कबिन्ह केर पछिलगा। किछु कहि चला तबल देइ डगा।
चारि मीत कबि मुहम्मद पाए। जोरि मिताई सरि पहुँचाए।

× × ×

कबि बियास रस कौंला पूरी। दूरि ओ नियरें नियरेहि दूरी

× × ×

मुहम्मद यह कवि जोरि सुनावा। सुना जो प्रेम पीर गा पावा
जोरी जाइ रकत कै लेई। गाढ़ि प्रीति नैन जल भेई ।।

जायसी प्रेम के कवि हैं, जिस कथा की रचना उन्होंने की है, वह प्रेम कथा है। जायसी की यह प्रेम कथा ऊपर से देखने पर सीधी-सादी प्रेमकथा लगती है, जिसमें प्रेम और संघर्ष का मिला-जुला रूप है, पर इसमें गहराई है। आध्यात्मिकता इस प्रेम कथा का एक पक्ष है। पूरी कथा को प्रतीकात्मक बनाने का प्रयास किया गया है। 'पद्मावत' के उपसंहार खण्ड का एक छन्द है—

चौदह भुवन ते तर उपराहीं। ते सब मानुस के घट माहीं।।
तन चितउर मन राजा कीन्हा। हिय सिंहल बुधि पदमिनि चीन्हा ।।
गुरु सुआ जो पंथ देखावा। बिन गुरु जगत को निर्गुन पावा।
नागमती यह दुनिया धंधा। बाचा जो न एहि चित बंधा ।।
राघव दूत सोई सैतानू । माया अलाउदीं सुलतानू ।।
प्रेम कथा एहि भाँति विचारहु। बूझि लेहु जौ बूझै पारहू।
तुरकी अरबी हिंदुई भाषा जेती आहिं।
जेहि मँह मारग प्रेम कर सबै सराहै ताहिं ।।

इस छंद का जो तात्पर्य निकलता है उसके अनुसार पद्मावती ब्रह्म का 'प्रतीक' है रत्नसेन जीव, नागमती सांसारिकता, अलाउद्दीन माया, राघव चेतन शैतान और तोता गुरु का 'प्रतीक' है। गहराई का एक दूसरा पक्ष भी है—उच्च मानवीय मूल्यों की स्थापना, जिसमें रत्नसेन, पद्मावती नागमती, गोरा बादल—सभी इसमें योग देते हैं। आध्यात्मिकता के साथ-साथ मानवीय सन्दर्भ के निरूपण में कवि सफल हुआ है। पद्मावती की सहेलियों के साथ सरोवर स्नान और जलक्रीड़ा, रत्नसेन के सिंहल द्वीप के लिए प्रयाण के समय माता तथा नागमती का विलाप, विवाहोपरान्त रत्नसेन के पास जाते समय पद्मावती का संकोच, रत्नसेन के बन्दी होने पर पद्मावती की चिन्ता, बादल का युद्ध के लिए प्रस्थान करते समय नववधू का प्रेम-प्रदर्शन, देवपाल तथा अलाउद्दीन की दूती के समक्ष पद्मावती के सतीत्व तेज का प्रकट होना, नागमती और पद्मावती का सती होना, राघव चेतन के क्रोध को शांत करने की पद्मावती की चिन्ता पद्मावती और नागमती का सौतिया डाह—ये सब प्रसंग कथा को मानवीय सन्दर्भ देने के लिए पर्याप्त हैं। पद्मावती ब्रह्म का 'प्रतीक' भी है और प्रेमिका एवं पत्नी भी है। नागमती सांसारिकता का 'प्रतीक' भी है और भारतीय नारी का आदर्श रूप भी। इन सबसे कहानी गम्भीरता प्राप्त करती है।

एक बात और ध्यान में रखने की है कि पद्मावती में वर्णित प्रेमकथा में दिखने-वाला प्रेम भौतिक प्रेम नहीं है, वह शरीर से व्यक्त होता हुआ भी अशरीरी है शरीर का नैकट्य आत्मा के नैकट्य में बदल जाता है। यह कहना कि पद्मावत की कथा अध्यात्मवाद की हँसी उड़ा रही है और अध्यात्मवाद कथानक को विरूप कर रहा है नितान्त गलत है। लौकिक प्रेम और भगवद्त्प्रेम दोनों का निर्वाह पद्मावत में साथ-साथ हुआ है। जायसी ने जिस प्रेम का वर्णन किया है, वह त्याग और बलिदान से पूर्ण है। अलाउद्दीन और रत्नसेन का युद्ध हिन्दू-मुस्लिम संघर्ष का रूप नहीं लेता। जायसी की इस्लाम के प्रति आस्था है पर हिन्दू-संस्कृति का मर्म उसे आत्म-विस्तार देता है। तभी आचार्य रामचन्द्र शुक्ल कहते हैं कि, "जायसी सूफियों के अद्वैतवाद तक ही नहीं रहे हैं, वेदान्त के अद्वैतवाद तक भी पहुँचे हैं। भारतीय मत मतान्तरों की उनमें अधिक झलक है।' कहानी में अलाउद्दीन विजयी होता है लेकिन उसका विजय व्यर्थ हो जाता है—

छार उठाइ लीन्ह एक मूँठी। दीन्ह उड़ाइ पिरथिमी झूठी ।।

कवि यह दिखाना चाहता है कि भौतिक पराजय में भी प्रेम अपराजेय तत्त्व है। अलाउद्दीन को अपनी व्यर्यता का बोध होता है और लघुता का भी। वासुदेवशरण अग्रवाल टिप्पणी करते हैं—"उन्होंने काव्य की अधिकारिक कथा के उत्तरार्द्ध में जिस संघर्ष का वर्णन किया है उसके काव्य रूप पर जातीय पक्षपात की रंचमात्र भी कालिमा नहीं पड़ने दी। पद्मावती और रत्नसेन जैसे उदात्त चरित्र भारतीय इतिहास में विरले ही हैं। इन दोनों के वर्णन में जायसी ने न केवल सच्चाई से न्याय-तुला पकड़ी है बल्कि रत्नसेन और पद्मावती के लिए उनके मानस का गहरा सहानुभूति स्रोत उमड़ पड़ा है। विलक्षण प्रतिभावान् महाकवि ही आन्तरिक सहानुभूति और करुणा का ऐसा अक्षय स्रोत प्रवाहित कर पाते हैं। जायसी के निम्नलिखित शब्द रत्नसेन की अमर प्रशस्ति हैं—

सुनि राजा हिय बात न भाई। जहाँ मेर तहँ नहिं अस भाई ।।
मंदहि भल जो करै भलु सोई। अन्तहु भला भले कर होई ।।

कवि की दृष्टि में रत्नसेन और अल।उद्दीन का संघर्ष दो जातियों की टक्कर नहीं बल्कि दो आदर्शों की टक्कर है, जो मानव जीवन में सदा रही है। इस दृष्टि से देखने पर जायसी का काव्य ऐतिहासिक पात्रों को शाश्वत प्रतीकों के रूप में ग्रहण करता है और उन्हें प्रकाश और अन्धकार, सत्य-असत्य के नित्य द्वन्द्व के ऊँचे धरातल पर पहुँचा देता है। (पद्मावत प्राक्कथन प्र. 53-54)

अमीर खुसरो ने अलाउद्दीन के चित्तौड़ पर किये गये आक्रमण का आँखों देखा हाल अपनी पुस्तक 'खजायनुल फुतूह' अथवा 'तारीखे अलाई' में प्रस्तुत किया है, उसमें अलाउद्दीन का गुणगान है जो खुसरो के दरबारी चरित्र को प्रत्यक्ष करता है—"इस तारीख को विश्वविजेता (अलाउद्दीन) ने चित्तौड़ विजय के लिए डंका बजाने

की आज्ञा दी और दिल्ली शहर से अपनी पवित्र ध्वजाओं को गतिमान किया...एक दिन में बादशाह की प्रचण्ड आज्ञा से लगभग तीस हजार दोजखी लोग काट दिये गये और खिज्राबाद (चित्तौड़) के मैदान में लगता था कि घास नहीं लाशें उगी हैं। बादशाही क्रोध की हवा ने सभी प्रमुख लोगों को जड़ से उठाकर उस प्रदेश से दोरंगापन खत्म कर दिया।' खुसरो के वर्णन की यही शैली गुजरात में पाटण और राजस्थान में रणथम्भौर विजय पर भी दिखायी देती है—"ऐसा दारूल कुफ्र अर्थात् कुफ्र का देश जो काफिरों का तीर्थ था अब इस्लाम का मदीना हो गया। रणथम्भौर विजय पर खुसरो की टिप्पणी है—दास्ताने फतह रणथम्भौर कन्दर यक ग़जा गश्त अज़ ई. ईंसान दारे कुफ्री दारे इस्लाम दर कज़ा।

यहाँ अमीर खुसरो का कट्टर इस्लामी चरित्र बोल रहा है, जो कवि अमीर खुसरो से एकदम भिन्न है। किन्तु जायसी ने चित्तौड़ के किले को फतह करने और रानियों के जौहर करने का उल्लेख इस प्रकार किया है—

ओई सहगवन भईं जब ताई। पातसाहि गढ़ छेंका आई।।
तब लागि सो अवसर होई बीता। भए अलोप राम औ सीता।।
आइ साह जब सुना अखारा होइगा राति देवस जो बारा।।
छार उठाइ लीन्हि एक मूँठी। दीन्हि उड़ाइ पिरथिमी झूठी ।।
जौं लगि ऊपर छार न पड़ई। तब लगि नहिं सो तिष्ना मरई।।
सगरी कटक उठाई माटी।पुल बाँधा जहँ जहँ गढ़ घाटी।।
भा ढोवा भा जूझि असूझा।बादिल आइ पँवारि होइ जूझा।।
जौहर भईं इस्तिरी पुरुष भए संग्राम।
पातसाहि गढ़ चूरा चितउर भा इस्लाम।।

खुसरों काफिरों के रक्त से धुलकर पृथ्वी को पाक होता देखता है और उल्लसित होकर इस सत्ता संघर्ष को इस्लाम की विजय मानता है। इसके विपरीत जायसी गढ़ में प्रवेश करने पर अलाउद्दीन को कुछ प्राप्त नहीं होता दिखाकर उसे व्यर्थता बोध का अनुभव कराते हैं। रत्नसेन और पद्मावती के शरीर के राख होने की तुलना वे राम और सीता के अन्तर्ध्यान होने से करते हैं। अलाउद्दीन को एक मुट्ठी राख के अतिरिक्त कुछ नहीं मिलता। यहाँ अलाउद्दीन के विजय दम्भ पर करारा व्यंग्य है। जायसी के स्वर में त्रासदी और विषाद का भी मिश्रण है।

जायसी के प्रेम निरूपण में एक बात ध्यान देने की है कि उन्होंने जिस प्रेम का आदर्श सामने रखा है, वह त्याग और समर्पण से पूर्ण है, वह ऐकान्तिक प्रेम नहीं है, वह लोकबाह्य होने से बच गया है, वह प्रेम जीवन-संघर्ष के बीच से ही प्रकट और विकसित होता है। उसमें आशिक और माशूक का निर्लज्ज प्रलाप नहीं है जैसा कि फारसी परम्परा के प्रेमाख्यानों 'लैला मंजनूँ' 'शीरी फरहाद' या यूसुफ जुलेखा में है। जायसी के प्रेम निरूपण में गाम्भीर्य बना हुआ है।

जायसी जिस प्रेम का वर्णन करते हैं उसमें अनन्यता को आत्यन्तिक महत्त्व मिला है। इस अनन्यता का निरूपण नारद भक्ति सूत्र में भी हुआ है। इसकी झलक सूर और तुलसी जैसे सगुण भक्त कवियो में भी मिलती है जायसी की ये पंक्तियाँ इस सन्दर्भ में ध्यातव्य हैं—

पेम पहार कठिन बिधि गढ़ा।सो पै चढ़ै जो सिर सौं चढ़ा।।

× × ×

कटु है पिउ कर खोज जिन्ह पावा तिन्ह मरजिया।

× × ×

एहि रे पंथ सो पहुँचै। सहै जो दुक्ख बियोग।

कबीरदास का भी मानना है कि राम की भक्ति कायरों के लिए नहीं है, "भगति दुहेली राम की नहिं कायर को काम" कबीर प्रेम के लिए सर्वस्व समर्पण को अनिवार्य मानते हैं—

कबिरा यह घर प्रेम का खाला का घर नाहिं।
सीस उतारै भुँइ धरै सो पैसे घर माहिं।।

गोस्वामी तुलसीदास भी भक्ति के लिए अनन्यता को महत्त्व देते हैं—

एक भरोसो एक बल एक आस विस्वास ।
एक राम घनश्याम हित चातक तुलसीदास ।।

सूरदास अनन्यता को चरितार्थ करते हैं—

नाहिं न रह्यौ मन महँ ठौर
नन्द नन्दन अछत कैसे आनिये उर और।।

जायसी जिस राग चेतना के गायक हैं वह राग चेतना मनुष्य को जोड़ती है। इसी राग चेतना के माध्यम से वे दो भिन्न संस्कृतियों के लोगों को निकट लाने का प्रयास करते हैं। इस अर्थ में उन्हें सांस्कृतिक समन्वय का कवि कहा गया है। हिन्दू मुस्लिम सौमनस्य के निर्माण में जायसी का प्रेम-दर्शन एक ईमानदार प्रयत्न है। यह प्रेम तत्त्व त्याग को महत्त्व देता है और त्याग ही ऐसा सूत्र है जो दो भिन्न संस्कृतियों के बीच सेतु का काम करता है। 'रकत की लेई' के सहारे वे हिन्दू मुसलमानों के बीच की खाईं पाटने का प्रयास करते हैं। यह प्रयास कबीर के द्वारा भी हुआ था किन्तु कबीरदास में उग्रता और अक्खड़ता अधिक है जायसी में शीतलता और शान्ति अधिक है। रामचन्द्र शुक्ल ने कबीर और जायसी के इस अन्तर की ओर रेखांकित भी किया है "कबीर ने केवल भिन्न प्रतीत होती परोक्ष सत्ता की एकता का आभास दिया था, प्रत्यक्ष जीवन की एकता का दृश्य सामने रखने की आवश्यकता बनी थी, वह जायसी द्वारा पूरी हुई।" आचार्य शुक्ल की निम्नांकित पंक्तियाँ भी ध्यातव्य हैं—"उन्होंने मुसलमान होकर हिन्दुओं की कहानियाँ हिन्दुओं की ही बोली में पूरी सहृदयता से कहकर उनके जीवन की मर्मस्पर्शिनी अवस्थाओं के साथ अपने उदार हृदय का पूर्ण सामंजस्य दिखा

दिया।' हिन्दी साहित्य के इतिहास में भी आचार्य शुक्ल ने सूफियों द्वारा रचित प्रेम कहानी के स्वरूप की ओर संकेत किया है—"हमारा अनुमान है कि सूफी कवियों ने जो कहानियाँ ली हैं वे सब हिन्दुओं के घर में बहुत दिनों से चली आती हुई कहानियाँ हैं जिनमें आवश्यकतानुसार उन्होंने कुछ हेर-फेर किया है। कहानियों का मार्मिक आधार हिन्दुत्व है। मनुष्य के साथ पशु पक्षी और पेड़ पौधों को भी सहानुभूति सूत्र में बद्ध दिखाकर एक अखण्ड जीवन समष्टि का आभास देना हिन्दू प्रेम कहानियों की विशेषता है। (हिन्दी साहित्य का इतिहास पृ. 74)

जायसी की भावात्मक एकता का प्रमाण उनके द्वारा प्रकृति निरूपण पर्वों और उत्सवों के वर्णन में भी मिलता है। इसी कारण आचार्य शुक्ल ने जोर देकर कहा था, "कि जायसी कवि थे और भारतवर्ष के कवि थे। भारतीय पद्धति के कवियों की दृष्टि फारसवालों की अपेक्षा प्राकृतिक वस्तुओं और व्यापारों पर कहीं अधिक विस्तृत तथा उनके मर्मस्पर्शी स्वरूपों की कहीं अधिक परखनेवाली होती है।" आचार्य शुक्ल के इस कथन का समर्थन डॉ. वासुदेवशरण अग्रवाल भी कहते हैं—पद्मावत का अनुशीलन करते हुए जिस बात की गहरी छाप मन पर पड़ती है, वह यह कि इसके कवि ने भारतभूमि की मिट्‌टी के साथ अपने को कितना मिला दिया है। जायसी सच्चे पृथ्वीपुत्र थे। वे भारतीय जनमानस के कितने सन्निकट थे इसकी पूरी कल्पना करना कठिन है। गाँव मे रहनेवाली जनता का जो मानसिक धरातल है, उसके ज्ञान की जो उपकरण सामग्री है, उसके परिचय का जो क्षितिज है उसी सीमा के भीतर हर्षित स्वर से कवि ने अपने गान का स्वर ऊँचा किया है। जनता की उक्तियाँ भावनाएँ और मान्यताएँ मानों स्वयं छन्द में बँधकर उनके काव्य में गुंथ गयी हैं (पद्मावत पृ. 14) इसका सबसे बड़ा उदाहरण नागमती का वियोग वर्णन अर्थात् बारहमासा है। नागमती विरह वर्णन कवि के भारतीय हृदय के साथ गहरे तादात्म्य का प्रमाण है। आचार्य शुक्ल इसे हिन्दी साहित्य में अद्वितीय वस्तु मानते हैं और उसमें निहित हिन्दू दाम्पत्य जीवन के अत्यन्त मर्मस्पर्शी माधुर्य को प्रत्यक्ष करते हैं। नागमती की वियोग पूर्ण उक्तियाँ आशिक-माशूकों का निर्लज्ज प्रलाप नहीं हैं, यह हिन्दू गृहिणी की विरहवाणी है। इसका सात्त्विक मर्यादापूर्ण माधुर्य परम मनोहर है।"

जायसी ने अपने काव्य में लोक संस्कारों को महत्त्व दिया है। सामन्ती संस्कृति के प्रति कवि की उतनी रुचि नहीं है। यह लोकोन्मुखी सांस्कृतिक चेतना मध्यकाल में जातीय सौमनस्य और सांस्कृतिक समन्वय का जोरदार प्रमाण है। बारहमासा के वर्णन में जायसी जितनी सहृदयता से भाग लेते हैं उतनी सहृदयता के साथ षडऋतु वर्णन में भाग नहीं लेते। भारतीय लोक जीवन के संस्कारों, उत्सवों का वर्णन जायसी बहुत ही आत्मीयता के साथ करते हैं। नागमती वियोग वर्णन ऐसे उदाहरणों से भरा पड़ा है। नागमती के वियोग के चित्रण के लिए जायसी ने जिस बारहमासा का विधान किया है वह भारत की विशेषकर उत्तर प्रदेश की ग्रामीण हिन्दू संस्कृति की अपरिमित झलक

प्रस्तुत करता है। 'चढ़ा आसाढ़ मगन घन राजा' से लेकर 'तपै लाग अब जेठ आसाढ़ा, तक के वर्णन में भारतीय ऋतु व्यापारों, पर्वों, उत्सवों की पूर्ण झलक मिलती है जिसके साथ जायसी के हृदय का पूर्ण तादात्म्य है। विरह वर्णन में प्रयुक्त एक-एक अप्रस्तुत विधान भारतीय परम्परा से लिए गये हैं। दादुर, मोर, कोयल, पुष्य नक्षत्र, पुनर्वसु, हिण्डोला मन्दिल, सेज, नाग, बीजु, मघा, चित्रा, मीन, कातिक, सरद अगहन, पूस, चकई, सरवर, दवंगरा, फागुन, चैत, बसन्ता जैसे शब्द कृषि संस्कृति और भारतीय जीवन पद्धति का पता देते हैं। वर्षा ऋतु में ग्रामीण परिवेश का मर्मस्पर्शी वर्णन निम्नांकित पंक्तियों में मिलता है—

बरसै मघा झकोरी झकोरी ।
मोर दुइ नैन चुवहिं जस ओरी ।।

ग्रीष्म ऋतु में तालाब के सूखने और उसमें दरार पड़ने के साथ नागमती के हृदय के विदीर्ण होने की तुलना बहुत ही मार्मिक है—

सरवर हिया घटत नित जाई। टूक टूक होइ कै बिहराई ।।
बिहरत हिया करहु पिय टेका। दीठि दवंगरा मेरवहु एका।।

जायसी के सन्दर्भ में एक और बात ध्यान में रखने की है कि वे कट्टर इस्लामी एकेश्वरवाद से अपने को मुक्त करते हैं और सूफियों की द्विविधा से भी। सोलहवीं से उन्नीसवीं शताब्दी तक भारतवर्ष में सूफी सम्प्रदायों का बोलबाला था। भारत वर्ष में सूफी आन्दोलन सिर्फ सिद्धान्त चर्चा या व्यक्तिगत साधना अथवा सिद्धि की अवस्था ही नहीं थी सूफी आन्दोलन के पीछे संगठन थे, उस समय के राजनीतिक सांस्कृतिक, धार्मिक, सामाजिक संघर्षों में इन संगठनों की भूमिका थी। ये सूफी संगठन सुलतानों और बादशाहों की नीतियों के अन्तर्गत ही काम करते थे। सूफियों की भूमिका के बारे में कुँवर मुहम्मद अशरफ अपनी पुस्तक 'सूफीज्म इन इण्डिया' में लिखते हैं— सामान्यतः सूफी लोग अपने विवेचन में इतने रूढ़िवादी हैं कि साधारण जन की जिन्दगी और उनकी आध्यात्मिक जरूरतों से वे कटे हुए दिखते हैं। हिन्दुओं और मुसलमानों के निकट सम्बन्धों और परस्पर संघात से मुस्लिम समाज में जो सामाजिक परिवर्तन पैदा हो रहे थे जिन्हें वे मान्यता देने से कतराते हैं। वस्तुतः सूफियों का सम्पर्क अपने जीवन की सामाजिक धाराओं से अन्य मुस्लिम वर्गों की तुलना में अधिक आत्मीय था। लेकिन उनके पैर दो नावों पर थे और खतरा उन्हें दोनों तरफ से लगता था। वे पूरे पारम्परिक इस्लामी जीवन से असन्तुष्ट थे लेकिन उनमें हिम्मत नहीं थी कि उलेमा की ताकत को जो मुसलमानों के नेता थे चुनौती दे सकें। अतः सूफियों ने इस्लामी क्रट्टर आस्थाओं की कट्टर व्याख्याएँ कवच की तरह ओढ़ लीं। इसी तरह वे मुस्लिम उमरा के जीवन और आचार को भी नापसन्द करते थे लेकिन शासक वर्ग की सत्ता से वे इतने भयभीत थे कि उनका विरोध करके ईमानदारी से उनकी आलोचना करके उनसे टक्कर लेना सूफियों के बूते के बाहर की बात थी। पारम्परिक इस्लाम की प्रचलित

व्याख्या से कुछ अलग उनके पास सामान्य जन को देने के लिए नहीं था—कहीं ऐसा न हो कि उनके उपर काफिर या अलीक (अप्रिय/झूठा) होने का आरोप लग जाय।

इसके विपरीत जायसी परम्परागत इस्लामी मान्यताओं से अलग अतिशय उदारता का परिचय देते हैं। उनके चिन्तन पर उनकी काव्य पद्धति पर अद्वैत वेदान्त का गहरा प्रभाव है। यद्यपि जायसी सूफियों के 'चार बसेरे' शून्य का प्रयोग करते हैं यह भी कहते हैं कि "साँची राह सरीयत जेहि बिसबास न होइ पाँव रखै तेहि सीढ़ी निमरम पहुँचै सोइ" या "सो बड़ पंथ मुहम्मद केरा है निरमल कविलास बसेरा" फिर भी वे स्वीकार करते हैं—

बिधना के मारग हैं तेते। सरग नखत तन रोवाँ जेते।।

इस्लाम एक सामी मजहब है जिसमें अन्य का स्वीकार नहीं हैं, वहाँ 'एकं सद् विप्राः बहुधा वदन्ति' के सिद्धान्त को स्वीकृति देना उदार हृदय का परिचय देना है। 'पद्मावत' के 'मानसरोदक खण्ड', 'नखशिख खण्ड', 'पद्मावती रत्नसेन भेंट खण्ड' तथा 'अखरावट' पर अद्वैत दर्शन का गहरा प्रभाव स्पष्ट परिलक्षित होता है। 'मानसरोदक खण्ड' की निम्नांकित पंक्तियाँ अद्वैत दर्शन के बिम्ब प्रतिबिम्ब भाव का उत्कृष्ट उदाहरण है—

कहा मानसर चाह सो पाई। पारस रूप इहाँ लगि आई।।
भा निरमल तिन्ह पायन्ह परसे। पावा रूप रूप के दरसे।।

× × ×

नयन जो देखा कँवल भा निरमल नीर सरीर।
हँसत जो देखा हंस भा दसन जोति नग हीर।।

यहाँ 'रूपं रूपं प्रतिरूपों बभूव तदस्य रूपं रमणीयताया की मार्मिक अभिव्यंजना है। 'अखरावट' में भी इसके उदाहरण मिलते हैं—

बूँदहि समुद समान यह अचरज कासो कहौं।
जो हेरा सो हेरान मुहमद आपुहि आपु महँ।।

मध्यकाल में प्रचलित सभी भारतीय साधना पद्धतियाँ भी पद्मावत में समाविष्ट हैं। यह जायसी द्वारा एकं सद विप्रा बहुधा वदन्ति के सिद्धान्त को स्वीकार करने का परिणाम है। इसमें एकोऽहं बहुस्यामः की प्रतिध्वनि भी है। जायसी के 'पद्मावत' में 'अद्वैत वेदान्त', सिद्धों की सहजयान साधना तथा नाथ सम्प्रदाय में प्रयुक्त परिभाषिक शब्दावलियों का प्रचुर प्रयोग है। 'पावा रूप रूप जस चहा, ससि मुख सब दरपन होइ रहा, कनक दुवादस बनि होइ चह सुहाग वह माँग,'गढ़ तस बाँक जैसि तोरि काया 'उलटि दिस्टि लाव सो देखा, सात खण्ड ऊपर कविलासू तहँ सोवनारि सेज सुखबासु, सातो दीप नवौ खण्ड आठौ दिसा जो अहिं, जो बरम्हंड सो पिंड है हेरत अन्त न जाहिं" जैसी पंक्तियाँ भारतीय साधना पद्धति की स्वीकृति के प्रबल उदाहरण हैं।

इस्लाम एकेश्वरवाद में विश्वास करता है, साथ ही वह अवतारवाद का निषेध करता है, सूफी भी अवतारवाद को नहीं मानते हैं पर जायसी में किसी अंश तक अवतारवाद की स्वीकृति है। जायसी ने पद्मावती के जन्म को अवतार की संज्ञा दी है—

चंपावति जो रूप उतिमाहा। पदुमावति कै जोति कै छाहाँ।।

× × ×

भए दस मास पूरि भै घरी। पदुमावति कन्याँ औतरी ।।

जायसी में भावात्मक एकता का प्रयत्न इस रूप में भी दिखायी पड़ता है कि जायसी ने पद्मावत में प्रकारान्तर से राम कथा का वर्णन किया है। इससे एक ओर लोक में गहरे पैठ चुकी रामकथा का प्रमाण मिलता है दूसरी ओर जायसी की उदारता और उनकी समन्वय भावना का भी। यहाँ यह बात ध्यान में रखने की है कि तब तक रामचरितमानस की रचना नहीं हुई थी, पर रामकथा अवध के लोगों की जिह्वा पर थी। जायसी ने जनता के स्तर से ही रामकथा का संग्रह करके पद्मावत में उसका उल्लेख किया है। इस प्रकार जायसी ने एक संक्षिप्त रामायण ही तैयार कर दी है। कवि रत्नसेन के जन्म की तुलना राम के जन्म से करता है—

राम अयोध्या उपने लखन बत्तीसौ अंग ।

इसके अतिरिक्त 'राघौ जौ सीता संग लाई रावन हरी कवन सिधि पाई, तहूँ एक बाउर मैं भेंटा जैस राम दसरथ कर बेटा ओहू मेहरि कर परा बिछोवा। एहि समुँद महँ फिरि फिरि रोवा जैसी पंक्तियाँ मानो लोक से सीधे कवि की जिह्वा पर आ बैठी हैं। रत्नसेन और पद्मावती की मृत्यु को कवि राम और सीता के अन्तर्ध्यान होने के रूप में व्याख्यायित करता है—

तब लगि सो अवसर होइ बीता। भए अलोप राम औ सीता ।।

पद्मावत की कथा में जायसी ने एक और चीज का ध्यान रखा है वह है हिन्दू अस्मिता की रक्षा। जायसी ने रत्नसेन को अलाउद्दीन के हाथों मारा जाना नहीं दिखाया है। रत्नसेन देवपाल के साथ द्वन्द्व युद्ध में वीर गति को प्राप्त होता है। चितौड़गढ़ पर जब अलाउद्दीन आक्रमण करने की योजना बनाता है और इसका पता रत्नसेन को चलता है तो वह सभी मित्र हिन्दू राजाओं से सहायता की याचना करता है।

सुनि राजा दौराई पाती। हिन्दू नाँव जहाँ लगि जाती ।।
चितउर हिन्दुन कर अस्थाना। सत्रु तुरुक हठ कीन्ह पयाना ।।
आवा समुद्र रहै नहिं बाँधा। अब होड़ मेड़ भार मैं काँधा।।
पुरवहु आइ तुम्हारि बड़ाई।नाहिं त सत गौ छाँडि पराई।।

जो राजा अलाउद्दीन के अधीन थे उन्होंने भी चित्तौड़ की ओर से लड़ने की आज्ञा माँगी।

चितउर है हिन्दुन कै माता। गाढ़ परै तजि जाइ न नाता।।

× × ×

हम पुनि जाइ मरहिं ओहि ठाऊँ। मेटि न जाइ लाज कर नाऊँ ।।

ध्यातव्य है कि चित्तौड़ और रणथम्भौर मध्यकाल में हिन्दू शासन के प्रमुख केन्द्र थे इसीलिए ये कालान्तर में कवियों के लिए हिन्दू अस्मिता के 'प्रतीक' बने। यही कारण है कि आचार्य शुक्ल इन्हें गम्भीर भावों का आलम्बन मानते हैं—पानीपत, चित्तौर, कन्नौज आदि का नाम सुनते ही भारत का प्राचीन हिन्दू दृश्य आँखों के सामने फिर जाता है। (काव्य में प्राकृतिक दृश्य, चिन्तामणि, भाग-2, पृ. 35) इन्हीं बातों को जायसी ग्रन्थावली की भूमिका में शुक्ल जी दुहराते हैं—"चित्तौर बहुत दिनों तक हिन्दुओं के बल, प्रताप और वैभव केन्द्र रहा। सारी हिन्दू जाति उसे सम्मान और गौरव की दृष्टि से देखती रही। चित्तौर के नाम के साथ हिन्दूपन का भाव लगा हुआ था। यह नाम हिन्दुओं के मर्म को स्पर्श करनेवाला है।

जायसी ने पद्मावती और नागमती के जौहर का वर्णन किया है, उसमें गौरव बोध है—

लागी कण्ठ आगि दै होरी। छार भई जरि अंग न मोरी ।।
राती प्रिय के नेह गयीं सरग भएउ रतनार ।
जो रे उवा सो अँथवा रहा न कोई संसार ।।

प्रिय के प्रेम में अनुरक्त वे इस लोक से चली गयी, आकाश भी उनसे रक्तवर्ण हो गया। अरे जो भी उगा वह अस्त हो गया, संसार में सदा कोई नहीं रहा। यहाँ निरपेक्ष उदासीनता है, विषाद है।

जायसी का महत्त्व एक और दृष्टि से भी है। जायसी ने नारी के भारतीय आदर्श को अधिक महत्त्व दिया है। पद्मावती का चित्रण न केवल ब्रह्म के 'प्रतीक' के रूप में है और न ही केवल प्रेमिका के रूप में, पतिपरायण हिन्दू स्त्री के रूप में भी है। इसी कारण पद्मावती-रत्नसेन का प्रेम शीरीं-फरहाद के प्रेम की भाँति लोक बाह्य नहीं हो गया है। विवाहोपरान्त पद्मावती की विदाई का जो दृश्य जायसी ने चित्रित किया है, वह हिन्दू संस्कारों के सर्वथा अनुकूल है। पद्मावती अपनी सहेलियों से मिलती है और आत्मीय भाव से जो उद्‌गार व्यक्त करती है, वह अत्यन्त मार्मिक है—

पुनि पदुमावति सखी बोलाई। सुनि कै गवन मिलै सब आई ।।
मिलहु सखी हम तहँवा जाहीं। जहाँ जाइ फिर आवन नाहीं ।।
अगम पन्थ परदेस सिधारी। न जनहु कुसल कि बिथा हमारी ।।
कंत चलाई का करौं आएसु जाइ न मेटि ।
पुनि हम मिलहिं कि ना मिलहिं लेहु सहेलिहु भेंटि।।

"पद्मावती के नव प्रस्फुटित प्रेम के साथ नागमती का गार्हस्थ्य परिपुष्ट प्रेम भी अत्यन्त मनोहर हैं।" जहाँ पद्मावती का प्रेमिका रूप हमारे सामने आता है वही नागमती पतिप्राणा हिन्दू पत्नी के मधुर रूप में ही हमारे सामने आती है। आचार्य शुक्ल टिप्पणी

करते हैं—"उसे पहले पहल हम रूपगर्विता और प्रेम गर्विता के रूप में देखते हैं। ये दोनों प्रकार के गर्व दाम्पत्य सुख के द्योतक हैं। राजा के निकल जाने के पीछे फिर हम उसे प्रोषित पतिका के उस निर्मल स्वरूप में देखते हैं जिसका भारतीय काव्य और संगीत में प्रधान अधिकार रहा है और है। नागमती का वियोग हिन्दी साहित्य में विप्रलम्भ शृंगार का अत्यन्त उत्कृष्ट निरूपण है। "पतिव्रत धर्म इसी गार्हस्थ्य प्रेम के अन्तर्गत आता है। देवपाल की दूती और पद्मावती के संवाद में पद्ममावती द्वारा पातिव्रत धर्म की बड़ी विशद व्यंजना हुई है। आचार्य शुक्ल लिखते हैं—"पातिव्रत कोई एक भाव नहीं है। वह धर्म और पूज्य बुद्धि मिश्रित दाम्पत्य प्रेम है। उसके अन्तर्गत रति भाव की व्यंजना होती है, कभी प्रिय के महत्त्व को प्रकाशित करनेवाले पूज्य भाव की कभी प्रिय के महत्त्व के गर्व की और कभी धर्मानुराग की। सबसे उज्ज्वल रूप जिसमें हम पद्ममिनी को देखते हैं वह सती का है। वह हिन्दू नारी का चरम उत्कर्ष को पहुँचा हुआ रूप है। देवपाल की दूती को पद्मावती जो उत्तर देती है, उसमें प्रिय के महत्त्व का निरूपण भी है और गर्व बोध भी—

मोरे पिय के सुतरू देवपालू सो कत पूज सिंघ सरि भालू ।

देवपाल मेरे प्रियतम का शत्रु है वह भालू सिंह की समता क्या करेगा! उसका स्पष्ट कथन है—

जोबन मोर रतन जहँ पीऊ। बलि सौपौं यह जोवन जीऊ ।।
साम समुद मोर निरमल रतनसेन जगसेन ।
दूसर सरि जो कहावै सो बिलाइ जस फेन ।।

मेरा प्रियतम समुद्र के जल के समान निर्मल है। दूसरा जो बराबरी करेगा तो फेन के समान विलीन हो जायेगा। रत्नसेन को जब अलाउद्दीन छल से बन्दी बनाता है तो पद्मावती की व्यग्रता पतिप्राणा हिन्दू नारी की व्यग्रता है। आचार्य शुक्ल भारतीय नारी के इस स्वरूप की व्याख्या करते हुए लिखते हैं—"प्रिय के कुशल मंगल के हेतु व्यग्रता भारतीय ललनाओं के वियोग का प्रधान लक्षण है। प्रिय सुख में है या दुःख में है यह संशय विरह में दया या करुणा भाव का हलका-सा मेल कर देता है भारत की कुलवधू का विरह आवारा आशिकों माशूको का विरह नहीं है, वह जीवन के गाम्भीर्य को लिए रहता है। यह वह विरह नहीं है, जिसमें विरही अपना ही जलना और मरना देखता है, प्रिय मरता है कि जीता है, इससे कोई मतलब नहीं। (गोस्वामी तुलसीदास पृ. 59)

नागमती और पद्मावती का रत्नसेन के साथ सती होना हिन्दू जीवन की दिव्य प्रभा का द्योतक है। आचार्य शुक्ल लिखते हैं—नागमती और पद्मावती दोनों शृंगार करके प्रिय से उस लोक में मिलने के लिए तैयार होती हैं। यह दृश्य हिन्दू स्त्री के जीवन दीपक की अत्यन्त उज्ज्वल दिव्य प्रभा है, जो निर्वाण के पूर्व दिखायी पड़ती है। (जायसी ग्रन्थावली, पृ. 24)

यदि हम पद्मावत के शिल्प पक्ष पर दृष्टिपात करते हैं तो उस पर भारतीयता की गहरी छाप दिखायी देती है। मध्यकालीन प्रबन्ध काव्यों में कथानक रूढ़ियों का प्रभूत प्रयोग हुआ है इसका अनुसरण पद्मावत में भी किया गया है। ये कथानक रूढ़ियाँ पूर्णतया भारतीय परम्परा का परिचय देती हैं। उदाहरण के लिए एक रूढ़ि 'नख-शिख वर्णन' पर हम दृष्टि डालते हैं तो ज्ञात होता है कि सम्पूर्ण नख शिख वर्णन भारतीय सौन्दर्य वर्णन की परम्परा में है। इसमें जो अप्रस्तुत प्रयुक्त हुए हैं वे सब भारतीय परम्परागत वर्णन शैली का प्रमाण प्रस्तुत करते हैं। प्रकृति वर्णन भी उत्तर प्रदेश की ग्रामीण संस्कृति की झलक देते हैं। जायसी ने फारसी की मसनवी शैली की अपेक्षा भारतीय चरित काव्य पद्धति का अनुसरण किया है जिसका स्रोत प्राकृत और अपभ्रंश चरित काव्य है। जायसी ने फारसी भाषा में प्रेम काव्य की रचना न कर अवधी भाषा में की। अवधी भाषा की अद्‌भुत शक्ति का विकास जायसी के हाथों हुआ।

डॉ. वासुदेव शरण अग्रवाल उचित ही लिखते हैं कि अवधी "भाषा की अद्‌भुत शक्ति जायसी की पहली विशेषता है। अपभ्रंश साहित्य की शब्दार्थ परम्परा जिस प्रकार विकसित होकर हिन्दी को प्राप्त हुई थी उसका पूरा स्वरूप जायसी में देखा जा सकता है।" "संस्कृत, प्राकृत, अपभ्रंश के बहुमुखी उत्तराधिकार को अवधी भाषा ने प्राप्त किया। उसके संस्कृतनिष्ठ रूप पद्मावत के तीस-पैंतीस वर्ष बाद लिखे गये रामचरितमानस में उसी प्रकार पूर्णतः प्रकट है जिस प्रकार अपभ्रंश की बहुमुखी अभिव्यक्ति से विकसित हुआ देशी बोली का रूप जायसी के पद्मावत में।"

इस प्रकार जायसी का काव्य एक प्रकार से भारतीयता के उपस्थापन का ही प्रमाण है। जायसी की यह परम्परा आगे चलकर रहीम, रसखान तथा नजीर अकरावादी तथा ताज कवयित्री में अपना विकास करती है। भारत के उन्हीं मुस्लिम कवियों के योगदान को रेखांकित करते हुए भारतेन्दु हरिश्चन्द्र ने कहा था—

'इन मुसलमान हरिजनन पै कोटिन हिन्दू वारिये ।।

खड़ी बोली काव्य और अयोध्या सिंह उपाध्याय 'हरिऔध'

हिन्दी साहित्य के इतिहास में बीसवीं शताब्दी का प्रथम एवं द्वितीय दशक खड़ी बोली में काव्य सृजन की दृष्टि से अत्यन्त महत्त्वपूर्ण है। यद्यपि खड़ीबोली के प्रयोग हिन्दी की आरम्भिक कविताओं में भी मिलते हैं जैसे भल्ला हुआ जु मारिआ बहिणि महारा कंतु। लज्जेज्जंतु वयंसियहु जइ भग्गा धर एंतु; गोरखनाथ की बानियों में भी खड़ीबोली के रूप मिलते हैं—'नाथ निरंजन आरती गाऊँ। गुरु दयाल अग्या जो पाऊँ। इसके अतिरिक्त अमीर खुसरो की पहेलियाँ और मुकरियाँ खड़ी बोली पद्य का उदाहरण प्रस्तुत करती हैं। आगे चलकर कबीर आदि सन्त कवियों की भी रचनाओं में खड़ी बोली के प्रयोग मिलते हैं। 'निन्दक नियरे राखिये' बड़ा भया तो क्या भया जैसे पेड़ खजूर।' पर आधुनिक काल का आरम्भ एक परिवर्तन की प्रक्रिया से होता है—परिवर्तन विषय वस्तु में भी और कथन भंगिमा में भी। विषय वस्तु में इहलौकिकता को स्वीकृति मिलती है तथा भाषा पर खड़ी बोली का प्रभाव बढ़ने लगता है। आचार्य रामचन्द्र शुक्ल ने हिन्दी साहित्य के इतिहास में भारतेन्दु हरिश्चन्द्र के योगदान को स्मरण करते हुए लिखा है कि भारतेन्दु हरिश्चन्द्र ने जिस प्रकार गद्य की भाषा का स्वरूप स्थिर करके गद्य साहित्य को देशकाल के अनुसार नये-नये विषयों की ओर लगाया उसी प्रकार कविता की धारा को भी नये क्षेत्रों की ओर मोड़ा। इस नये ढंग में सबसे ऊँचा स्वर देश भक्ति की वाणी का था। (हि. सा. का इति. पृ. 563/नागरी प्रचारिणी सभा, काशी, संस्करण संख्या 2025 वि.) ध्यातव्य है कि भारतेन्दु ने 'हिन्दी नाटक' नामक लम्बा प्रबन्ध लिखा था जिसमें उन्होंने नाटकों के उद्देश्य में परिवर्तन की माँग की थी। उन्होंने नाटक के जो पाँच उद्देश्य बताये उनमें परम्परागत तत्त्व श्रृंगार, कौतुक और हास्य के अतिरिक्त 'समाज-संस्कार' और 'देश वत्सलता' नामक दो तत्त्व जोड़े। ये दोनों उद्देश्य सामाजिक चेतना को ध्यान में रखकर जोड़े गये। इससे आचार्य शुक्ल के कथन की पुष्टि होती है। आगे आचार्य शुक्ल लिखते है कि भारतेन्दु जी ने हिन्दी काव्य को केवल नये-नये विषयों की ओर ही उन्मुख किया, उसके भीतर किसी नवीन विधान या प्रणाली का सूत्रपात नहीं किया (हिन्दी सा. का. इति. पृ. 565)। यहाँ ध्यान देने योग्य बात यह है कि भारतेन्दु ने गद्य में खड़ी बोली के प्रयोग का समर्थन किया परन्तु

कविता के लिए ब्रजभाषा को ही उपयुक्त माना। आचार्य रामचन्द्र शुक्ल ने स्वीकार किया है कि इस प्रवृत्ति में परिवर्तन महावीरप्रसाद द्विवेदी के साहित्य के क्षेत्र में पदार्पण के साथ होता है। गद्य साहित्य और पद्य साहित्य दोनों की भाषा खड़ी बोली हो जाती है। इसके लिए द्विवेदी जी को प्रचलित रूढ़ियों से संघर्ष करना पड़ा। डॉ. रामविलास शर्मा ने अपनी पुस्तक महावीरप्रसाद द्विवेदी और हिन्दी नवजागरण में इसका उल्लेख किया है। ये रूढ़ियाँ निम्नांकित थीं—**पहली रूढ़ि** यह थी कि सरस कविता ब्रजभाषा में ही हो सकती है। गद्य में जिस भाषा का व्यवहार होता है वह स्वाभावतः नीरस है। **दूसरी रूढ़ि** यह थी कि शृंगार रस सभी रसों में श्रेष्ठ है और नायिका भेदी साहित्य में इसका पूर्ण विकास हुआ है। **तीसरी रूढ़ि** समस्या पूर्ति की थी। कवियों को पहले से कोई समस्या दे दी जाती थी और उस पर कवित्त या सवैया या कोई और छन्द बनाकर वे अपनी प्रतिभा का चमत्कार दिखाते थे। यह एक प्रकार की आशु कविता होती थी और दरबारों में प्रशंसा प्राप्त करने के लिए लिखी जाती थी—समस्याएँ अधिकतर शृंगार परक होती थीं।-जैसे

कनक छरी—सी कामिनी काहे को कटि छीन।
कटि को कंचन काटि विधि कुचन मध्य धरि दीन'

× × ×

कहलाने एकत बसत अहि मयूर मृग बाघ।
जगत् तपोवन सों कियो दीरघ दाघ निदाघ।'

चौथी रूढ़ि रस और अलंकार को लेकर थी विशेषकर अलंकारों को लेकर। मान्यता यह थी कि बिना अलंकार के कविता हो ही नहीं सकती। इसके पीछे केशवदास की मान्यता आदर्श थी—

जदपि सुजाति सुलच्छनी सुबरन सरस सुबृत्त।
भूषन बिनन बिराजई कविता बनिता मित्त ।।

द्विवेदी जी ने इन चारों रूढ़ियों के विरुद्ध संघर्ष किया और लगातार बीस वर्षों तक किया। इस संघर्ष में उन्हें उस काल के प्रमुख कवियों का साथ मिला। इसमें अयोध्या सिंह उपाध्याय 'हरिऔध' और मैथिलीशरण गुप्त का नाम सर्वोपरि है। आचार्य शुक्ल लिखते हैं—हिन्दी के लब्धप्रतिष्ठ कवि अयोध्या सिंह उपाध्याय 'हरिऔध' हिन्दी कविता के द्वितीय उत्थान (द्विवेदी युग) के पूर्व ही नये विषयों की ओर चल पड़े थे। खड़ी बोली के लिए उन्होंने पहले उर्दू छन्दों और ठेठ बोली को ही उपयुक्त समझा क्योंकि उर्दू के छन्दों में खड़ी बोली अच्छी तरह मँज चुकी थी। पर महावीरप्रसाद द्विवेदी के प्रभाव से खड़ी बोली ने संस्कृत छन्दों और संस्कृत की समस्त पदावली का सहारा लिया। तब उपाध्याय जी इस शैली की ओर बढ़े और अपना "प्रिय प्रवास" नामक बहुत बड़ा काव्य प्रकाशित किया। (हि. सा. का इति. 580-81)

"प्रिय प्रवास" खड़ी बोली में लिखा गया हिन्दी का प्रथम महाकाव्य है। इस पर महावीरप्रसाद द्विवेदी की भाषा दृष्टि का स्पष्ट प्रभाव है। यह पूरा ग्रन्थ संस्कृत छन्दों में लिखा गया है और इसमें खड़ी बोली का मानक रूप भी मिलता है। साथ ही काव्य की दृष्टि से नये प्रयोग भी इसमें हैं। आचार्य शुक्ल ने स्वीकार किया है कि "खड़ी बोली में इतना बड़ा काव्य अभी तक नहीं निकला है। बड़ी भारी विशेषता इस काव्य की यह है कि यह सारा संस्कृत के वर्णवृत्तों में है जिसमें अधिक परिमाण में रचना करना कठिन काम है। (हि. सा. का इति. पृ. 581) आगे शुक्ल जी ने लक्ष्य किया है कि उपाध्याय जी कोमलकान्त पदावली को कविता का सब-कुछ नहीं तो बहुत-कुछ समझते हैं। उपाध्याय जी संस्कृत के वर्णवृत्तों पर कुछ विलम्ब से आये, पर अपने ढंग पर चले। उपाध्याय जी ने अपने काव्य में कई स्थानों पर संस्कृत शब्दों की ऐसी लम्बी लड़ी बाँधी है कि हिन्दी को 'है' या 'किया' 'दिया' ऐसी दो-एक क्रियाओं के भीतर ही सिमट कर रह जाना पड़ा है। पर सर्वत्र ऐसी बात नहीं है। अधिकतर पदों में बड़े ढंग से हिन्दी अपनी चाल पर चलती दिखायी देती है (वही पृ. 581)

हरिऔध जी ने "प्रिय प्रवास" में लम्बी भूमिका लिखी है। उसमें उन्होंने भाषा, छन्द, शब्द विन्यास, विषय वस्तु आदि पर अपने विचार स्पष्ट रूप से व्यक्त किये हैं, जिनका यहाँ उल्लेख अत्यन्त आवश्यक है। द्विवेदी युग में काव्य भाषा को लेकर एक बहस चल रही थी। पद्म सिंह शर्मा, लाला भगवान दीन काव्य भाषा के रूप में ब्रजभाषा का समर्थन कर रहे थे, कुछ लोग अरबी-फारसी शब्दों के प्रयोग को महत्त्व दे रहे थे। ऐसे समय में हरिऔध जी तत्सम प्रधान भाषा का प्रयोग "प्रिय प्रवास" में कर रहे थे हालाँकि उन्होंने उर्दू प्रधान खड़ी बोली में भी रचनाएँ की थीं। उन्होंने स्पष्ट रूप से कहा कि यह काव्य अर्थात् 'प्रिय प्रवास' खड़ी बोली में लिखा गया है। उनके कथन का तात्पर्य यह था कि इतना बड़ा काव्य पहली बार खड़ी बोली में लिखा गया है। खड़ी बोली में छोटे-छोटे कई काव्य ग्रन्थ अब तक लिपिबद्ध हुए हैं परन्तु उनमें से अधिकांश सौ दो सौ पद्यों में ही समाप्त हुए हैं। जो कुछ हैं वे अनुवादित हैं, मौलिक नहीं। (भूमिका प्रिय प्रवास, पृ. 9) साहित्यसागर प्रकाशन, धामाणी मार्केट की गली, चौड़ा रास्ता, जयपुर संस्करण 2009) खड़ी बोली के प्रयोग के पीछे हरिऔध जी का स्पष्ट मत था कि—'समय का प्रवाह खड़ी बोली के अनुकूल है इस समय खड़ी बोली में कविता करने से अधिक उपकार की आशा है। अतएव मैंने भी 'प्रियप्रवास' को खड़ी बोली में ही लिखा है। सम्भव है कि उसमें अपेक्षित कोमलता और कान्तता न हो परन्तु इससे यह सिद्धान्त नहीं हो सकता कि खड़ी बोली में सुन्दर कविता नहीं हो सकती। वास्तव में बात यह है कि यदि उसमें कान्तता और मधुरता नहीं आयी है तो यह मेरी विद्या, बुद्धि और प्रतिभा का दोष है, खड़ी बोली का नहीं (पृ.31) इसमें जहाँ

एक ओर हरिऔध जी की विनम्रता की झलक है तो दूसरी ओर दृढ़ता की भी। अपने इस कथन के माध्यम से वे उन लोगों को उत्तर दे रहे थे जिनका यह मत था कि खड़ी बोली में सरस और मनोहर कविता नहीं हो सकती (पृ. 16)। आगे चल कर छायावादी काव्य ने यह सिद्ध कर दिया कि खड़ी बोली में सरस और कोमल कान्त पदावली युक्त अर्थ पूर्ण व्यंजना प्रधान कविता लिखी जा सकती है।

'प्रिय प्रवास' की संस्कृत गर्भित भाषा के प्रयोग के पीछे उनकी स्पष्ट मान्यता थी कि भारत वर्ष भर में संस्कृत भाषा समादृत है। बँगला, मराठी, गुजराती वरन् तमिल और पंजाबी तक में संस्कृत शब्दों का बाहुल्य है। इसलिए संस्कृत गर्भित भाषा का प्रयोग उचित है। अन्य भाषाभाषी लोगों के लिए यह भाषा ही ग्राह्य होगी। हरिऔध जी ने 'विनय पत्रिका' 'रामचरितमानस' जैसी रचनाओं का उदाहरण देते हुए स्पष्ट किया कि 'प्रिय प्रवास' की भाषा उक्त ग्रन्थों से अधिक संस्कृत गर्भित नहीं है। (पृ.14) हरिऔध जी ने कोमलकान्त पदावली का सम्बन्ध केवल भाषा विशेष से नहीं माना है अपितु उसका सम्बन्ध वे हृदय और संस्कार से भी मानते हैं—किसी पदावली की कोमलता, कान्तता, मधुरता का बहुत-कुछ सम्बन्ध संस्कार और हृदय से है...जब किसी पदावली की कान्तता, मधुरता, कोमलता की अनुभूति ही नहीं होती तो ऐसी कान्तता, मधुरता, कोमलता ही क्या? वास्तव में बात यह है कि ऐसे स्थानों पर संस्कार और हृदय ही प्रधान होता है। (पृ. 29)

हरिऔध जी ने प्रिय प्रवास में ब्रजभाषा जैसी जनपदीय भाषा के शब्दों का सहजता के साथ प्रयोग किया है। इस सन्दर्भ में उनका स्पष्ट कहना है कि ब्रजभाषा कोई पृथक् भाषा नहीं है। जो लोग अरबी फारसी शब्दों के प्रयोग पर बल दे रहे थे उन लोगों को उत्तर देते हुए हरिऔध जी ने कहा कि उर्दू शब्दों की अपेक्षा ब्रजभाषा के शब्दों का हिन्दी भाषा पर विशेष स्वत्व है। इसलिए कोई कारण नहीं है कि ब्रजभाषा के उपयुक्त और मनोहर शब्दों के लिए भी उसका द्वार बन्द कर दिया जावे। (पृ. 36) उनका मानना था कि उपयुक्त और आवश्यक शब्द किसी भाषा का ग्रहण करने के लिए सदा हिन्दी भाषा का द्वार उन्मुक्त रहना चाहिए, अन्यथा वह परिपुष्ट और विस्तृत होने के स्थान पर निर्बल और संकुचित हो जायेगी। (पृ. 36) अपनी भूमिका में उन्होंने स्पष्ट किया है कि 'प्रिय प्रवास' में 'अवलोकना' 'विलोकना', 'दरसना', 'जोहना', 'लखना', जैसी ब्रजभाषा की क्रियाओं का सहज प्रयोग हुआ है। उनका मानना है कि इनको ब्रजभाषा की क्रिया समझकर तज देना उचित नहीं जान पड़ता और इसी विचार से 'देखने' के अर्थ में इन क्रिया रूपों का प्रयोग किया गया है (पृ. 36)। इस सम्बन्ध में हरिऔध जी का मानना है कि इन क्रियाओं का प्रयोग खड़ी बोली के नियमानुसार होना चाहिए ब्रजभाषा के नियमानुसार नहीं (पृ. 36)

सकल वासर आकुल से रहे
अखिल-मानव गोकुल-ग्राम के

अब दिनान्त विलोकन ही बढ़ी
ब्रज विभूषण-दर्शन लालसा (1/11)
× × ×
पट हटा सुत के मुख कंज की।
विकचता जब थीं अवलोकती
विवश-सी जब थीं फिर देखती।
सरलता, मृदुता, सुकुमारता।। (3/31)

हरिऔध जी ने प्रिय प्रवास में तत्सम प्रधान भाषा का प्रयोग किया है, पर अन्य रचनाओं में बोलचाल की भाषा का प्रयोग किया है। आचार्य रामचन्द्र शुक्ल ने संकेत किया है कि 'प्रिय प्रवास' की रचना के बाद उपाध्याय जी का ध्यान एक बार पुनः बोलचाल की भाषा की ओर गया। इसमें उनका बल मुहावरों पर अधिक था। बोलचाल की भाषा में उन्होंने अनेक विषयों पर कविताएँ लिखीं जिनकी प्रत्येक पंक्ति में कोई-न-कोई मुहावरा अवश्य लगाया गया। ऐसी कविताओं का संग्रह 'चोखे चौपदे' के नाम से निकला। 'पद्य प्रसून' की भाषा दोनों प्रकार की है बोलचाल की और साहित्यिक भी। यह उपाध्याय जी की निजी विशेषता है। इससे शब्द भण्डार पर इनका विस्तृत अधिकार प्रकट होता है। (हि. सा. का इति/पृ. 582) पूरा 'प्रिय प्रवास' अतुकान्त शैली में लिखा गया है जबकि पूरा रीतिकालीन काव्य छन्दोबद्ध तथा तुक पर आधारित है। भारतेन्दु युगीन कविता भी तुक के आग्रह को छोड़ नहीं सकी। महावीरप्रसाद, द्विवेदी ने अपने महत्त्वपूर्ण निबन्ध 'कवि और कविता' में अतुकान्त कविता लिखे जाने पर बल दिया था और इसके लिए संस्कृत के वर्ण वृत्तों को अपनाने की भी सलाह दी थी। हरिऔध जी पर द्विवेदी जी के मत का प्रभाव पड़ा, ऐसा अनुमान किया जा सकता है। हरिऔध जी ने भूमिका में स्पष्ट किया है कि 'भिन्न तुकान्त कविता भाषा-साहित्य के लिए बिल्कुल नयी वस्तु है।' (पृ. 10) हरिऔध जी ने अतुकान्त छन्द लिखे जाने के पीछे जो तर्क दिया उसका विकास निराला के 'परिमल' की भूमिका में देखा जा सकता है। हरिऔध जी का कहना है कि भिन्न तुकान्त कविता सुविधा के साथ की जा सकती है और इसमें विचार स्वतन्त्रता, सुलभता और अधिक उत्तमता से प्रकट किये जा सकते हैं। (पृ. 12)। हरिऔध जी का स्पष्ट मत है कि भाषा सौन्दर्य साधन के लिए, इसको विविध प्रकार की कविता से विभूषित करने के उद्देश्य से अतुकान्त कविता के भी प्रचलित होने की आवश्यकता है। आचार्य महावीरप्रसाद द्विवेदी ने अपने निबन्ध 'कवि और कविता' में तुकान्त कविता को विचार स्वातन्त्र्य और भावों के स्वच्छन्द उड़ान में बाधा माना—"तुले हुए शब्दों में कविता करने और तुक अनुप्रास आदि ढूँढ़ने से कवियों के विचार-स्वातन्त्र्य में बाधा आती है। पद्य के नियम कवि के लिए एक प्रकार की बेड़ियाँ हैं। उनसे जकड़ जाने से कवियों को अपनी स्वाभाविक उड़ान में कठिनाइयों का सामना करना पड़ता है। कवि का काम है कि वह अपने

मनोभावों को स्वाधीनतापूर्वक प्रकट करे।'' (कवि और कविता) महावीरप्रसाद द्विवेदी रचना संचयन, पृ. 191, सम्पादक भारत यायावर। साहित्य अकादमी नयी दिल्ली संस्करण-2006) 'कवि कर्त्तव्य' नामक निबन्ध में द्विवेदी जी ने हिन्दी के पारम्परिक दोहा चौपाई छन्दों के अतिरिक्त संस्कृत काव्य में प्रयुक्त द्रुत विलम्बित, वंशस्थ और वसन्ततिलका आदि छन्दों के प्रयोग पर बल दिया (कवि कर्त्तव्य) महावीरप्रसाद द्विवेदी रचना संचयन पृ. 167)। द्विवेदी जी ने स्पष्ट कहा कि पादान्त में अनुप्रासहीन छन्द भी हिन्दी में लिखे जाने चाहिए। इस प्रकार के छन्द जब संस्कृत, अंग्रेजी और बाँग्ला में विद्यमान हैं तब कोई कारण नहीं कि हमारी भाषा में वे न लिखे जायँ। संस्कृत ही हिन्दी की माता है। संस्कृत का सारा कविता-साहित्य इस तुकबन्दी के बखेड़े से बहिर्गत-सा है। अतएव इस विषय में यदि हम संस्कृत का अनुकरण करें तो सफलता की पूरी-पूरी आशा है (वही, पृ. 168)। हरिऔध जी पर द्विवेदी जी की मान्यताओं का गहरा प्रभाव दिखायी देता है। उन्होंने भी यह तर्क दिया कि 'संस्कृत कविता का अधिकांश भिन्न तुकान्त है इसलिए यह स्पष्ट है कि भिन्न तुकान्त कविता लिखने के लिए संस्कृत वृत्त बहुत ही उपयुक्त हैं। अतएव मैंने इस ग्रन्थ को संस्कृत वृत्तों में ही लिखा है (भूमिका पृ. 12)। संस्कृत के छन्दों का प्रयोग नवीनता के लिए किया गया साहसिक प्रयोग था। इस प्रयोग का विस्तार आगे चलकर छायावादी कविता में हुआ। इस प्रयोग ने लयात्मकता को कम नहीं किया अपितु आनेवाले कवियों के लिए नया मार्ग खोल दिया।

हरिऔध जी पुनर्जागरण युग के रचनाकार थे अतः उन पर युगीन चेतना का प्रभाव स्वाभाविक ही था। भारतेन्दु युगीन साहित्य से ही साहित्य की विषय वस्तु में व्यापक परिवर्तन दिखायी देने लगता है। इसी का विकास द्विवेदी युग से होता है। स्वतन्त्रता की चेतना तथा सामाजिक सुधार की भावना युगचेतना का रूप ले लेती है। हरिऔध जी पर इन दोनों का गहरा प्रभाव लक्षित किया जा सकता है। ध्यातव्य है कि भारतेन्दु हरिश्चन्द्र ने अलौकिक विषयों पर नाटक नहीं लिखने की सलाह दी थी। उन्होंने 'समाज संस्कार' और 'देश वत्सलता'—अर्थात् सामाजिक सुधार तथा राष्ट्रीय चेतना पर आधारित साहित्य सृजन पर बल दिया था। हरिऔध जी के प्रिय प्रवास पर इसका प्रभाव देख जा सकता है। 'प्रिय प्रवास' की कथा भले ही पौराणिक है, पर इसमें युगीन सन्दर्भ को महत्त्व दिया गया है। 'प्रिय प्रवास' के कृष्ण न तो श्रीमद्भागवत के कृष्ण हैं और न ही सूरदास के। स्वयं हरिऔध जी ने स्वीकार किया है कि 'मैंने श्रीकृष्ण चन्द्र को इस ग्रन्थ में एक महापुरुष की भाँति अंकित किया है ब्रह्म करके नहीं...कृष्णचरित को इस प्रकार अंकित किया है जिससे कि आधुनिक लोग भी सहमत हो सकें। (भूमिका-31-32) आचार्य शुक्ल ने भी इस ओर संकेत किया है—उपाध्याय जी में लोक संग्रह का भाव अधिक परिमाण में है। 'प्रिय प्रवास' में श्रीकृष्ण ब्रज के रक्षक नेता के रूप में अंकित किये गये हैं (हि. सा. का इति. पृ. 585) डॉ. रामस्वरूप

चतुर्वेदी ने भी सही संकेत किया है कि 'प्रिय प्रवास' न केवल आधुनिक काल का प्रथम महाकाव्य है वरन् इसमें एक नयी और आधुनिक दृष्टि का उपोद्घात मिलता है। आधुनिक काल में मनुष्य सम्पूर्ण रचना और चिन्तन के केन्द्र में है। ईश्वर अब व्यक्तिगत आस्था का विषय है चित्रण का नहीं। इस दृष्टिकोण की पहली सशक्त उद्घोषणा 'प्रिय प्रवास' के रचना विधान में मिलती है, कृति की लम्बी भूमिका में भी कवि ने इसका निर्भ्रान्त आख्यान किया है। इस रूप में हिन्दी मानस अब विचार के साथ-साथ संस्कार में भी आधुनिक ऐहिकता की ओर अग्रसर दिखता है। पुराण कथा के प्रति कवि की दृष्टि में यह पहला महत्त्वपूर्ण परिवर्तन है जिसका प्रभाव रचना के समूचे विधान में परिलक्षित होता है (हिन्दी साहित्य और संवेदना का विकास, पृ. 113 संस्करण 1993 लोक भारती प्रकाशन, इलाहाबाद) यह उल्लेखनीय है कि 'प्रिय प्रवास' के कृष्ण में अलौकिक शक्ति नहीं अनूठी मानवीय आत्मशक्ति है जो लोक संग्रह और लोक रक्षा में लगी दिखायी देती है। उनका जनसेवा का भाव विस्तार पाकर विश्व प्रेम में पर्यवसित हो जाता है। 'प्रिय प्रवास' के नायक जन मन के दुःख हर्ता और जनरंजक हैं। उनका हर क्षण लोक सेवा के लिए समर्पित है। दरअसल द्विवेदी युग स्वतन्त्रता संघर्ष का युग था। उस समय ऐसे नायक की आवश्यकता थी जो भारतीयों के दुःख दर्द का अनुभव कर उसके प्रतिकार के लिए उद्यत हो सके। 'प्रिय प्रवास' के कृष्ण ऐसे ही नायक के रूप में हमारे समक्ष आते है। 'प्रिय प्रवास' की राधा भी सूरदास की वियोगिनी राधा नहीं है वह अतिमलीन-वृषभानु कुमारी' नहीं है बल्कि वे अपने निजी दुःख को सारे समाज के दुःख में विलीन कर देती हैं और समाज सेवा का व्रत लेती है। रामस्वरूप चतुर्वेदी का यह कहना सर्वथा संगत है कि शताब्दियों से चले आते राधा के चरित्र में एक सर्वथा नयी भंगिमा हरिऔध ने उकेरी है। (हिन्दी साहित्य और संवेदना का विकास पृ. 113)। 'प्रिय प्रवास' की राधा कृष्ण की विवेकिनी सहचरी के रूप में दिखायी देती है। वह समाज के सुख दुःख, जीवन संघर्ष को अन्तरंगता से पहचान कर उसे नेतृत्व प्रदान करती है। इस दृष्टि से हरिऔध की ये पंक्तियाँ ध्यान देने योग्य हैं—

ये सेवा थीं सतत करती वृद्ध-रोगी जनों की।
दीनों, हीनों, निबल विधवा आदि को मानती थीं।

× × ×

वो देती थीं हृदय-तल में बीज भावज्ञता का।
वे थीं चिन्ता-विजित-गृह में शान्ति-धारा बहाती ।।

(प्रिय प्रवास 17/46-47)

वे छाया थीं सु-जन शिर की शासिका थी खलों की।
कंगालों की परम निधि थीं औषधि पीड़ित की।।

दीनों की थी बहिन जननी थीं अनाथाश्रितों की।
आराध्या थीं ब्रज अवनि की प्रेमिका विश्व की थीं।।

(वही 17/49)

द्विवेदी युग स्वतन्त्रता आन्दोलन का युग था। 1905 ई. में लार्ड कर्जन ने बंगाल का विभाजन किया था, जिसकी उग्र प्रतिक्रिया जनता में हुई और अन्ततः 1911 में विभाजन रद्द हुआ। मैथिलीशरण गुप्त के काव्य 'जयद्रथ वध' और 'प्रिय प्रवास' पर इसका प्रभाव पड़ना स्वाभाविक था। जनता को लगने लगा था कि केवल अहिंसक क्रान्ति से आजादी सम्भव नहीं है। 'प्रिय प्रवास' में कृष्ण कथा के माध्यम से सीमित हिंसा को स्वीकृति दी गयी है—

अवश्य हिंसा अति निंद्य कर्म है।
तथापि कर्त्तव्य प्रधान है यही।
न सद्म हो पूरित सर्प आदि से
वसुंधरा में पनपें न पातकी ।।

(प्रिय प्रवास 13/78)

मनुष्य क्या एक पिपीलिका कभी
न बध्य है जो न अश्रेय हेतु हो।
न पाप है किंच पुनीत कार्य है
पिशाच कर्म्मी नर की वध क्रिया ।।

(प्रिय प्रवास 13/79)

क्षमा नहीं है खल के लिए भली।
समाज उत्सादक दण्ड योग्य है।
कु-कर्म-कारी नर का उबारना।
सु-कर्मियों को करता विपन्न है।

इस सन्दर्भ में आचार्य रामचन्द्र शुक्ल का यह कथन अत्यन्त महत्त्वपूर्ण है—'यदि लक्ष्य व्यापक और श्रेष्ठ हो तो साधन का अनौचित्य उतना नहीं खलता।'

हरिऔध जी का 'वैदेही वनवास' खड़ी बोली का एकमात्र महाकाव्य है जो पूर्णतः सीता जी पर केन्द्रित है। अठारह सर्गों के इस महाकाव्य में सीता वनवास की करुण कथा वर्णित है। यद्यपि इस ग्रन्थ पर 'वाल्मीकि रामायण' तथा भवभूति के उत्तर रामचरित का प्रभाव ललित होता है तथापि युगीन चेतना के अनुकूल सीता के कथानक में परिवर्तन उपस्थित किया गया है। राम ने लोकराधन की भावना से सीता के सम्मुख वन जाने का प्रस्ताव रखा। शासक होकर अपने स्वार्थ के लिए रजक का दमन न करना, जनता जनार्दन की इच्छा को प्रमुखता देना ही तो लोकसेवा है। 'वैदेही वनवास' में इसी प्रकार की लोकसेवा की भावना दिखायी पड़ती है—

लोकाराधन राजनीति सर्वस्व है।
है परार्थ, परमार्थ पंथ भी अति गहन
पर यदि वे कर्त्तव्य और सद्धर्म है
सहन शक्ति तो क्यों न करें सहन।

द्विवेदी युग राजनैतिक सामाजिक-सांस्कृतिक चेतना का युग था। देश एक ओर राजनैतिक स्वतन्त्रता के लिए समाज संघर्ष कर रहा था तो दूसरी ओर समाज में व्याप्त आडम्बर और पाखण्ड के विरुद्ध भी संघर्ष जारी था। विभिन्न संगठनों के सकारात्मक प्रयास भी चल रहे थे। इन सबका प्रभाव हरिऔध जी तथा अन्य समकालीन रचनाकारों पर पड़ा। प्रिय प्रवास तथा 'वैदेही वनवास' के अतिरिक्त हरिऔध जी की अन्य रचनाएँ भी इसका साक्ष्य प्रस्तुत करती हैं। 'चौखे चौपदे' तथा 'चुभते चौपदे' में जन जीवन में व्याप्त असमानता, आडम्बरप्रियता, अनैतिकता, भ्रष्टाचार तथा पाखण्ड के प्रतिकार का प्रयास दिखायी देता है।

इस प्रकार हरिऔध जी की जो काव्य यात्रा ब्रजभाषा काव्य से आरम्भ होकर खड़ी बोली काव्य तक आती है उसमें नये भावबोध, नये विचार बोध तथा नयी काव्यशैली के दर्शन होते हैं। खड़ीबोली काव्य की प्रशस्त धारा प्रवाहित करने, खड़ीबोली हिन्दी को काव्यधारा के रूप में विकसित करने, उसकी शब्द सम्पदा को जनपदीय तथा हिन्दी भाषा में रची बसी उर्दू की शब्दावली से समृद्ध करने में हरिऔध जी का योगदान अप्रतिम है।

राष्ट्रीय चेतना और भारत भारती

जातीय स्मृति के समर्थ गायक, भारतीय अस्मिता की जागृति के लिए अनवरत संलग्न, सांस्कृतिक चेतना के उन्नायक, नारी-उत्कर्ष हेतु निरन्तर सक्रिय, अतीत से वर्तमान की यात्रा के माध्यम से भविष्य का स्वप्न देखनेवाले मैथिलीशरण गुप्त बीसवीं शताब्दी के अत्यन्त महत्त्वपूर्ण कवि हैं। जब भी बीसवीं शताब्दी के उल्लेखनीय कवियों की सूची बनायी जायेगी उसमें मैथिलीशरण गुप्त का नाम अवश्य रहेगा। गुप्त जी मनुष्यता के उत्कर्ष की सम्भावना तथा पुरुषार्थ में आस्था रखने और उसे चरितार्थ करनेवाले कवि हैं। कविता उनके लिए साध्य नहीं है, बल्कि सामाजिक-सांस्कृतिक चेतना के उन्नयन का साधन है। इसीलिए उन्हें 'कर्त्तव्य का कवि' कहा गया है। 'भारत भारती' की महत्त्वपूर्ण पंक्तियाँ हैं—

केवल मनोरंजन न कवि का कर्म होना चाहिए,
उसमें उचित उपदेश का भी मर्म होना चाहिए

(भारत भारती, भविष्य खण्ड/95)

अपनी सम्पूर्ण काव्ययात्रा में गुप्त जी ने अपने इस ध्येय वाक्य को याद रखा है। गुप्त जी की संवेदना में गहराई और विचारों में व्यापकता है। "उनमें कालिदास जैसी विशालता, तुलसीदास जैसी समन्वयकारी दृष्टि, विवेकानन्द जैसी निर्भीकता, रवीन्द्रनाथ जैसी संगीतात्मकता और प्रेमचन्द जैसी यथार्थोमुखी आदर्शवादिता है। उन्होंने अपनी ओजस्वी वाणी से पराधीन भारत की जड़ता को तोड़ने का प्रयास किया। वे सच्चे अर्थों में भारतीय जनता के प्रतिनिधि कवि हैं (राष्ट्रकवि मैथिलीशरण गुप्त, पृ. 165)। अज्ञेय ने गुप्त जी की रचनायात्रा पर टिप्पणी करते हुए उचित ही लिखा है कि, "देहात में बैठकर खड़िया के स्लेट पर छन्द जोड़नेवाला यह कवि कैसे निरन्तर नये-से-नये विचार के प्रति खुला रहता हुआ नये संवेदन के निर्माण में योग देता रह सका—और इस प्रक्रिया के बीच कैसे वह परम्परा से जुड़ा रह सका और उसका परिमार्जन भी करता रहा, यह ध्यान देने योग्य है। (वही पृ. 17)

1909 ई. से आरम्भ होकर 1960 ई. तक चलनेवाली गुप्त जी की अविराम काव्ययात्रा में 'रंग में भंग' के बाद 1910 ई. में 'जयद्रथ वध' का प्रकाशन हुआ, जिसने गुप्त जी को कवि रूप में स्वीकृति दिलायी, पर 1912 ई. में 'भारत भारती' के प्रकाशन से गुप्त जी को अखिल भारतीय ख्याति मिली। 'भारत भारती' का रचनाकाल वह समय है जब गाँधी जी का भारतीय राजनीति में पदार्पण नहीं हुआ था और न ही रवीन्द्रनाथ टैगोर

की गीतांजलि को उतनी प्रसिद्धि मिली थी। इससे 'भारत भारती' का महत्त्व समझ में आता है। गुप्त जी की राष्ट्रीय चेतना का प्रतिनिधित्व करनेवाली प्रमुख रचना 'भारत भारती' ही है। वस्तुतः राष्ट्रीय चेतना इस समय युग चेतना का रूप ले चुकी थी, भारत के विभिन्न भाषाओं के कवियों की यह समवेत संवेदना थी। गुप्त जी का जो रचनाकाल है वह आंबिकागिरी राय चौधरी (असमिया) कालिन्दीचरण पाणिग्रही (उड़िया), कवि दुब्बारि रामि रेड्डी (तेलुगू), सुब्रह्मण्य भारती (तमिल), केशव दामले (मराठी), किशनचन्द (सिन्धी), प्रो. पूरण सिंह (पंजाबी) का भी रचनाकाल है। इन सबकी राष्ट्रीयतायुक्त संवेदना लगभग समान है। यह ठीक ही कहा जाता है कि 'भारत भारती' स्वतन्त्रता आन्दोलन में लगे लोगों के लिए गीता की तरह थी। (वही, पृ. 166)। गुप्त जी ने आज से सौ वर्ष पहले भारतवर्ष के विषय में जो सोचा था, जिन विद्यमान समस्याओं का चित्र प्रस्तुत किया था और जनता को जागृत करने के लिए जो प्रेरणाप्रद उपक्रम किया था, उसकी प्रासंगिकता आज भी बनी हुई है। 'भारत भारती' में युगबोध से प्रेरित एक उद्‌बोधन सन्देश है जो अपने अतीत के गौरवगान के साथ वर्तमान दुरवस्था का सजीव चित्र प्रस्तुत करता है। अपने देशवासियों के सामने उन महापुरुषों का पुण्य स्मरण है जो उदात्त और उज्ज्वल चरित्र के अनुकरणीय आदर्श छोड़ गये है। बंगदेशीय पुनर्जागरण के पुरस्कर्त्ताओं के सामने भारतीय संस्कृति और भारत के इतिहास पुरुषों के आदर्श नहीं थे। जर्जर रूढ़ियों को ध्वस्त करने में तो उनकी गहरी रुचि थी, किन्तु संस्कृति का अभिमान उनके पास नहीं था (वही, पृ. 26-27) महत्त्वपूर्ण गाँधीवादी विचारक धर्मपाल का भी यह मानना है कि बंगाल के नव जागरण के पुरोधा राजाराममोहन राय और केशवचन्द्र सेन जैसे लोगों के मन में प्राचीन संस्कृति के प्रति उत्साह का भाव नहीं था। वे संस्कृत आदि प्राचीन भाषाओं को केवल स्मृति की भाषा समझते थे। इस आग्रह के पीछे अपनी भाषा, अपनी बुद्धि तथा भारतीय जन के प्रति एक हीनता का भाव था, (भारतीय मानसचित्त एवं काल पृ. 53)। अतीत औरव और स्वदेशाभिमान गुप्त जी की वाणी से ही गुंजित हुआ। इसकी पहली गूँज हमें 'भारत भारती' में ही सुनायी देती है। 'भारत भारती' में अतीत की भौतिक-सांस्कृतिक-शैक्षिक उपलब्धियों का आख्यान है। कवि वैदिक-उपनिषद् काल की श्रेष्ठ चिन्तन परम्परा की याद तो दिलाता ही है, ज्योतिष, अंकगणित, रेखागणित की उपलब्धियों तथा भाषा विज्ञान, साहित्य, चिकित्सा पद्धति की उत्कृष्टता, स्थापत्य कला, विज्ञान और तकनीकी श्रेष्ठता के विवरण भी प्रस्तुत करता है जिससे हीनता की वर्तमान ग्रन्थि से भारतवासी उबर सकें। वस्तुतः अतीत की स्मृति आत्मस्मृति है और आत्मस्मृति जीवन है तथा आत्मविस्मृति मृत्यु। निर्मल वर्मा का यह कहना उचित ही है कि कोई भी जाति संकट की घड़ी में अपने अतीत, अपने जड़ों को टटोलती है (शब्द और स्मृति, पृ. 62) गुप्त जी अपनी रचनाओं—'भारत भारती' 'जयद्रथ वध', 'साकेत', 'नहुष', 'सिद्धराज', 'पंचवटी', 'हिन्दू', 'जयभारत' आदि रचनाओं के माध्यम से अपनी अस्मिता की तलाश में अतीत की यात्रा करते हैं। यह यात्रा नास्टेल्जिया का रूप नहीं लेती क्योंकि वे वर्तमान में लौटते हैं, लक्ष्य वर्तमान ही है—

वर्तमान की दुरवस्था की चिन्ता मुख्य है साथ ही भविष्य के निर्माण का प्रश्न है—

हम कौन थे क्या हो गये हैं और क्या होंगे अभी,
आओ विचारें आज मिलकर ये समस्याएँ सभी।

(भारत भारती, अतीत खण्ड/14)

यह 'भारत भारती' का केन्द्रीय विचार है। यद्यपि भारतेन्दु देशभक्ति के गीत लिख चुके थे—'कहाँ करुणानिधि केशव सोये', 'जागत नाहिं अनेक जतन कर, भारतवासी रोए।' पर इसमें एक करुण पुकार है किन्तु 'भारत भारती' में करुण पुकार नहीं कर्त्तव्य पथ के लिए आह्वान हैं—

यह सृष्टि-गौरव-गज ग्रसित है ग्रह दशा के ग्राह से,
हे भक्तवत्सल ! शुभ सुदर्शन चक्र आप चलाइये।

(भारत भारती, विनय)

वर्तमान की दुरवस्था के लिए गुप्त जी ने भारतीयों को जिम्मेदार ठहराया है। 'भारत भारती, की भूमिका में गुप्त जी लिखते हैं— 'मुझे दुःख है कि इस पुस्तक में कहीं-कहीं मुझे कड़ी बातें लिखनी पड़ी हैं, परन्तु मैंने किसी की निन्दा करने के विचार से कोई बात नहीं लिखी। अपनी सामाजिक दुरवस्था ने वैसा लिखने के लिए मुझको विवश किया है...जब तक हमारी बुराइयों की तीव्र आलोचना न होगी तब तक ध्यान उनको दूर करने की ओर समुचित रीति से आकृष्ट न होगा (वही, भूमिका, पृ. 7) यह वस्तुतः आत्मालोचन का स्वर है, जो 'भारत भारती' में विद्यमान है। हिन्दी के प्रसिद्ध लेखक रमेशचन्द्र शाह का कहना है कि 'हिन्द स्वराज' और 'भारत भारती' दोनों में आत्मालोचन का स्वर विद्यमान है। पहले अपना घर साफ रखने की बात दोनों ने की है (भूलने के विरुद्ध पृ. 27)। हालाँकि रमेशचन्द्र शाह इस बात की ओर ध्यान दिलाना नहीं भूलते कि 'हिन्द स्वराज' में आत्मालोचना के साथ-साथ आत्मविश्वास की जो गहराई है, पाश्चात्य सभ्यता के प्रति जैसी प्रखर आलोचनात्मक दृष्टि है, वह 'भारत भारती' में निश्चय ही नहीं है। भारतेन्दु हरिश्चन्द्र, प्रतापनारायण मिश्र, बालकृष्ण भट्ट, बालमुकुन्द गुप्त, चन्द्रधर शर्मा गुलेरी आदि रचनाकारों की रचनाओं में भी वर्तमान की निर्मम शल्य चिकित्सा है। इसी का विस्तार 'भारत भारती' में है। समाज, राजनीति, धर्म-दर्शन, साहित्य संगीत की हीन दशा ने कवि के हृदय को व्यथित किया, समाज के ठेकेदारों के कर्तृत्व से वे विचलित हुए, उन्होंने समाज के सभी वर्गों के लोगों को कर्त्तव्यच्युत होते हुए देखा था, आधी आबादी का प्रतिनिधित्व करनेवाली स्त्रियों की शोचनीय दशा से भी वे परिचित थे। इन सबका मार्मिक वर्णन 'भारत भारती' में है। इसमें केवल भर्त्सना तक ही कवि सीमित नहीं है उसके पीछे उसकी मानवतावादी दृष्टि है जिसका उद्देश्य पाठक की आत्मा को जागृत करना है। डॉ. त्रिलोचन पाण्डेय गुप्त जी की आत्मालोचन की प्रवृत्ति पर टिप्पणी करते हुए लिखते हैं—'भारत भारती' के वर्तमान खण्ड में उन्होंने जिस प्रकार दरिद्रता, व्याधि, अशिक्षा, दुर्भिक्ष, गोवध, आडम्बर आदि का वर्णन किया उससे हमारे देश की हीन अवस्था का चित्र तो सामने आता

ही है, उनका प्रयोजन पाठक को जागरूक बनाना है (राष्ट्रकवि मैथिलीशरण गुप्त, पृ. 91)'' 'अज्ञेय' ने भी भारत भारती के सामयिक महत्त्व का मूल्यांकन करते हुए बड़ी महत्त्वपूर्ण बात कही है—'भारत भारती' ऐसे समय प्रकाश में आयी कि उसे पढ़कर एकाएक लोग अनुभव करें कि अरे यही तो वह दर्द था जिसे हम न नाम दे पा रहे थे न जिसके उपचार की कोई व्यवस्था कर पा रहे थे—कवि ने एकाएक उसके मर्म की पहचान हमें करवा दी है। इतना ही नहीं उसने हमें उस द्रोण पर्वत का भी संकेत दे दिया है जहाँ से हम संजीवनी बूटी लाकर अपना उपचार स्वयं कर सकते हैं—वह द्रोण पर्वत तो हमारे भीतर ही है (वही पृ. 10)। वह द्रोण पर्वत है अपना आत्मविश्वास, आत्मस्मृति से उत्पन्न उत्साह और आस्था जहाँ से अवनति से निकलने की संजीवनी प्राप्त की जा सकती है। गुप्त जी ने आत्मस्मृति के माध्यम से उस आत्म विश्वास को जगाने का प्रयत्न किया है।

गुप्त जी ने अपने समय के समाज में राष्ट्रीयता के अभाव का तीव्रता से अनुभव किया था, शिक्षा व्यवस्था की दुर्दशा देखी थी, आर्थिक पतन की तस्वीर उनके सामने थी, उद्योग और व्यापार की अवनति पर भी उनकी दृष्टि थी और सबसे बड़ी बात यह थी कि वे इस बात का अनुभव कर रहे थे कि समाज आत्म विस्मृति का शिकार हो चुका है। रमेशचन्द्र शाह ने गुप्त जी द्वारा वर्तमान स्थिति के निरूपण पर टिप्पणी करते हुए लिखा है—"भारतेन्दु की तरह गुप्त जी के कविकर्म का एक स्थायी भाव है—भारत दुर्दशा। वे इस यथार्थ को कभी भी आँखों से ओझल नहीं करना चाहते। हमेशा उसे अपनी आँखों के सामने रखना चाहते हैं (भूलने के विरुद्ध पृ. 27) गुप्त जी ने इस हीनदशा की ओर संकेत करते हुए उससे उबरने का आह्वान किया। राष्ट्रीयता के भाव का लोप होने पर तीखी टिप्पणी करते हुए गुप्त जी कहते है—

जातीयता क्या वस्तु है निज देश कहते हैं किसे,
क्या अर्थ आत्मत्याग का वे जानते हैं क्या इसे।।

(भारत भारती, वर्तमानखण्ड 111)

गुप्त जी ने अपने समय में प्रचलित शिक्षा-व्यवस्था की तीव्र आलोचना की। वे अनुभव कर रहे थे कि वर्तमान शिक्षा व्यवस्था बौद्धिक विकास का मार्ग नहीं खोलती, नये उन्मेष के लिए वातावरण नहीं बनाती और सबसे बड़ी बात यह है कि वह हमें आत्मविस्मृति की ओर ले जाती है। इसीलिए वे ऐसी शिक्षा को धिक्कारते हैं—

शिक्षे ! तुम्हारा नाश हो तुम नौकरी के हित बनी
लो मूर्खते ! जीती रहो रक्षक तुम्हारे हैं धनी (वही, 125)

इस शिक्षा-व्यवस्था ने हमारे स्वत्वबोध को प्रभावित किया है, यह केवल—पर अनुकरण और दासत्व की ओर ले जानेवाली है—

वह साम्प्रतिक शिक्षा हमारे सर्वथा प्रतिकूल है
इसमें हमारे देश के प्रति द्वेष-मति की मूल है।

इसमें विदेशी भाव भर के वह भुलाती है हमें।
सब स्वास्थ्य का संहार करके वह रुलाती है हमें।।
होती नहीं इसमें हमें निज धर्म्म में अनुरक्ति है,
होने न देती पूर्वजों पर वह हमारी भक्ति है।
उसमें विदेशी मान का ही मोह पूर्ण महत्त्व है,
फल अन्त में उसका वही दासत्व है दासत्व है।। (वही 148-49)

भारतेन्दु युग के रचनाकारों ने जिस स्वदेशी की भावना को जाग्रत किया उसका विकास 'भारत-भारती' में दिखायी देता है। गुप्त जी ने देखा कि हमारा देश केवल कच्चा-माल उत्पादक देश बनकर रह गया है। यदि यही स्थिति बनी रही तो इस देश की रक्षा कोई नहीं कर सकता—

जो देश कच्चा माल ही उत्पन्न करके शान्त है,
उसका पतन एकान्त है, सिद्धान्त यह निर्भ्रान्त है (वही, 90)

यह एक मार्मिक टिप्पणी है जो एक ओर देश दशा का बयान करती है तो दूसरी ओर संवेदनशील रचनाकार की पीड़ा की अनुभूति भी कराती है कवि को लगता है उद्योग और व्यापार में आत्मनिर्भर होने के बजाय केवल उपभोक्ता बनकर रह जाना— देश को एक बाजार में तब्दील होते देखते रहना क्या आत्मघात नहीं है?

जो वस्तु देखो मेड इन इंग्लैण्ड इटली जर्मनी
जापान, फ्रान्स अमेरिका व अन्य देशों की बनी
होकर सजीव मनुष्य हम निर्जीव से हैं हो रहे
घर में लगाकर आग अपने बेखबर हैं सो रहे।। (वही 82)

घर फूँक तमाशा देखना मुहावरा यहाँ चरितार्थ हो गया है। क्या आज इक्कीसवीं शताब्दी के इस दशक में एक बार फिर यह समस्या नहीं उठ खड़ी हो गयी कि हम दोयम दर्जे की तकनीक का आयात कर रहे हैं और हमारा देश एक बड़े बाजार में बदल गया है खुदरा क्षेत्र में विदेशी निवेश को मंजूरी देकर फिर हम उन्नीसवीं शताब्दी की स्थिति में देश को नहीं ले जा रहे हैं? इस सन्दर्भ में 'भारत-भारती' की उपर्युक्त पंक्तियाँ कितनी अर्थपूर्ण लगती हैं। कवि का आग्रह हमें प्रतापनारायण मिश्र के 'देशी कपड़ा और भारतेन्दु हरिश्चन्द्र के भारतवर्षोन्नति कैसे हो सकती है' जैसे निबन्धों की याद दिलाता है—

यदि हम विदेशी माल से मुह मोड़ सकते हैं नहीं—
तो हाय ! उसका मोह भी क्या छोड़ सकते है नहीं?
निज देश पर क्या अल्प भी अनुराग कर सकते नहीं (वही 105)

गुप्त जी का मानना है कि देश को आत्मविस्मृति का रोग लग गया है। इस आत्मविस्मृति से आत्मविश्वास डगमगा गया है—आत्महीनता की ग्रन्थि उसके भीतर घर कर गयी है—

हम आज क्या से क्या हुए, भूले हुए हैं हम इसे,
है ध्यान अपने मान का हममें बताओ अब किसे ? (वही 274)

वस्तुतः स्मृति का जातीय अस्मिता से गहरा सम्बन्ध होता है। निर्मल वर्मा सही लिखते हैं कि एक देश की जातीय अस्मिता को नष्ट करने का सबसे सरल उपाय है उसके स्मृति को उन्मूलित करना (भारत और यूरोप प्रतिश्रुति के क्षेत्र पृ. 113) उस देश की विद्यमान दशा पर यह टिप्पणी कितनी मार्मिक है—

भारत ! तुम्हारा आज यह कैसा भयंकर वेश है?
है और अब निःशेष केवल नाम ही अब शेष है।

(भारत भारती, वर्तमान खण्ड 308)

'भारत-भारती' का भविष्यत खण्ड भी कई दृष्टियों से अर्थपूर्ण है। हालाँकि इसमें कवि द्वारा भविष्य निरूपण का प्रयत्न नहीं है, पर उसमें देशवासियों का कर्त्तव्य के प्रति आह्वान है। इसमें रचनाकार की उस आकांक्षा का प्रकटीकरण है, उस आदर्श के चरितार्थ की इच्छा है जिससे देश में स्वाभिमान का भाव जागृत हो, स्वावलम्बन का विकास हो (वही भविष्यत खण्ड 138) परावलम्बन से देश मुक्त हो सके (वही विनय पृ. 167) देशवासी एकात्म का अनुभव कर सकें (वही भविष्यत खण्ड/24) उनमें मनुष्यता के उच्चतर मूल्यों का विकास हो (वही छन्द 25-26) कवि एक राष्ट्रभाषा के विकास के लिए चिन्तित है, (वही छन्द 112) वह रीतिकालीन परम्परा में लिखी गयी रचना का समर्थन नहीं करता वरन् उसमें 'उचित उपदेश के मर्म' का भी समावेश चाहता है, (वही छन्द 95) क्योंकि उसे ज्ञात है कि 'मृत जाति' को कवि ही 'रससुधा' के 'योग' से जीवित कर सकते है (वही छन्द 98) भारतेन्दु युग से लेकर छायावादी युग तक के साहित्य को पुनर्जागरण का साहित्य जो कहा गया है वह 'भारत-भारती' के सन्दर्भ में बहुत ही सटीक है। कवि इतिहास के लम्बे दौर की त्रासद स्थिति की याद दिलाकर उसके प्रति सचेत करता है—

पृथ्वी ,पवन, नभ, जल, अनल सब लग रहे हैं काम में
फिर क्यों तुम ही खोते समय हो व्यर्थ के विश्राम में?
बीते हजारों वर्ष तुमको नींद में सोते हुए
बैठ रहोगे और कबतक भाग्य को रोते हुए।
इस नींद में क्या-क्या हुआ, यह भी तुम्हें कुछ ज्ञात है?
कितनी यहाँ लूटें हुईं कितना हुआ अपघात है?

(वही छन्द 40-41)

यह कहना अतिश्योक्ति पूर्ण नहीं होगा कि 'उत्तिष्ठ जाग्रत' 'भारत-भारती' का एक प्रमुख सन्देश है।

'भारत-भारती' एक ऐसी रचना है जिसकी अनुगूँज परवर्ती रचनाकारों की रचनाओं में सुनायी पड़ती है। रमेशचन्द्र शाह के अनुसार निराला तथा दिनकर एवं अन्य कवियों की रचनाओं में इसके साक्ष्य मिलते हैं (भूलने के विरुद्ध, पृ. 038) डॉ. शाह आगे लिखते

हैं—बहुत कम रचनाओं को इस तरह भविष्य के कवियों का सन्दर्भ ग्रन्थ बनने का सौभाग्य प्राप्त हुआ है और 'भारत-भारती' उन्हीं उपजाऊ रचना भूमियों में गिनी जायेगी। बहुत कम रचनाओं को इस तरह कवि के जीवनकाल में ही भाषा की सहज श्रुति बन जाने का अवसर मिलता है। (वही)

यह कहा जाता है कि गुप्त जी को 'भारत-भारती' रचने की प्रेरणा मौलाना अल्ताफ हुसैन हाली की प्रसिद्ध रचना 'मद्दो-जजरे-इस्लाम' या 'मुसद्दसे हाली' (1879 ई.) तथा ब्रजमोहन दत्तात्रेय कैफी की रचना 'भारत दर्पण' या 'मुसद्दसे कैफी' से मिली। गुप्त जी ने अपनी भूमिका में इन दोनों का उल्लेख किया है—"हाली और कैफी के मुसद्दसों से मैंने लाभ उठाया है, इसलिए उनके प्रति भी मैं हार्दिक कृतज्ञता प्रकट करता हूँ। (भारत भारती, भूमिका 07) डॉ. बच्चन सिंह का मानना है कि गुप्त जी ने शैली हाली से और जमीन कैफी से ली, उस पर चढ़ा हुआ रंग उनका अपना है। (हिन्दी साहित्य का दूसरा इतिहास, पृ. 335) साथ ही यह भी ध्यातव्य है कि हाली का मुसद्दस केवल मुसलमानों को सम्बोधित है। यह भी कहा जाता है कि सर सैय्यद अहमद खाँ ने मौलाना हाली से मुसलमानों के उत्थान और पतन पर कविता लिखने का अनुरोध किया था। इसी से प्रेरित होकर उन्होंने मुसद्दसे हाली लिखा—(उर्दू साहित्यक आलोचनात्मक इतिहास, पृ. 199-200)। प्रख्यात शायर रघुपतिसहाय फिराक का भी कहना है कि इसमें उन्होंने मुसलमानों के भव्य अतीत की याद दिलाकर उनकी तत्कालीन दुर्दशा से उनका मुकाबला किया और मुसलमानों को झटके के साथ जगाया।, (उर्दू भाषा और साहित्य, पृ. 179)। इसमें हाली केवल वहाँ की बात करते हैं जहाँ से वे आये थे। वे केवल अपने वर्ग के उत्थान की भावना से प्रेरित है। हाली के सम्मुख राष्ट्रीय जागरण की सामूहिक चेतना नहीं थी। उनका मलाल यह था कि, 'सात समन्दर को जीतनेवाला इस्लाम का बेड़ा गंगा के किनारे क्यों डूब गया—

वह दीने हिजाजी का बेबाक बेड़ा
निशां जिसका अक्साए आलम में पहुँचा
मजाहम हुआ कोई खतरा न जिसका
न अम्मा में ठिठका, न कुल्जम में झिझका
किये पै सिपर जिसने सातों समन्दर
वह डूबा दहाने में गंगा के आकर

इसके विपरीत गुप्त जी ने पूरे भारतवर्ष को केन्द्र में रखकर 'भारत भारती' की रचना की। भारत-भारती तथा अन्य अनेक रचनाओं के आधार पर आलोचकों का एक वर्ग गुप्त जी को पुनरुत्थानवादी कहकर उन पर साम्प्रदायिकता का रंग चढ़ाता है क्योंकि गुप्त जी ने हिन्दू स्मृति को काव्य का उपजीव्य बनाया है। आलोचकों के मत का प्रत्याख्यान करते हुए अज्ञेय दृढ़तापूर्वक कहते है—'हिन्दू वे थे जैसे महात्मा गाँधी हिन्दू थे और वैष्णव थे, वह सनातन धर्म ही उनका धर्म था, जिसमें वैर का कोई स्थान नहीं है और विधर्मी के लिए

भी सुरक्षित स्थान है। गुप्त जी की उदार मानवतावादी दृष्टि की जड़ें उसी सनातन धर्म में थीं। जो मूल्य दृष्टि हमें उदार बनाती है, सर्वधर्म सम भाव देती है वही तो सनातन धर्म की देन है। यह उस धर्म की अद्वितीय विशेषता है, भारतीयेतर किसी धर्म के बारे में यह नहीं कहा जा सकता और इसीलिए भारतीय दृष्टि' और 'धर्मदृष्टि' में विरोध खोजना खरगोश के सींग खोजना है। (राष्ट्रकवि मैथिली शरण गुप्त पृ. 13) फिर यह भी याद रखना जरूरी है कि गुप्त जी की इतिहास दृष्टि 1947, 1757, 1526, 1192, 712 ई. तक ही नहीं जाती बल्कि उसके पार भी जाती है। भारतीय काल गणना में केवल ईस्वी सन् शक संवत् या विक्रम संवत् ही नहीं है बल्कि कलि संवत् भी है जिसका उल्लेख आनन्दवर्द्धन, अभिनव गुप्त, कल्हण, अप्पय दीक्षित एवं नीलकण्ठ दीक्षित करते हैं। कल्हण कश्मीर का इतिहास कलि संवत् में लिखते हैं जिसका आरम्भ परीक्षित के राज्यारोहण से होता है और जिसे पश्चिमपरस्त आधुनिकतावादियों और वामपन्थी बुद्धिजीवियों ने पौराणिक कहकर खारिज कर दिया है किन्तु जो हमारी स्मृति का अभिन्न अंग है। यदि गुप्त जी उस कालखण्ड को याद करते हैं या उसका उपयोग अपनी रचनाधर्मिता के लिए करते हैं तो गलत क्या है और इस आधार पर उन्हें साम्प्रदायिक कहना कहाँ तक उचित है? वस्तुतः उन्हें पुनरुत्थानवादी और साम्प्रदायिक कहनेवाले लोग देश को स्मृतिविहीन और अस्मितारहित करना चाहते हैं और 'मिली जुली तहजीब' नामक विजातीय घोल तैयार करना चाहते हैं जिसमें विघटन के तत्त्व स्वतः विद्यमान हैं। यहाँ अज्ञेय का पुनः स्मरण स्वाभाविक है जिन्होंने 'मिश्र संस्कृति' की अवधारणा को प्रश्नांकित किया—"एक समग्र संस्कृति के सहज विकास के बदले एक 'मिश्र संस्कृति के निर्माण की कोशिशें भी उस विडम्बना का एक पहलू है जो हास्यास्पद होता यदि इतना खतरनाक न होता। कोई भी संस्कृति दूसरी संस्कृतियों से निरन्तर कुछ-न-कुछ ग्रहण करती रहती है। और अधिक जीवन्त संस्कृतियाँ अधिक खुलेपन से प्रभाव ग्रहण करती है।...मिश्र संस्कृति कभी संस्कृति हो ही नहीं सकती, क्योंकि वह एक ऐसा घोल बनाने का आग्रह करती है जिसमें सब तत्त्व अलग-अलग पहचाने जा सकें। प्रत्येक का अनुपात निदर्शित किया जा सके—एक ऐसा घोल जिसमें निरन्तर आलोड़न के द्वारा मिलाये हुए तत्त्व किसी भी समय अलग हो जायें। (वही पृ. 05) विडम्बना यह है कि आजादी के बाद रचनाकारों, आलोचकों, राजनीति तथा समाजशास्त्र के चिन्तकों एवं इतिहासकारों का एक वर्ग जवाहरलाल नेहरू द्वारा प्रयुक्त 'मिली जुली तहजीब' शब्द का मन्त्र की तरह जाप करने लगा। उसी ने रचनाओं के मूल्यांकन में 'साम्प्रदायिकता', 'धर्मनिरपेक्षता' जैसे विजातीय प्रत्ययों के प्रयोग को बढ़ावा दिया और इसी आधार पर मैथिलीशरण गुप्त ही नहीं जयशंकर प्रसाद, रामचन्द्र शुक्ल, निराला जैसे रचनाकारों को साम्प्रदायिक और हिन्दूवादी कहा गया।

यदि हम'भारत-भारती' के वर्तमान खण्ड का वह चर्चित उद्धरण देखें जिसमें हिन्दूधर्म की सबसे प्रबल प्रतीक गाय मुसलमानों को सीधे सम्बोधित करके कहती है तो गुप्त जी पर साम्प्रदायिकता का जो आरोप लगाया जाता है उसका खोखलापन नजर आ जायेगा—

हिन्दू तथा तुम सब चढ़े हो एक नौका पर यहाँ
जो एक का होगा अहित तो दूसरे का हित कहाँ?
सप्रेम हिल मिलकर चलो यात्रा सुखद होगी तभी
पीछे हुआ सो हो गया, अब सामने देखो सभी ।।

(भारत भारता, वर्तमान खण्ड 74)

यहाँ गुप्त जी इतिहास और वर्तमान की नब्ज पर हाथ रखकर अपनी बात कह रहे हैं। अतीत और वर्तमान के सच को समान रूप से स्वीकार कर ही भविष्य की ओर ठीक ढंग से बढ़ा जा सकता है। इस सन्दर्भ में रामस्वरूप चतुर्वेदी की टिप्पणी ध्यान देने योग्य है—"यहाँ हिन्दू और मुसलमान का एक नाव में सवार होने का 'प्रतीक' जितना अर्थगर्भ है सामान्य जनजीवन में उतना ही प्रचलित मुहाविरे से जुड़ा हुआ है—दोनों की नियति वर्तमान भारत में अलग-अलग नहीं एक-दूसरे से बँधी हुई है, इस तथ्य की प्रतीति कवि जन-साधारण को करा देना चाहता है और अन्त में आग्रह इस बात के लिए करता है कि इतिहास के झगड़ों में मत पड़ो, वहाँ अधिक ताकने-झाँकने से विद्वेष बढ़ने की सम्भावना है, अब जरूरत है भविष्य की ओर उन्मुख होने की—"पीछे हुआ सो हो गया अब सामने देखो सभी।" इससे बड़ी प्रगतिशील और व्यावहारिक दृष्टि आज भी सम्भव नहीं कि हिन्दू और मुसलमानों के हित भारतवर्ष में एक-दूसरे से जुड़े हुए हैं। (आधुनिक कविता यात्रा, पृ. 9)

'काबा और कर्बला' गुप्त जी की एक महत्त्वपूर्ण रचना है जिसमें वे विभिन्न सम्प्रदायों के अनुयायियों को आन्तरिक शान्ति के लिए सहभाव और सद्भाव के साथ रहने की आवश्यकता पर बल देते हैं—"अपने देश में आन्तरिक सुख शान्ति के लिए हमको मिल-जुलकर रहना ही होगा। समान सुख-दुःख ही हमारी पारस्परिक सहानुभूति का आधार होना चाहिए। हमें एक-दूसरे के प्रति उदार और सहिष्णु होना होगा, एक-दूसरे से परिचय बढ़ाना होगा। 'मुसलमानों को सम्बोधित करते हुए जो बातें कही गयी हैं वे आज भी प्रासंगिक हैं—

'मुसलमान भाई हों शान्त सोचो तुम्हीं तनिक एकान्त
तुम निज हेतु करो सब कर्म और छोड़ दें हम निज धर्म
रहे तुम्हारा कुछ भी बोध हमको तुमसे नहीं विरोध
मातृभूमि का नाता मान हैं दोनों के स्वार्थ समान,

(राष्ट्रकवि मैथिलीशरण गुप्त पृ. 172)

गुप्त जी की यह उत्कट आकांक्षा है—

सुख और दुःख में एक-सा सब भाइयों का भाग हो।
अन्तःकरण में गूँजता राष्ट्रीयता का राग हो।

(भारत भारती, भविष्यत खण्ड, पृ. 136)

यहाँ एक तथ्य की ओर ध्यान देना आवश्यक प्रतीत होता है। 'भारत भारती' 'हिन्द स्वराज' और इकबाल की 'शिकवा' आसपास की ही रचनाएँ हैं। पर जहाँ 'भारत भारती' तथा 'हिन्द स्वराज' में राष्ट्रीयता, साम्प्रदायिक सदभाव के साथ स्वदेशी का तत्त्व प्रबलता के साथ विद्यमान है, वहीं 'शिकवा' और 'जवाबे शिकवा' में अलगाववाद तथा मुस्लिम कट्टरतावाद का तत्त्व विद्यमान है। उसमें स्वदेशी और साम्प्रदायिक सौहार्द की प्रच्छन्न गूँज भी नहीं है। इसमें केवल मुस्लिम आकांक्षा की अभिव्यक्ति है। 'शिकवा के आधिकारिक परिचय में लिखा गया है—"यह द्विराष्ट्र सिद्धान्त का पहला मेनिफेस्टो था जिसे बाद में चौधरी रहमत अली ने विकसित किया जिसके आधार पर मुहम्मद अली जिन्ना ने मुसलमानों के लिए एक अलग देश पाकिस्तान बनाया।" 'शिकवा' और 'जबावे शिकवा' में अल्लाह के साथ शायर का संवाद है। इकबाल शिकायत करते हैं कि जिस इस्लाम के अनुयायियों के उत्थान के बाद दुनिया का परिदृश्य बदला उन इस्लाम के अनुयायियों की दशा आज हीन क्यों है? 'शिकवा' में इस्लाम का गर्वीला अभियान चित्रित है। ध्यातव्य है कि इकबाल के पूर्वज कश्मीरी पण्डित थे पर मत बदलने पर व्यक्तित्त्व का रूपान्तरण हो गया और इकबाल अरब के प्रतिनिधि हो गये। तभी तो वे कहते हैं—

तू ही कहदे उखाड़ा दर-ए-खैबर किसने?
शहरे कैसर का जो था, उसको किया सर किसने?
तोड़े मखलूक खुदाबन्दो के पैकर किसने
काट के रख दिये कुफ्फार के लश्कर किसने?
किसकी हैबत से सनम सहमे हुए रहते थे?
मुँह के बल गिर के अल्लाह-ओ-अहद कहते थे?

इकबाल की एक ही इच्छा है—

हिन्द के दैरनशीनों को मुसलमाँ कर दे।

इकबाल चाहते हैं कि मुसलमान देशभक्ति की बीमारी से उबरें और इस्लाम को ही सब-कुछ ही समझें—

कौम मजहब से है, मजहब जो नहीं तुम भी नहीं।
जज्बे बाहम जो नही महफिले अंजुम भी नहीं।।

मत बदलने से कैसे निष्ठा बदल जाती है, इसका यह सर्वोत्तम उदाहरण है। मतान्तरित मुस्लिम होने के बाद इकबाल की घोषणा है—

अजमी खुम है तो क्या, मय तो हिजाजी है मेरी।
नगमा हिन्दी है तो क्या, लय तो हिजाजी है मेरी।।

रघुपति सहाय फिराक ने अपनी पुस्तक 'उर्दू भाषा और साहित्य' नामक पुस्तक में इकबाल का मूल्यांकन करते हुए लिखा है कि, "इकबाल इस्लामी विश्वाधिपत्य का स्वप्न देखनेवाले रचनाकार हैं।... इकबाल वर्तमान राजनीतिक विचारधाराओं में सबसे अधिक जिनके साथ थे वह फासिस्ट विचारधारा है... इस्लाम को वे संसार का नेतृत्व करनेवाली

शक्ति मानते हैं (उर्दू भाषा और साहित्य, पृ.179) इस प्रकार हाली के मुसद्दस इकबाल के 'शिकवा' और 'जवाबे शिकवा' और भारत भारती में वैचारिक दृष्टि से बहुत अन्तर है। विडम्बना यह है कि इतनी स्पष्टता के बाद भी इकबाल को मानवतावादी और गुप्त जी को हिन्दू पुनरुत्थानवादी कहा गया है। जबकि गुप्त जी में मानवतावाद चराचरवाद का तत्त्व संस्कारतः निहित है—यह सनातनधर्म ही है जो इतना उदार बनाता है, वही धर्म पूरे विश्व को आत्मस्वरूप मानता है पन्थ के आधार पर भेद नहीं करता जबकि सामी परम्परा में दूसरे की स्वीकृति ही नहीं है।

राष्ट्रीयता का भाव 'भारत-भारती का केन्द्रीय भाव है, पर यह यूरोप की राष्ट्रीयता की अवधारणा से अलग हैं। इसका स्वरूप सांस्कृतिक है और अधिष्ठान आध्यात्मिक। इस राष्ट्रीयता के भाव की झलक अथर्ववेद के 'माता भूमिः पुत्रो अहं पृथिव्याः, मन्त्र में, भागवत के 'अहो भुवः सप्त समुद्रवत्या द्वीपेषु वर्षेषु अधिपुण्य मेतत' तथा विष्णुपुराण के 'गायन्ति देवाः किल गीतिकानि धन्यास्तु ते भारत भूमि भागे, जैसे श्लोकों में मिलती है और आगे चलकर गोस्वामी तुलसीदास की 'भली भारत भूमि भले कुल जन्म' जैसी पंक्ति और आधुनिक काल के भारतेन्दु, द्विवेदी और छायावादयुगीन रचनाकारों में यही भाव मिलता है। यह विडम्बना ही है कि स्वतन्त्रता प्राप्ति के बाद राष्ट्रीयता का यह स्वर मन्द होता गया है। राजनैतिक दृष्टि से स्वाधीनता मिलने के बावजूद सांस्कृतिक गुलामी गहरी होती गयी। ऐसे समय में 'भारत-भारती' की प्रासंगिकता का महत्त्व समझ में आता है। इस सन्दर्भ में रमेश चन्द्र शाह का यह कथन अत्यन्त सटीक है—"उन्होंने 'जातिगंगा' में डुबकी लगाने की बात ही नहीं की, स्वयं अपनी कविता से सबके लिए ऐसा कर पाने का मार्ग निकाला। 'मृत जाति को कवि ही जिलाते रस सुधा के योग से, कहनेवाले कवि का योगदान मात्र इत्तिवृत्तात्मक या 'उपदेशात्मक' कहके नहीं बखाना जा सकता क्योंकि उसमें 'उचित उपदेश' के मर्म का ही नहीं 'रस सुधा' का भी समावेश है। इसीलिए वे राष्ट्रकवि हैं और उनके कृतित्त्व का स्मरण विशेष रूप से प्रासंगिक और अर्थवान् हो सकता है (भूलने के विरुद्ध पृ. 35)

छायावादी काव्य में मातृभूमि वन्दना

छायावाद आधुनिक हिन्दी कविता का महत्त्वपूर्ण स्वतः स्फूर्त आन्दोलन है, जिसकी मुख्य चिन्ता देश के सांस्कृतिक जागरण की है। छायावाद केवल प्रकृति प्रेम, सौन्दर्य, शृंगार का काव्य नहीं है, वह केवल व्यक्ति स्वातन्त्र्य का काव्य भी नहीं है, छायावादी कविता का केवल शिल्पगत महत्त्व नहीं है, अपितु इसमें सामूहिक मुक्ति की चेतना भी है। स्वाधीनता की जो चेतना 1857 के प्रथम स्वतन्त्रता संग्राम से आरम्भ होती है और जिसकी झलक भारतेन्दु युगीन साहित्य में मिलती है उसी का विस्तार द्विवेदीयुगीन और छायावादयुगीन काव्य में होता है। द्विवेदीयुगीन काव्य का राजनीतिक जागरण छायावाद में सांस्कृतिक जागरण में रूपान्तरित हो जाता है। छायावादी काव्य में अतीत के गौरव की स्मृति और अनुभव, है, वर्तमान की चिन्ता तथा भविष्य का स्वप्न भी है। छायावाद के इस जागरण पक्ष से सम्बद्ध है राष्ट्रीयता की चेतना। एक निश्चित भूभाग के प्रति मातृभूमि उसके विविध प्राकृतिक परिवेश से साहचर्य के कारण उत्पन्न अपनत्व की भावना, तथा उसमें रहनेवाले लोगों की एकता, सुरक्षा और समृद्धि की आकांक्षा से ही उस भावभूमि का निर्माण होता है, जिसे राष्ट्रीयता कहते हैं। राष्ट्रीयता की यह भावना किसी भी रूप में संकुचित नहीं होती और इसका निर्माण उन सांस्कृतिक मूल्यों से होता है जो इस भूभाग में निवास करनेवाले लोगों की जीवन पद्धति का हिस्सा होते हैं। इस राष्ट्रीयता का आधार अपने लोगों के प्रति विशुद्ध रागात्मक भाव होता है न कि दूसरों के प्रति अनात्म भाव। आचार्य रामचन्द्र शुक्ल ने इसे ही देशबद्ध मनुष्यत्व के अनुभव की संज्ञा दी है और इस अनुभव को देशप्रेम से जोड़ा है। इस राष्ट्रीयता के अनेक पक्ष हैं—अपनी भूमि के प्रति मातृभाव की अभिव्यक्ति, अपने अतीत के प्रति गौरव की अनुभूति, अपनी संस्कृति के प्रेम आत्म सम्मान का बोध, अपने देश के प्राकृतिक परिवेश के प्रति गहरा लगाव, अपने देश की भाषा के साथ गहरी संसक्ति, वर्तमान स्थिति पर दृष्टि और भविष्य का स्वप्न।

अपनी भूमि के प्रति मातृभाव की अभिव्यक्ति साहित्य में विभिन्न रूपों में हुई है। स्वामी विवेकानन्द का कथन इस सन्दर्भ में महत्त्वपूर्ण है—"आगामी पचास वर्ष के लिए यह जननी जन्मभूमि भारतमाता ही मानो आराध्यदेवी बन जाय। तब तक

के लिए हमारे मस्तिष्क से व्यर्थ के देवी देवताओं के हट जाने में कुछ भी हानि नहीं है। अपना सारा ध्यान इसी एक ईश्वर पर लगाओ। हमारा देश ही हमारा जाग्रत देवता है। सर्वत्र उसके हाथ है, सर्वत्र उसके पैर हैं और सर्वत्र उसके कान हैं जब हम इस प्रत्यक्ष देवता की पूजा कर लेंगे तभी हम दूसरे देव-देवियों की पूजा करने योग्य होंगे अन्यथा नहीं।'' भूमि के प्रति माता का भाव वैदिक काल से ही भारत वर्ष में रहा है। अथर्ववेद का प्रसिद्ध मन्त्र है—'माता भूमिः पुत्रोऽहं पृथिव्याः।' भट्टतौत ने जिस श्लोक को उद्धृत किया है—'अपि स्वर्णमयी लंका न में लक्ष्मण रोचते। जननी जन्मभूमिश्च स्वर्गादपि गरीयसि, इसमें भी अपनी मातृभूमि के प्रति गहरा रागभाव व्यंजित होता है। इसी प्रकार 'विष्णु पुराण' के निम्नांकित श्लोक में भारतवर्ष का जो मानचित्र खींचा गया है उसमें भारतवासियों को भारत की सन्तति कहा गया है—

उत्तरं यत्समुद्रस्य हिमाद्रेश्चैव दक्षिणं।
वर्ष तद भारतं नाम भारती यत्र सन्तति (विष्णु पुराण 2/3/1)

जो समुद्र के उत्तर में है और हिमालय के दक्षिण में है उस देश का नाम भारत है और उसमें निवास करनेवाले लोग उसकी सन्तान हैं। यह भूमि इतनी महत्त्वपूर्ण है कि इसमें जन्म लेना भाग्य की बात है। देवता भी भारतभूमि को धन्य कहते हुए इसका शौर्यगान करते हैं। यहाँ पर मनुष्य जन्म पाना देवत्व पद प्राप्त करने से भी बढ़कर है—

गायन्ति देवाः किल गीत कानि, धन्यास्तु ते भारतभूमि भागे।
स्वर्गापवर्गास्पद हेतु भूते, भवन्ति भूयः पुरुषाः सुरत्वात्
(विष्णु पुराण 2/3/28)

मनु स्मृति में भी भारत के वैशिष्ट्य का स्मरण किया गया है—

एतद्देशप्रसूतस्य सकाशाग्रजन्मनः
स्वं स्वं चरित्रं शिक्षेरन्पृथिव्यां सर्वमानवाः

यह देश भारतवर्ष विद्वानों ऋषियों महर्षियों चरित्रवानों का देश है। इस देश में रहनेवाले मनुष्य ही पृथ्वी के सर्वप्रथम मानव हैं ये चरित्र की खान हैं। पृथ्वी पर रहनेवाले सब मनुष्य अपने-अपने आचरण तथा कर्त्तव्य की शिक्षा ग्रहण करें। यह अपने देश के प्रति गौरव भाव की अभिव्यक्ति है। श्रीमद्भागवत में भी इस देश को पुण्यभूमि के रूप में स्मरण किया गया है—

अहो भुवः सप्त समुद्रवत्याः द्वीपेषु वर्षेषु अधि पुण्यमेतत
(—श्रीमद्भागवत 5/6/13)

गोस्वामी तुलसीदास 'कवितावली' में भारतवर्ष में जन्म लेने को स्पृहा की वस्तु मानते हैं—

भलि भारत भूमि भले कुल जन्म, समाज सरीरू भलो लहिकै।
करषा तजि कै पुरुषा बरखा, हिम मारुत घाम सदा सहिकै।

जो भजै भगवानु सयान सोई, तुलसी हठ चातकु ज्यों गहिकै ।
न तु और सबै विष बीज बए हर हाटक कामदुहा नहि कै।
(कवितावली, उत्तरकाण्ड 23)

मातृभूमि के प्रति राग भाव की अभिव्यक्ति मनुष्य की स्वाभाविक प्रवृत्ति है। आधुनिक काल में स्वतन्त्रता संघर्ष के दौरान यह भाव घनीभूत हुआ और यही भाव साहित्य, राजनीति और संस्कृति का केन्द्रीय भाव हो गया। स्वतन्त्रता संघर्ष ने रचनाकारों के भीतर अपनी मातृभूमि के प्रति गहरी अनुरक्ति का भाव भर दिया जिसकी अभिव्यक्ति विभिन्न रूपों में हुई। भारतेन्दु युग से आरम्भ हुई यह चेतना द्विवेदी युग और छायावाद युग से होती हुई बाद तक व्याप्त रहती है। विविध राजनीतिक, आर्थिक, सामाजिक, सांस्कृतिक घटनाओं ने मानव मन पर सम्मिलित प्रभाव डाला। अंग्रेजों ने भारत पर अपनी राजनीतिक सत्ता स्थापित करने के बाद यहाँ की भाषा, साहित्य संस्कृति तथा इतिहास के अवमूल्यन का प्रयास आरम्भ किया। उसकी प्रतिक्रिया हुई और इतिहास, संस्कृति, धर्म-दर्शन, समाज तथा साहित्य के क्षेत्र में कार्य करनेवालों ने अपनी परम्परा का अन्वेषण किया तथा अपनी संस्कृति के प्रति गौरव बोध जागृत किया। स्वामी दयानन्द सरस्वती, रामकृष्ण परमहंस, स्वामी विवेकानन्द, महर्षि, अरविन्द, बंकिमचन्द्र, बालगंगाधर तिलक, रवीन्द्रनाथ टैगोर, काशी प्रसाद जायसवाल, महात्मा गाँधी जैसे लोगों ने महत्त्वपूर्ण कार्य किये। भारतेन्दु हरिश्चन्द्र तथा इस युग के अन्य रचनाकार, महावीरप्रसाद द्विवेदी, मैथिलीशरण गुप्त जैसे रचनाकारों ने देश के स्वाभिमान को पुनः जागृत किया। 'स्वत्व निज भारत गहै' तथा 'निज भाषा उन्नति अहै सब उन्नति को मूल' से लेकर 'हम कौन थे क्या हो गये हैं और क्या होंगे अभी' तक में यह जागृति देखी जा सकती है। मैथिलीशरण गुप्त ने मातृभूमि का भव्य और विशाल रूप चित्रित किया—

नीलाम्बर परिधान हरित पट पर सुन्दर है
सूर्य-चन्द्र युग मुकुट मेखला रत्नाकार है।
नदियाँ प्रेम प्रवाह फूल तारे मंडन हैं।
बन्दीजन खग-वृन्द शेष फन सिंहासन हैं।
करते अभिषेक पयोद हैं बलिहारी इस वेष की
हे मातृभूमि ! तू सत्य ही सगुण मूर्ति सर्वेश की

रचनाकार अपनी पवित्र आकांक्षा व्यक्त करता है—

जिस पृथ्वी में मिले हमारे पूर्वज प्यारे
उससे हे भगवान कभी हम रहें न न्यारे
लोट लोट कर वहीं हृदय को शान्त करेंगे।
उस मातृभूमि की धूल में जब पूरे सन जायेंगे
होकर भव बन्धन मुक्त हम आत्म रूप बन जायेंगे।।

छायावाद तक आते-आते मातृ वन्दना और विस्तार पाती है। जयशंकर प्रसाद ने अपने नाटक 'स्कन्दगुप्त' में भारत महिमा का जो वर्णन किया है, वह वस्तुतः मातृवन्दना ही है—

हिमालय के आँगन में उसे प्रथम किरणों का दे उपहार
उषा ने हँस अभिनन्दन किया और पहनाया हीरक हार
जगे, हम, लगे जगाने विश्व, लोक में फैला फिर आलोक
व्योम-तम पुंज हुआ तब नष्ट, अखिल संसृति हो उठी अशोक

कवि यह इच्छा व्यक्त करता है कि हम देश के उत्थान के लिए अपना सर्वस्व न्योछावर कर दें—

जियें तो सदा इसी के लिए, यही अभिमान रहे यह हर्ष
निछावर कर दें हम सर्वस्व हमारा प्यारा भारतवर्ष।

प्रसाद जी भारत भूमि की महिमा का गान करते हुए राष्ट्रीय स्वरूप को प्रत्यक्ष करते हैं। प्रसाद जी के लिए भारत भूमि वह स्थान है जहाँ क्षितिज को भी सहारा मिलता है और अनन्त की लहरों को भी किनारा मिलता है। इसका आकाश पक्षियों के छोटे-छोटे इन्द्रधनुषों से शोभायमान है और उषा मानो जीवन की हरियाली पर मंगल कुंकुम की वर्षा करती है। क्षितिज और अनन्त की लहरें वस्तुतः भारत के 'वसुधैव कुटुम्बम्' के भाव की अभिव्यंजना करती है। मंगल कुंकुम की वर्षा करनेवाली उषा राष्ट्रीय जागरण की प्रतीक है। यह छायावाद की उदात्त राष्ट्रीय चेतना है—

अरुण यह मधुमय देश हमारा।
जहाँ पहुँच अनजान क्षितिज को मिलता एक सहारा
सरस तामरस गर्भ-विभा पर, नाच रही तरुशिखा मनोहर
छिटका जीवन हरियाली पर—मंगल कुंकुम सारा।

प्रसाद जी का यही मातृभूमि प्रेम उन्हें उद्बोधन गीत लिखने की प्रेरणा देता है जिसमें देश की स्वतन्त्रता के लिए युवकों का आह्वान है—

हिमाद्रि तुंग-शृंग से प्रबुद्ध शुद्ध भारती
स्वयं प्रभा समुज्ज्वला स्वतन्त्रता पुकारती
अमर्त्य वीर पुत्र हो, दृढ़ प्रतिज्ञ सोच लो
प्रशस्त पुण्य पन्थ है बढ़े चलो, बढे चलो

छायावाद के प्रसिद्ध कवि सूर्यकान्त त्रिपाठी निराला ने युग भावना के अनुरूप भारतवर्ष का चित्रण भारती के रूप में किया जिसमें भारतवर्ष के सांस्कृतिक और आध्यात्मिक वैशिष्ट्य का निरूपण है—

भारति जय विजय करे, कनक-शस्य कमल धरे
लंका पदतल शतदल, गर्जितोर्मि सागर-जल
धोता शुचि चरण युगल, स्तव कर बहु अर्थ-भरे

तरु-तृण-वन-लता-वसन, अँचल में खचित सुमन
गंगा ज्योतिर्जल-कण, धवल धार हार गले
मुकुट शुभ्र हिम-तुषार, प्राण-प्रणव ओंकार
ध्वनित दिशाएँ उदार, शतमुख-शतरव मुखरे

जिनके एक हाथ में स्वर्ण शस्य है और दूसरे हाथ में कमल ऐसी भारतमाता हमें विजय प्रदान करनेवाली हों। जिनके चरणों में श्री लंका है, समुद्र जिनके पवित्र चरणों को पखार रहा है, पेड़ पौधों से युक्त वन ही जिसकी लताएँ हैं और उनमें खिले पुष्प ही मानों भारत माता के आँचल के बेल बूटे हैं, गंगा के स्वच्छ जल कण ही मानो गले की शुभ्र हार हैं, हिमाच्छादित चोटियाँ ही जिनके मुकुट हैं ओंकार की ध्वनि ही जिनका प्राणतत्त्व है ऐसी भारतमाता हमें विजय प्रदान करें। भारत के भौगोलिक रूप के चित्रण के माध्यम से निराला ने उसके सांस्कृतिक और आध्यात्मिक सम्पदा को प्रत्यक्ष किया है। निराला यहाँ भारतभूमि की कल्पना भारती के रूप में करते हैं। भारती का बहुत भव्य और विराट् चित्र नये पत्ते संग्रह की रचना 'देवी सरस्वती' में है। भारत की प्रत्यक्ष धरती सरस्वती है—

हरी भरी खेतों की सरस्वती लहराई,
मगन किसानों के घर उन्मद बजी बधाई।

सरस्वती की इस मौलिक कल्पना का आधार है भारत।

निराला अपने समस्त कर्मफल अपनी समस्त, साधना मातृभूमि को अर्पित कर देते हैं—

नर जीवन के स्वार्थ सकल
बलि हों तेरे चरणों पर माँ
मेरे श्रम संचित सब फल

इस मातृभूमि का ध्यान करते हुए वे मृत्युपथ पर बढ़ने का प्रण लेते है। यदि पराधीन भारतभूमि को मुक्त करने के लिए सर्वोच्च बलिदान भी देना पड़े तो स्वीकार्य है—

कलेदयुक्त अपना तन दूँगा।
मुक्त करूँगा तुझे अटल ।।

रामविलास शर्मा लिखते हैं—भक्ति योग और कर्मयोग यहाँ मिल गये हैं। जिस देवी के लिए वे अपना शरीर तक देने को उद्यत हैं, वह दुर्गा महावीर, सरस्वती न होकर साक्षात् भारतमाता है। निराला के श्रम संचित फल इन्हीं के चरणों में अर्पित है। निराला भारतमाता से अपने प्रकाश को विकीर्ण करने की प्रार्थना करते हैं। यहाँ भारतमाता सरस्वती का रूप लेती है और शक्ति का भी लक्ष्मी का भी। शक्ति के तीनों रूपों—इच्छा, ज्ञान और क्रिया का समन्वित रूप निम्नांकत गीत में दिखायी देता है—

माँ अपने आलोक निखारो नर को नरक त्रास से वारो
विपुल दिशावधि शून्य वर्ग जन व्याधि शयन जर्जर मानव मन
ज्ञान-गगन से निर्जर जीवन करुणा करो उतारो तारो
पल्लव में रस सुरभि सुमन में फल में दल कलरव उपवन में
लाओ चारु चयन चितवन में स्वर्ग धरा के कर तुम धारो।

यहाँ मनुष्य को नरक त्रास से उबारने की प्रार्थना का अभिप्राय क्या है? यह नरक त्रास क्या है? वह है पराधीनता बोध का त्रास, असमानता का त्रास अज्ञानरूपी अन्धकार का त्रास, विपन्नता का त्रास। निराला इन सबसे देश को मुक्त करने की प्रार्थना करते हैं।

निराला की एक कम चर्चित कविता है 'जन्मभूमि'। इस कविता को जान-बूझकर न तो पाठ्यक्रम में लगाया गया और न ही इसके महत्त्व को रेखांकित किया गया क्योंकि इस तथा इस जैसी अन्य कविताओं से निराला को क्रान्तिकारी, दलित और वामपन्थी धारा में रंगने में बाधा आती। इसलिए केवल तोड़ती पत्थर, भिक्षुक, दान, 'महँगू महँगा रहा, झींगुर डट कर बोला, दगा की, राजे ने रखवाली की, कुकुरमुत्ता जैसी कविताओं को ही मुख्यधारा की कविताओं के रूप में व्याख्यायित किया गया है। जबकि इन कविताओं की संख्या कम है। देशभक्ति सांस्कृतिक चेतना से सम्पन्न और भक्तिपरक-प्रपतिपरक रचनाओं की संख्या बहुत अधिक है। 'जन्मभूमि' नामक कविता में निराला भारत को देवी रूप में चित्रित करते हैं जो शोभा से परिपूर्ण है, शान्ति का मन्दिर है, पाप और तापनाशिनी है। निराला उसके भौतिक रूप को प्रत्यक्ष करते हैं और उसी बहाने भारत के भौगोलिक रूप से पाठकों का साक्षात्कार कराते हैं। इसमें भारत की चिन्मय संस्कृति का गान है—

बदूँ मैं अमल कमल चिर सेवित चरण युगल
शोभामय शान्ति निलय पाप ताप हारी मुक्त बन्ध घनानन्द मुद मंगलकारी
बधिर विश्व चकित भीत सुन भैरव वाणी जन्मभूमि मेरी है जगन्महारानी
मुकुट शुभ्र हिमागार हृदय बीच विमल हार—
पंच सिन्धु ब्रह्मपुत्र रवि तनया गंगा विंध्य विपिन राजे घन घेरि युगल जंघा
बधिर विश्व चकित भीत सुन भैरव वाणी जन्मभूमि मेरी है जगन्महारानी
त्रिदश कोटि नर समाज मधुर कण्ठ मुखर आज
चपल चरण भंग नाच तारागण सूर्य चन्द्र
चूम चरण ताल मार गरज जलधि मधुर मन्द्र
बधिर विश्व चकित भीत सुन भैरव वाणी
जन्मभूमि मेरी है जगन्महारानी

निम्नांकित कविता में भारत की चिन्मय संस्कृति का गौरव गान किया गया है—

बदूँ पद सुन्दर तव, छन्द नवल स्वर गौरव

जननि जनक जननि जन्म-भूमि भाषे
जागो नव अम्बर भर ज्योतिस्तर वासे
उठे स्वरोर्मियाँ मुखर दिक् कुमारिका पिक रव
दृग-दृग को रंचित कर अंजन भर दो भर
बिंधे प्राण पंचवाण के भी, परिचय शर
दृग-दृग की बँधी सुछवि बाँधे सचराचर भव

कवि को भारत ही सर्वस्व प्रतीत होता है। वह उसे 'जीवन धन' के रूप में स्मरण करता है—

भारत ही जीवन धन ज्योतिर्मय परम रमण
सर-सरिता वन उपवन तपः पुञ्ज गिरि कन्दर
दिक् प्रान्तर मर्म मुखर मानव मानव जीवन।

सुमित्रानन्दन पन्त के काव्य संकलन 'स्वर्ण धूलि' में 'जन्मभूमि' शीर्षक कविता संकलित है जिसमें भारत के भौतिक स्वरूप का निरूपण है साथ ही उसके सांस्कृतिक गौरव का भी स्मरण किया गया है, राम और कृष्ण, सीता और सावित्री के सतीत्व का पुण्य स्मरण है, कृष्ण के मधुर और शौर्य से पूर्ण व्यक्तित्त्व की याद है। कवि अतीत से वर्तमान तक की यात्रा करता है। उसे शान्तिनिकेतन की विद्या भूमि की याद आती है। वसुधैव कुटुम्बकम् का आदर्श भारत से ही निकल सकता है, इसका पूरा विश्वास कवि को है। उसे आशा है कि विश्वयुद्ध से पीड़ित संसार को कुटुम्ब भाव से जोड़ने में भारत ही समर्थ हो सकता है।

जननी जन्म-भूमि प्रिय अपनी, जो स्वर्गादपि चिर गरीयसी
जिसका गौरव भाल हिमाचल, स्वर्णधरा हँसती चिर श्यामल
ज्योतिमथित गंगा यमुना जल, बह जन जन के हृदय में बसी।
जिसे राम लक्ष्मण और सीता, सजा गये पद धूलि पुनीता,
जहाँ कृष्ण ने गायी गीता, बजा अमर प्राणों में वंशी
सीता सावित्री-सी नारी, उतरीं आभा देही प्यारी
शिला बनी तापस सुकुमारी, जड़ता बनी चेतना सरसी!
शान्ति निकेतन जहाँ तपोवन, ध्यानावस्थित हो ऋषि मुनि गण
चिद् नभ में करते थे विचरण, यहाँ सत्य की किरणें बरसी।
आज युद्ध पीड़ित जग जीवन, पुनः करेगा मन्त्रोच्चारण
वह वसुधैव जहाँ कटुम्बकम्, उस मुख पर प्रीति विलसी।
जननी जन्म-भूमि प्रिय अपनी, जो स्वर्गादपि चिर गरीयसी।

इस प्रकार छायावादी कविता में निहित राष्ट्रबोध का भाव मातृभूमि वन्दना के रूप में व्यक्त होता है। छायावादी कविता में व्यक्त यह भाव युगीन चेतना से ही सम्बद्ध

था। स्वतन्त्रता संघर्ष के समय राष्ट्रीयता की चेतना केन्द्रीय चेतना का रूप ले चुकी थी। वह विशेष कालखण्ड था। राजनीति, साहित्य, इतिहास, संस्कृति, कला के विभिन्न क्षेत्रों में कार्यरत लोगों की एक ही आकांक्षा थी कि देश किसी भी प्रकार पराधीनता का जुआ उतार फेंके और स्वाभिमान के साथ विश्व के समक्ष खड़ा हो जाय। देश की भूमि के साथ उसका गहरा नाता है इसी भूमि में वह जन्म लेता है, इसी भूमि में उसका पालन-पोषण होता है, इसलिए इसी की उपासना उसका मुख्य कर्त्तव्य बन जाता है निराला जब सरस्वती की उपासना करते हैं तो उनकी यही कामना होती है कि समस्त भारत वर्ष स्वतन्त्रता की भावना से आप्लावित हो जाय।

वर दे! वीणा वादिनी वर दे!
प्रिय स्वतन्त्र रव अमृत मन्त्र नव भारत में भर दे।

निराला को विश्वास है कि स्वतन्त्रता की यह भावना जड़ता को तोड़ेगी और नव निर्माण की सम्भावना को उजागर करेगी।

नव गति नव लय ताल छन्द नव, नवल कण्ठ नव जलद मन्द्र रव
नव नभ के नव विहग वृन्द को, नव पर नव स्वर दे।

यहाँ यह ध्यान देना चाहिए कि छायावादी काव्य में वर्णित मातृ वन्दना उदात्त है, उसमें किसी भी प्रकार की संकीर्णता नहीं है, क्योंकि उसका स्वरूप सांस्कृतिक है और अधिष्ठान आध्यात्मिक। यह भाव आधुनिक काल की देन नहीं है भारत वर्ष का यह चिन्तन परम्परा से पुष्ट है। इसकी पुष्टि इस श्लोक में होती है—

माता च पार्वती देवी, पिता देवो महेश्वरः।
बान्धवाः शिव भक्ताश्च, स्वदेशो भुवन त्रयम् ।।

भक्त के उद्‌गार हैं भगवती पार्वती या पर्वतों को धारण करनेवाली यह धरती मेरी माता है, पिता हैं देवाधिदेव परमेश्वर, शिव अर्थात् कल्याण के साधक ही मेरे आत्मीय स्वजन हैं और स्वदेश तीनों भुवन हैं। इसी सांस्कृतिक चेतना के कारण भारतवर्ष में कभी भी दूसरे देशों पर आधिपत्य जमाने की महत्त्वाकांक्षा का उदय नहीं हुआ। दूसरे देशों पर आधिपत्य जमाने की आकांक्षा सामी संस्कृति संरक्षित राष्ट्रों में हुई। भारत तो 'वसुधैव कुटुम्बकम्' और 'यत्र विश्वं भुवनत्रयम्' के भाव को चरित्रार्थ करता रहा है। इस प्रकार छायावादी काव्य में चित्रित मातृभूमि वन्दना एक ओर भारत के भौगोलिक रूप को प्रत्यक्ष करती है तो दूसरी ओर उसके सांस्कृतिक वैशिष्ट्य का भी निरूपण करती है। इस वैशिष्ट्य का आधार है इसका उदार दार्शनिक चिन्तन जो भारत को शेष संसार से अलग करता है और उसे विशिष्ट बनाता है जिसकी अभिव्यक्ति कालिदास के 'कुमार सम्भव' में हुई है—

अस्त्युत्तरस्यां दिशि देवतात्मा हिमालयो नाम नगाधिराजः ।
पूर्वापरौ तोयनिधिवगाह्य स्थितः पृथिव्या इव मानदण्डः ।

(कुमार सम्भव 1/1)

भारतीयता और निराला का काव्य

सूर्यकान्त त्रिपाठी निराला भारत की अविच्छिन्न काव्य परम्परा के महत्त्वपूर्ण हस्ताक्षर हैं। बीसवीं शताब्दी के हिन्दी साहित्य के शीर्ष रचनाकारों में उनकी असन्दिग्ध रूप से गणना की जाती है और छायावादी कवियों में वे सर्वाधिक वैविध्यपूर्ण ऊर्जा सम्पन्न तेजस्वी रचनाकार के रूप में हमारे समक्ष आते हैं। उनका रचनाकार व्यक्तित्व विराट है। राग-विराग, आकर्षण-विकर्षण, ओज-शान्ति, परम्परा और प्रयोग के वे जीवन्त प्रतिमान हैं। उन्हें विरुद्धों के सामंजस्य का कवि कहा गया है। डॉ. रामस्वरूप चतुर्वेदी का मानना है कि आचार्य रामचन्द्र शुक्ल ने विरुद्धों के सामंजस्य का जो सिद्धान्त आलोचना में प्रतिपादित किया निराला उसका रचनात्मक साक्ष्य प्रस्तुत करते हैं— "निराला का सम्पूर्ण काव्य-व्यक्तित्व 'विरुद्धों का सामंजस्य' की उस अवधारणा में से विकसित हुआ है, जिसे कवि के समकालीन और प्रसिद्ध समीक्षक रामचन्द्र शुक्ल ने आनन्द की साधनावस्था की उच्चतम रचना-भूमि का कारक तत्त्व स्वीकार किया है" (हिन्दी साहित्य और संवेदना का विकास, संस्करण 1993, पृ.47) निराला के मूल्यांकन में आलोचना की दुनिया में विविध मत प्रचलित हैं—एक ओर उन्हें रहस्य और प्रेम का, सौन्दर्य का, उद्दाम श्रृंगार का कवि कहा गया है तो दूसरी ओर विद्रोह का, तो कुछ लोग मार्क्सवादी विचारधारा से प्रेरित मानते हैं। और इधर जब से साहित्य में राजनीतिक शब्द 'धर्म निरपेक्षता' का पर्याप्त प्रचलन बढ़ा है, निराला को 'राम की शक्ति पूजा' 'महाराज शिवाजी का पत्र' तथा 'तुलसीदास' के आधार पर तथाकथित प्रगतिशीलों द्वारा साम्प्रदायिक कवि भी घोषित कर दिया गया है। पर निराला इन सबसे परे भारतीय परम्परा में गहरे रचे बसे रचनाकार हैं और भारतीय जीवन मूल्य के सूत्र उनकी रचनात्मक यात्रा में अन्तर्निहित हैं। निराला के कवि व्यक्तित्व का यह वैशिष्ट्य भारतीयता के सर्वथा अनुकूल है।

यह भारतीयता क्या है और इसे आज स्मरण करने, इसका पुनराख्यान करने की आवश्यकता क्यों है? भारतीयता का प्रश्न हर भारतीय के लिए अत्यन्त महत्त्वपूर्ण है और आज इसे स्पष्ट करने की नितान्त आवश्यकता है, क्योंकि पश्चिम के मूल्यहीन, नैतिकता विहीन, सर्वग्रासी उपभोक्तावाद ने अपना प्रभाव इस प्रकार जमा लिया है कि

हमारा निजत्व खतरे में पड़ गया है। पश्चिम मूल्यों ने चरम व्यक्तित्ववाद को बढ़ावा दिया है, पश्चिमी मनुष्य के श्रेष्ठत्व की घोषणा ने मनुष्य और प्रकृति के बीच के सन्तुलन को समाप्त किया है मनुष्य और मनुष्य में भेद उत्पन्न कर शोषण को बढ़ावा दिया है। ऐसी स्थिति में अस्मिता को बचाये रखना कठिन लग रहा है। जबकि 'किसी भी देश की आजादी और देश की अस्मिता का एक अनिवार्य सम्बन्ध होता है। (अज्ञेय केन्द्र और परिधि/सांस्कृतिक समग्रता और भाषिक वैविध्य, पृ.01)।

जब भी भारतीयता की चर्चा की जाती है तो विचारकों, आलोचको और रचनाकारों का एक वर्ग इसे अप्रासंगिक और गैर जरूरी करार देता है, उसे विवादास्पद एवं काल्पनिक अवधारणा के रूप में प्रस्तुत करता है, उसे एक गढ़ी हुई शब्दावली मानता है पर मुझे लगता है कि भारतीयता हर भारतीय के समक्ष महत्त्वपूर्ण प्रश्न के रूप में उपस्थित है। निर्मल वर्मा जैसे कि स्पष्ट करते हैं—"सही अर्थों में भारतीयता का प्रश्न हर एक लेखक और विचारक के लिए ही नहीं बल्कि हर संवेदनशील भारतीय के लिए अपनी खोयी हुई पहचान को ऐतिहासिक विस्मृति के कुहासे से निकाल कर दिन के उजाले में लाना है ताकि हम अपने 'चेहरे' को वैसा ही देख सकें जैसा कि वस्तुतः वह है, वैसा नहीं जैसा कि उसे दिखाया जाता है (साहित्य के प्रासंगिक प्रश्न/आदि अन्त और आरम्भ, पृ.123) यह प्रश्न महर्षि अरविन्द के मन में भी है इसलिए वे कहते हैं कि अपने केन्द्र और आधार को मजबूत करना ही उद्धार का एक मात्र उपाय है। यह केन्द्र और आधार क्या है? हम कौन हैं? हमारी परम्परा क्या है? हमारा इतिहास क्या है? वह कहाँ से आरम्भ होता है? 1947से? 1757से? 1526 से? 1192 से ? ईस्वीसन से? 326 ई.पू. से या उससे भी पहले सप्तर्षि संवत् या कलिसंवत् से, जिसे बड़ी ही चालाकी से अमान्य कर दिया गया है। कलिसंवत् न केवल भारतवर्ष प्रत्युत् समूचे और विश्व का प्राचीनतम प्रामाणिक संवत् है। भारतवर्ष में यह कितना सर्वमान्य व्यापक था, इसका प्रमाण यही है कि धुर उत्तर के आनन्दवर्द्धन (कश्मीर 9 वीं शताब्दी) अभिनव गुप्त (11वीं शताब्दी), कल्हण (13वीं शताब्दी) आदि से लेकर धुर दक्षिण के अप्पय दीक्षित एवं नीलकण्ठ दीक्षित (17वीं एवं 18वीं शताब्दी) तक सारे आचार्य एवं कवि ग्रन्थ रचना का समय कलिसंवत् में बताते हैं।

कल्हण कर्कोटक वंशी गोनन्द से लेकर सुस्सल (1248 ई.) के युग का प्रायः दो-ढाई हजार वर्षों का कश्मीर का इतिहास कलिसंवत् के अधार पर लिखते हैं। इसी गौरवशाली परम्परा एवं इतिहास को स्मरण करने को भारतेन्दु 'स्वत्व निज भारत गहै' के रूप में व्याख्यायित करते है और जिसको स्मरण करना मैथिलीशरण गुप्त अपना कर्त्तव्य मानते है—'हम कौन थे, क्या हो गये है' और क्या होंगे अभी आओ विचारें आज मिलकर ये समस्याएँ सभी, इसे ही आचार्य रामचन्द्र शुक्ल 'काव्य में प्राकृतिक दृश्य' में इस रूप में व्यक्त करते हैं—'जो हृदय संसार की जातियों के बीच अपनी

जाति की स्वतन्त्र सत्ता का अनुभव नहीं करता, वह देश प्रेम का दावा नहीं कर सकता। इस स्वतन्त्र सत्ता से अभिप्राय स्वरूप की स्वतन्त्र सत्ता से है, केवल अन्न-धन संचित करने और अधिकार भोगने की स्वतन्त्रता से नहीं। यदि भारतवासियों ने अपने स्वरूप को भूलकर समृद्धि प्राप्त की तो क्या? उन्होंने उदात्त मनोवृत्तियों को उत्तेजित करनेवाली बँधी बँधायी परम्परा से अपना सम्बन्ध तोड़ लिया और नयी उभरी हुई इतिहास शून्य जंगली जातियों के बीच अपना नाम लिखा लिया। (चिन्तामणि भाग-2 पृ. 33) यही वह भारतीयता है स्वतन्त्रता प्राप्ति के बाद जिसको भुलाने का दर्द अज्ञेय अनुभव करते हैं—"मुझे सभी कुछ मिला, पर सब बेपन्दी का। शिक्षा मिली, पर उसकी नींव भाषा नहीं मिली, आजादी मिली लेकिन उसकी नींव आत्मगौरव नहीं मिला, राष्ट्रीयता मिली पर उसकी नींव ऐतिहासिक पहचान नहीं मिली, मुझे व्यक्तित्व मिला, पर चेहरा नहीं मिला। मुझे अस्तित्व मिला, पर अस्ति नहीं, अवस्था मिली पर आस्था नहीं। मैंने इतिहास पढ़ा नहीं मुझे कुछ पढ़ाया गया, जिसे इतिहास कहा गया (असन्तोष की पहली पीढ़ी/केन्द्र और परिधि, पृ. 33) अपने अस्तित्व को पाने की छटपटाहट ही भारतीयता के पुनराख्यान और विकास की छटपटाइट है—'क्यों नहीं मुझे वह भाषा दी जाती, जिसमें मैं अपनी आत्मा को खोज सकूँ? क्यों नहीं मुझे वह शिक्षा दी जाती जिसमें कि मैं व्यक्तित्व पा सकूँ? क्यों नहीं मुझे वह इतिहास मिलता जिसमें मैं अपनी इयत्ता पहचान सकूँ। निरे पूर्वापर को परम्परा बनाकर अर्थ दे सकूँ? (वही पृ. 34) इसलिए भारतीयता पर विचार करना और हर भारतीय के मन में इसका बोध होना भी आवश्यक है और आज तो और भी जब भारत कई प्रकार की विसंगतियों का शिकार है, उसकी समाज व्यवस्था, उसका इतिहास 'उसकी परम्परा' उसकी सांस्कृतिक मान्यताओं को विकृत और विरूपित करने का प्रयास किया जा रहा है, उसे प्रश्नांकित किया जा रहा है।

अब यह प्रश्न है कि भारतीयता क्या है, इसके तत्त्व कौन हैं? तो उसको कुछ सूत्र तलाशे जा सकते है। भारतवर्ष में प्राचीन काल से ही यह धारणा रही है कि यह देश भौगोलिक इकाई के साथ, एक सांस्कृतिक इकाई भी है, इसकी अपनी समृद्ध सांस्कृतिक विरासत है एक दार्शनिक चिन्तन धारा है, विभिन्नताओं के बीच उनमें एकता के गहरे सूत्र विद्यमान हैं, जो भारतवर्ष को हजारो वर्षों से भौगोलिक सीमाओं में परिवर्तन के बावजूद एक सांस्कृतिक, धार्मिक, दार्शनिक तथा सामाजिक जीवन में बाँधे हुए है। जब भारतवासी अपने घर के स्नानागार में स्नान करता हुआ इस श्लोक का उच्चारण करता है—

गंगे ! च यमुने ! चैव गोदावरी ! सरस्वति !।
नर्मदे ! सिन्धु ! कावेरि ! जलेऽस्मिन् सन्निधिं कुरु ।।

तो सम्पूर्ण देश को एक सूत्र में निबद्ध अनुभव करता है। कालिदास जब कुमार सम्भव में हिमालय का वर्णन करते हुए उसे देवतात्मा कहते हैं—

अस्ति उत्तरस्याँ दिशि देवतात्मा
हिमालयो नाम नगाधिराजः ।
पूर्वापरौ तोयनिधि अवगाह्यः
स्थितः पृथिव्या इव मानदण्डः ।।

तो पूर्व से पश्चिम समुद्र को दोनों ओर से थाहते हुए उसे पृथ्वी का मानदण्ड कहकर देश को 'शेष संसार से भौगोलिक रूप से अलग नहीं करते वरन् सांस्कृतिक रूप से विशिष्ट बना देते हैं। भागवतकार जिस भारत भूमि को पुण्य भूमि कहते हैं— 'अहो भुवः सप्त समुद्रवत्या द्वीपेषु वर्षेषु अधि-पुण्यमेतत-अहो सात समुद्रोंवाली पृथ्वी के समस्त द्वीप और वर्षों में यह भारतवर्ष बड़ी ही पुण्य भूमि है, तो उसका वैशिष्ट्य क्या है? आधुनिक हिन्दी साहित्य के गम्भीर रचनाकार-चिन्तक अज्ञेय स्पष्ट करते हैं— भारतीय रचना में सर्वदा एक केन्द्रोमुखी प्रवृत्ति रही है, जिसमें भारत भूमि को एक इकाई के रूप में देखा गया है। जो 'स्वर्गादपि गरीयसी गरीयसी है जिसके गीत देवता गाते हैं और जिसमें जन्म लेने के लिए सुरगण स्वर्ग छोड़कर धरा पर उतरते हैं। (सर्जना और सन्दर्भ, पृ. 383)। इस भारतीय समाज में एक निरन्तरता है और उसकी प्रवृत्तियाँ भारतीयता का आधार है। वे प्रवृत्तियाँ हैं—सनातनता की भावना, काल के आदिहीन अन्तहीन की अवधारणा, आत्मा की अमरता का भावना, चराचर की पवित्रता का सिद्धान्त, प्रकृति के साथ गहरा तादात्म्य, पृथ्वी के प्रति मातृभाव, धर्म-दर्शन की एकता, उदात्त सौन्दर्य बोध, वर्ग-संघर्ष के स्थान पर मन्थन और प्रतिद्वन्द्विता के स्थान पर अनुकूलन को महत्त्व, देश बोध की भावना, विमत के स्वीकार की भावना। ये ऐसे तत्त्व हैं जिन्हें भारतीय मूल्य के रूप में पहचाना जा सकता है इसके अतिरिक्त त्यागपूर्वक भोग—(त्येन त्यक्तेन भुंजीथा) तथा संसार की सभी दिशाओं से शुभ विचार हमारे पास आयें—(आ नो भद्राः क्रतको यन्तु विश्वतः) कर्मफल और पुनर्जन्म का सिद्धान्त, भारतीयता के तत्त्व हैं। जब हम इस आधार पर निराला के काव्य का विश्लेषण करते हैं तो पाते हैं कि निराला के साहित्य में ये सारे तत्त्व गहरे रूप में विद्यमान हैं। भारतीय चिन्तन परम्परा में विद्यमान सनातनता की भावना-काल के आदिहीन अन्तहीन अवधारणा की व्याख्या करते हुए निर्मल वर्मा लिखते हैं—"भारतीय परम्परा का यह विशिष्ट स्वभाव रहा है कि उसमें अतीत और वर्तमान अलग ऐतिहासिक खण्डों में विभाजित नहीं, एक ही काल प्रवाह के अभिन्न और अन्तरंग अंग हैं (तीसरा महाकाव्य/आदि अन्त और आरम्भ, पृ. 199)। भारतीय संस्कृति की यही विशेषता उसे जीवन्त बनाती है। भारतीय सभ्यता की यह अद्‌भुत विशेषता रही है जो उसके जीवन्त होने की मार्यादा है कि वह अतीत को व्यतीत न मानकर उसे समकालीन भारतीय जीवन की ऐसी 'प्रतीक' व्यवस्था में संयोजित कर पायी है जो आज भी उतनी ही ऊर्जावान् और संस्कार सम्पन्न है जितनी पहले कभी थी। यूरोप की इतिहास चेतना वर्तमान और अतीत में सीधा-सीधा भेद करती है। वह भारतीय सभ्यता के परम्परा बोध

में एकदम बेमानी और अनावश्यक हो जाता है। (भारतीय संस्कृति और राष्ट्र/भारत और यूरोप प्रतिश्रुति के क्षेत्र पृ. 12)। भारत के सभी प्रमुख चिन्तकों ने भारतीय संस्कृति में निहित शाश्वतता के वैशिष्ट्य को रेखांकित किया है। यह काल की चक्रीय अवधारणा की पुष्टि है। निर्मल वर्मा बहुत ही काव्यात्मक ढंग से इसकी व्याख्या करते हैं—शाश्वत अटल और शाश्वत प्रवहमान : वे यह रेखांकित करते है कि भारतीय काल गणना आदि अन्त से परे है—'भारतीय हिन्दू मानस में कोई ऐसा बिन्दु नहीं है, जिस पर उँगली रखकर हम कह सकें, यह शुरू है, यह अन्त है। यहाँ कोई आखिरी पड़ाव या 'जजमेण्ट डे नहीं है, जो समय को इतिहास खण्डों में बाँटता है। नहीं, अन्त नहीं है, और मरता कोई नहीं, सब समाहित हो जाते हैं घुल जाते हैं, मिल जाते है। (सुलगती टहनी / कला का जोखिम, पृ. 109) इसी अवधारणा का विकास है आत्मा की अमरता का सिद्धान्त जिसका स्पष्ट उल्लेख श्रीमद्भगवद्गीता से मिलता है—

नैनं छिन्दन्ति शस्त्राणि नैनं दहति पावकः।
न चैनं क्लेदयन्त्यापो न शोषयति मारुतः।।
अच्छेद्योऽयमदाह्योऽयमक्लेद्योऽशोष्य एवं च ।
नित्यः सर्वगतः स्थाणुरचलोऽयं सनातनः

(गीता 2/23-24)

निराला के काव्य में आरम्भ से अन्त तक अर्थात् 'अभी न होगा मेरा अन्त' से 'पत्रोतत्कण्ठित जीवन का विष बुझा हुआ है' तक में आत्मा की अमरता का सन्दर्भ देखा जा सकता है। निराला की कविता में व्यक्ति से समाज और 'मैं' से 'ब्रह्माण्ड' तक की यात्रा का सन्दर्भ है—

टूट गये सीमा बंध
छूट गया जड़ पिण्ड
निर्बीज हुआ मैं
पाया निज स्वरूप
स्थित आनन्द में चिर काल (जागरण)

'अहं ब्रह्मास्मि' 'जीवो ब्रह्मैव ना पर', तत्त्वमसि और सोऽहं का भाव निम्नांकित पंक्तियों में देखा जा सकता है—

सोऽहं का शान्त स्वर भरा हुआ प्रति मुख में

———

मुक्त द्वार खुला था सदा ही संसार को
शिक्षा देने के लिए तत्त्वमसि महाज्ञान (जागरण)

आत्मा की अमरता का स्पष्ट सन्दर्भ—जागरण कविता की निम्नांकित पंक्तियों में परिलक्षित किया जा सकता है—

भस्म हो गया था काल
तीनों गुण ताप त्रय
अभय हो गये थे तुम
मृत्युंजय व्योमकेश समान

'अहं ब्रह्मास्मि' का भाव 'जागो फिर एक बार' कविता की निम्नांकित पंक्तियों में व्यक्त हुआ है—

ब्रह्म हो तुम
पदरज भर भी है नहीं
पूरा यह विश्व भार।

जीव और ब्रह्म के बीच तादाम्य की सुन्दर काव्यात्मक अभिव्यक्ति निम्नांकित पंक्तियों में हुई है—

तुम तुंग हिमालय शृंग
मैं चंचल गति सुर सरिता
तुम विमल हृदय उच्छ्वास
मैं कान्त कामिनी कविता

आत्मा के अमरत्व का यह बोध मनुष्य को मृत्यु के त्रास से अलग कर देता है, मृत्यु भय का कारण नहीं, अपितु आनन्द की वस्तु हो जाती है। इसमें काल के आदिहीन अन्तहीन प्रवाह का भाव है—

पत्रोत्कण्ठित जीवन का विष बुझा हुआ है
आशा का प्रदीप जलता है हृदय कुंज में
अन्धकार पथ एक रश्मि से सुझा हुआ है
पुनः सबेरा एक और फेरा है जी का

(निराला रचनावली भाग-2 पृ. 94)

इसमें भारतीय चिन्तन की विरल विशेषता कर्मफल तथा पुनर्जन्म के सिद्धान्त की स्वीकृति है पुनः सबेरा एक और फेरा है 'जी का' में इसे देखा जा सकता है। इस प्रकार कहा जा सकता है कि निराला मृत्युंजय रचनाकार हैं।

धर्म और दर्शन की एकता भारतीयता का दूसरा महत्त्वपूर्ण सन्दर्भ है। भारतीय संस्कृति समग्रता की संस्कृति है। यहाँ धर्म और दर्शन को अलग करके नहीं देखा गया है। एम. हिरयण्णा लिखते हैं कि भारत में धर्म और दर्शन का परस्पर विच्छेद नहीं हुआ है। (भारतीय दर्शन की रूपरेखा, पृ. 13) यहाँ धर्म केवल विश्वास मात्र नहीं है बल्कि किसी आदर्श की ओर प्रस्थान है। धर्म का विशिष्ट लक्षण यह है कि वह सम्यक् जीवन की प्रगति में सहायक होता है और यही वह अर्थ है जिसमें हम धर्म को दर्शन से एक कह सकते हैं (वही पृ. 14)। यहाँ धर्म का अर्थ ही रहा है व्यक्ति का विकास तथा सामाजिक व्यवस्था का निर्माण। भारतीय इतिहास काल क्रम में धर्म ने राष्ट्रीयता और

देश की एकात्मता को बनाये रखने में महत्त्वपूर्ण भूमिका निभायी है। स्वामी विवेकानन्द ने धर्म को भारतीयों का मर्मस्थल कहा है। (जगदीश चन्द्र मित्तल/ स्वामी विवेकानन्द का इतिहास दृष्टि, पृ. 30)। भारतवर्ष में दर्शन उस प्रकार कुतूहल या जिज्ञासा से उत्पन्न नहीं हुआ जिस प्रकार पश्चिम में हुआ। उसके विपरीत यहाँ उसका उद्‌भव जीवन में नैतिक और भौतिक बुराई की उपस्थिति से पैदा होनेवाली व्यावहारिक आवश्यकता से हुआ। दार्शनिक चिन्तन का मुख्य लक्ष्य जीवन के क्लेशों को दूर करने का उपाय ढूँढना था, तात्त्विक प्रश्नों का विचार एक आनुषंगिक बात मात्र था (भारतीय दर्शन की रूपरेखा पृ.15)। निर्मल वर्मा ने धर्म सम्बन्धी भारतीय और पाश्चात्य मान्यताओं में स्थित मूलभूत अन्तर को विस्तार से स्पष्ट किया है—यूरोपीय समाज में अनेक कारणों से ईश्वर, धर्म, अलौकिक शक्तियों का क्षय हुआ उससे आत्माभिमान या आत्म विश्वास की जो बपौती मिली उसके कारण मनुष्य में एक तरफा दर्प पैदा हुआ कि वह इस धरती का मालिक है कि वह इस सृष्टि का केन्द्र है कि अगर सब प्राणियों का कोई मानदण्ड है तो वह मनुष्य है। फिर उसने धर्म के जो विश्वास थे उसे सीमित कर लिया। यदि वह इतवार को पारलौकिक जीवन को सुधारने के लिए चर्च में जाता है तो बाकी छह दिन वह हर तरह के काम करता है ताकि वह हर तरह के भौतिक सुख प्राप्त कर सके। इस तरह का विभाजन भारतीय जीवन में कभी नहीं था। क्योंकि यहाँ धर्म का अभिप्राय वह नहीं था जो यूरोप में था। यहाँ धर्म का अभिप्राय पारलौकिक शक्तियों से सम्बन्ध बिठाना ही नहीं था, धर्म वह पूरी एक शृंखला थी जो मनुष्य को अपने कर्त्तव्य निभाने के लिए बाँधती थी। धर्म हमारे समाज के समूचे क्रिया कलाप में रचा बसा होता है। वह सिर्फ व्यक्ति के उन मताग्रहों का पुंज मात्र नहीं है जिसे अपनी वैधता किसी चर्च, किसी प्रतिष्ठान या किसी पुस्तक से प्राप्त होती है। वह एक आइडियोलॉजी नहीं है। वह शताब्दियों से अर्जित अनुभवों से निचोड़ा आत्मबोध है जिसकी कसौटी पर हम झूठ को सच से, न्याय को अन्याय से, सत् को असत् से अलग करने का प्रयास करते हैं (धर्म और धर्म निरपेक्षता/दूसरे शब्दों में/(संस्करण 1997, पृ. 231)। इस धर्म का सम्बन्ध आचरण से है और दर्शन का पराविद्या से पर आचरण के बिना दर्शन थोथा है। सभी पुराने आचार्यों और रचनाकारों ने आचरण की पवित्रता पर बल दिया है। गोरखनाथ की उक्ति प्रसिद्ध है—कहणि सुहेली रहणि दुहेली। कहणि रहणि बिन थोथी। गोस्वामी तुलसीदास विनय पत्रिका में स्पष्ट रूप से कहते हैं—'वाक्यज्ञान अत्यन्त निपुन भव पार न पावै कोई। निसि गृह मध्य दीप की बातन तम निवृत्त नहीं होई।' जयशंकर प्रसाद ने भी इच्छा 'ज्ञान' क्रिया में समन्वय पर बल दिया था। निराला ने धर्म के आचरण और अनुभूति पक्ष पर बल दिया, उन्होंने भारतीय अद्वैत वेदान्त के मानवीय पक्ष को ग्रहण किया। स्वामी विवेकानन्द ने अद्वैत दर्शन को कर्म की मर्यादा से जोड़ा था। निराला ने भी वेदान्त के व्यावहारिक पक्ष को ग्रहण किया। स्वामी विवेकानन्द ने स्पष्ट रूप से कहा था—हम

लोग मनुष्य होते हुए भी परस्पर पृथक् हैं, मनुष्य जाति के एक अंश के रूप में मैं और तुम एक हैं। पुरुष होने से तुम स्त्री से भिन्न हो किन्तु मनुष्य होने के नाते स्त्री-पुरुष एक ही है। मनुष्य होने से तुम जीव जन्तु से अलग हो किन्तु प्राणी होने के नाते स्त्री-पुरुष, जीव-जन्तु और उद्भिज सभी समान हैं एक सत्ता के नाते तुम्हारा विराट् विश्व के साथ एकत्व है। ईश्वर है वह विराट् सत्ता—इस वैचित्र्यमय जगत् प्रपंच का चरम एकत्व (विवेकानन्द संचयन, पृ. 172), स्वामी विवेकानन्द की यह दृष्टि भारतीय परम्परागत दृष्टि का ही पुनराख्यान है। भारत के प्राचीन साहित्य—वैदिक संहिताओं, ब्राह्मण ग्रन्थों, उपनिषदों, स्मृतियों, पुराणों तथा धर्मशास्त्रों में व्यक्ति में सद्गुणों की वृद्धि, सामूहिकता तथा समानता की भावना का विकास और मानव मात्र के कल्याण की भावना को जागृत किया गया है। ऋग्वेद में 'सगच्छध्व संबदध्वं सं वो मनांसि जानताम्, अर्थात् साथ-साथ बढ़ो, मिलकर बोलो, हृदय में एकता रखो की बात कही गयी। सभी सम्प्रदायों के प्रति समभाव की बात का वैदिक साहित्य उदघोष करता है—एकं सद् विप्राः बहुधा वदंति अर्थात् सत्य एक है जिसे विद्वान् अलग-अलग ढंग से व्यक्त करते है 'अज्येष्ठासो अकनिष्ठास एते सं भ्रातरो' (ऋग्वेद 5/60/5) अर्थात् मनुष्यों में कोई नीचा या ऊँचा नहीं है का स्पष्ट उल्लेख भारतीय मनीषा की नैतिक ऊँचाई, व्यापक मानवीय संवेदना का उत्कृष्ट उदाहरण है।

निराला अद्वैत वेदान्त से पूर्णतया प्रभावित हैं। उनकी दृष्टि में वेदान्त में मनुष्यता की व्यापक अवधारणा की स्वीकृति है। उनकी कविता 'बादलराग', 'तोड़ती पत्थर', 'विधवा', 'भिक्षुक', 'दान', 'रानी और कानी', 'झींगुर डट का बोला', 'महगू महँगा रहा', 'दीन', 'राजे ने अपनी रखवाली की', आदि कविताएँ 'काले कारनामें', 'कुल्लीभाट', 'बिल्लेसुर बकरिहा', आदि गद्य रचनाएँ अद्वैत वेदान्त को कर्म की मर्यादा से जोड़ने का परिणाम है। डॉ. रामगोपाल शर्मा दिनेश का यह कथन उचित ही है कि निराला की जिन कविताओं को क्रान्तिकारी रूप में देखा गया है उनमें अद्वैत दर्शन ही एक आधार के रूप में निहित है। उनके 'बादल राग' का बादल उसी अद्वैत व्यक्ति का अदम्य पौरुष है जिसके रस सिंचन के बिना सामाजिक जीवन दुःख दग्ध सन्तप्त एवं भयंकर विषमताओं से आक्रान्त हो जाता है किन्तु उनकी विप्लवी गर्जना सिंहासनों को कँपाती हुई किसानों की जीर्ण बाहुओं के संकेतों पर जीवन का परावार दान करती है (युग कवि निराला, पृ. 36) रामविलास शर्मा स्पष्ट रूप से कहते हैं—'निराला अपने वेदान्त के आगे न गाँधीवाद को स्वीकार करते थे न नेहरूवाद को। व्यावहारिक वेदान्त के आधार पर वह गाँधी से आगे बढ़कर अछूतों को गले लगाते थे—किसी राजनैतिक उद्देश्य की पूर्ति के लिए नहीं अपने मानवता प्रेम के कारण। वेदान्त के आधार पर वह हर तरह के सामन्ती और पूँजीवादी शोषण का विरोध करते थे, सामाजिक क्रान्ति के लिए युवकों का आह्वान करते थे, निराला की साहित्य साधना भाग -2, पृ. 94), आगे रामविलास जी लिखते हैं—"निराला अपने व्यावहारिक वेदान्त से प्रेरित होकर

जहाँ शोषण मुक्त समाज व्यवस्था का स्वप्न देखते थे, वहाँ अन्तरर्राष्ट्रीय सम्बन्धों में वह युद्ध का बहिष्कार और विश्व शान्ति कायम रखने का समर्थन करते थे (वही पृ. 94) वस्तुतः निराला की क्रान्तिकारी विचारधारा का स्रोत वह वेदान्त है जिसे वह सामाजिक और राजनीतिक क्षेत्र में लागू करके हर तरह के रूढ़िवाद का विरोध करते हैं (वही पृ. 96), रामविलास जी ने इस ओर भी ध्यान दिलाया कि निराला के मन में ज्ञान के प्रति, शंकराचार्य के प्रति परम आस्था थी। उनका देशप्रेम उन्हें वेदान्त ज्ञान पर, शंकराचार्य पर गर्व करना सिखाता था। साथ ही अपने सामाजिक परिवेश, पारिवारिक किसान संस्कारों और अपने जीवन संघर्ष से उन्हें क्रान्तिकारी चिन्तन की प्रेरणा मिल रही थी देशप्रेम की भावना उन्हें सिखाती थी कि पुरानी जर्जर समाज-व्यवस्था को मिटा दिया जाय, इस देश को आधुनिक शक्ति सम्पन्न राष्ट्र बनाया जाय जिसमें अन्य समुन्नत देशों की तरह साहित्य और विज्ञान का विकास हो, इस भावना से प्रेरित होकर उन्होंने वेदान्त की भिन्न प्रकार की व्याख्या भी प्रस्तुत की (वही पृ. 104)।

निराला ने विवेकानन्द के चिन्तन का अध्ययन-मनन किया था। रामकृष्ण मठ की पत्रिका 'समन्वय' का सम्पादन किया था। साथ ही विवेकानन्द की कविताओं का हिन्दी में अनुवाद भी किया था। विवेकानन्द के जीवन के कुछ मार्मिक प्रसंग भी कविता के रूप में 'अनामिका' में संकलित है। 'अनामिका' में संकलित कविता में विवेकानन्द की वैचारिक दिग्विजय, भारतीय सांस्कृतिक जागरण तथा दीन-हीन की सेवा का स्वरूप प्रभावी ढंग में अंकित हुआ है। निराला ने लिखा है—

बहुत काल बाद
अमेरिका धर्म महासभा का निनाद
विश्व ने सुना, काँपी संसृति की थी दरी
गरजा भारत का वेदान्त केसरी
श्रीमत्स्वामी विवेकानन्द
भारत के मुक्त ज्ञान छन्द

निराला की शोषण के विरुद्ध लिखी गयी कविताओं को देखकर उनका सम्बन्ध मार्क्सवाद से जोड़ना भूल होगी। निराला का परिचय मार्क्सवाद से था किन्तु ये कविताएँ तब भी लिखी गयी होतीं यदि मार्क्सवाद से उनका परिचय नहीं हुआ होता। वस्तुतः मार्क्सवादी साहित्य वर्गवादी साहित्य है—उसमें वर्ग शत्रु की कल्पना है, इसलिए वर्ग-संघर्ष का चित्रण अनिवार्य है। उसमें सर्वहारा के अधिनायकत्व की प्रतिष्ठा भी जरूरी है। निराला में इसका निषेध है। निराला इस बात का अनुभव करते थे कि एक वर्ग का समर्थन करके दूसरे के विरुद्ध घृणा उत्पन्न करने पर एक तरह का असन्तुलन पैदा होगा और यह असन्तुलन समूची मानवता के लिए श्रेयस्कर नहीं होगा। अतः मार्क्सवाद से निराला का मानसिक धरातल पर कोई

तालमेल नहीं था। रामविलास शर्मा लिखते हैं—'निराला ने इलाहाबाद के साहित्यिक जीवन और सज्जाद जहीर जैसे विलायत से लौटे लोगों के बारे में जानकारी प्राप्त की (निराला की साहित्य साधना भाग-1, पृ. 288) निराला ने 'प्रोग्रेसिव राइटर्स एसोसियेशन के बारे में विचार किया था—'विलायत में शिक्षा पानेवाले इन नवाबजादों के कहने पर कविता सुनाने मत चल देना (वही पृ. 288)। निराला ने हिन्दी साहित्य के प्रति कांग्रेस नेताओं का रवैया देखा था, लखनऊ कांग्रेस से लेकर इलाहाबाद के प्रोग्रेसिव राइटर्स तक समृद्ध घरानों के नवाबजादों के साम्यवाद का जो रूप देखा था, उससे उनका मन कड़वा हो गया था (वही पृ. 300)। निराला का विश्वास था कि वेदान्त की भूमि से जनता की जैसी सेवा की जा सकती है—जैसा क्रान्तिकारी साहित्य रचा जा सकता है वैसा अन्य किसी दर्शन की भूमि से नहीं (वही पृ. 310) अनेक मार्क्सवादी आलोचक निराला और 'कुकुरमुत्ता' कविता को प्रगतिवादी चेतना सम्पन्न कविता के रूप में व्याख्यायित करते हैं और उसमें वर्ग संघर्ष देखते है किन्तु कुकुरमुत्ता और गुलाब के बीच भदेस बनाम आभिजात्य का संघर्ष है, वह वर्ग संघर्ष-वाली प्रगतिवादी कविता नहीं है। 'मास्को डायलॉग्स' एक ऐसी रचना है जिसमें निराला ने तथाकथित मार्क्सवादियों की आलोचना की है। निराला की क्रान्ति सम्बन्धी कविताएँ औसत प्रगतिवादी रचनाओं से भिन्न हैं। निराला का मानवतावाद (चराचरवाद) हिन्दी साहित्य में उनके अभ्युदय काल से आरम्भ होता है और अन्तिम दौर तक निरन्तर गहरा होता जाता है निराला की साहित्य साधना भाग-2, पृ. 163)। वास्तव में निराला में संघर्ष की जो चेतना है, वह भारतीय परम्परा से संवाद की स्थिति का परिणाम है वर्ग-संघर्ष की चेतना का परिणाम नहीं। उसका उत्स विवेकानन्द के इस कथन में देखा जा सकता है—'प्रत्येक व्यक्ति को अभिन्न समझ कर उसके साथ प्रेम करना चाहिए, क्योंकि समस्त विश्व मौलिक स्तर पर एक है। दूसरे को कष्ट देना अपने को कष्ट देना है। दूसरे के साथ प्रेम करना अपने आपसे प्रेम करना है। इसी से अद्वैत नैतिकता का वह सिद्धान्त उद्भूत होता है जिसका समाहार एक 'आत्मोत्सर्ग' शब्द में किया गया है (विवेकानन्द संचयन, पृ. 17)। इस उदात्त भाव की अभिव्यक्ति निराला की अनेक कविताओं में हुई है। इस सन्दर्भ में 'परिमल' में संकलित 'आग्रह' कविता को देखा जा सकता है—

माँ! मुझे वहाँ तू ले चल
देखूँगा वह द्वार
दिवस का पार
मूर्च्छित पड़ा है जहाँ
वेदना का संसार
————

मैंने मैं शैली अपनाई
देखा दुखी एक निज भाई
दुख की छाया पड़ी हृदय में मेरे
झट उमड़ वेदना आई।

यहाँ मानवीय संवेदनशीलता के साथ दुखी जन की सेवा में अद्वैत की समता चेतना अभिव्यक्त हुई है। निराला इसी वेदान्त के प्रभाव में जातीय जीवन की निरामयता की कामना करते हैं—

दूर हो अभिमान संशय
वर्ण आश्रम गत महाभय
जाति जीवन हो निरामय
वह सदाशयता प्रखर दो

यहाँ देखने पर स्पष्ट है कि कविता की भाषा संयत है, यहाँ आक्रोश नहीं है, विरोध या उग्र प्रतिवाद नहीं है।

निराला की सामूहिकता की भावना इसी वेदान्त से निष्पन्न सामंजस्यवादी दृष्टि का परिणाम है—

सारी सम्पत्ति देश की हो
सारी आपत्ति देश की बने
जनता जातीय वेश की हो।

यहाँ निराला जातीय चरित्र की कामना करते हैं। निराला मानवमात्र की समानता का उद्घोष इसी वेदान्त की भूमि पर करते हैं—

मानव मानव से नहीं भिन्न
निश्चय हो श्वेत कृष्ण अथवा
वह नहीं क्लिन्न
भेदकर पंक निकलता जो कमल मानव का
वह निष्कलंक। हो कोई सर

तात्पर्य यह कि निराला में वर्ग-संघर्ष के स्थान पर मूल्य संघर्ष की चेतना है तथा प्रतिद्वन्द्विता के स्थान पर अनुकूलन का निरूपण है। निराला ने वेदान्त के आधार पर हिन्दुओं और मुसलमानों को मिलाने का प्रयत्न किया। गरीब खेत मजदूरों और किसानों के संगठन की बात कहीं, निराला ने वेदान्त के आधार पर द्विज और शूद्र का भेद मिटाने का प्रयत्न किया।

भारतीय का एक प्रमुख लक्षण है चराचर की पवित्रता का सिद्धान्त । प्रसिद्ध गाँधीवादी विचारक धर्मपाल लिखते हैं—'जीवमात्र पवित्र है और आदर योग्य है। पर जीवन का कोई भी रूप जीवन के दूसरे रूपों से इस अर्थ में श्रेष्ठ नहीं है कि एक

रूप की रक्षा के लिए दूसरे रूपों को समाप्त कर दिया जाय या पूर्ण अधीनता की दशा में ले आया जाय। हमारे यहाँ जीवन को केवल मनुष्य में या कि कुछ प्राणियों में ही सीमित करके नहीं देखा गया, बल्कि उसे सर्वत्र देखा गया। यह माना गया कि समग्र सत्ता ही जीवन है। नदी, पर्वत, सागर, वृक्ष, वनस्पति—सभी समग्र सत्ता के महत्त्वपूर्ण अंग हैं। मनुष्य की अपनी सत्ता इसी समग्र सत्ता का अभिन्न अंश है। मनुष्य अन्य जीवन सत्ताओं से कुछ नितान्त भिन्न या विरोधी या श्रेष्ठ जीव नहीं है। (स्वदेशी और भारतीयता/ भारत की पहचान, पृ. 99)। धर्मपाल ने इसे आगे और भी स्पष्ट किया है—मनुष्य की श्रेष्ठता का जहाँ कहीं महाभारत आदि में बखान है भी (न हि मानुषात् श्रेष्ठतरं हि किंचित्) तो वह इसी अर्थ में कि मनुष्य को इस समग्र सत्ता का सम्मान करना है इसके प्रति अपना कर्त्तव्य निभाना है उनका संरक्षण ही नहीं बल्कि उनके प्रति अपने कर्त्तव्य का निर्वाह, उनसे जो मनुष्य लेता है उसे लौटाना, ऋण शोधन करना है। यही कहीं नहीं कहा गया है कि मनुष्य श्रेष्ठ है इसलिए शेष रूप उसके भोग के साधन हैं और वह उन सबका चाहे जैसे उपभोग का अधिकारी है। मनुष्य का गौरव सबके प्रति मैत्री, प्रेम तथा करुणा की अभिव्यक्ति और अनुभूति में ही है (वही पृ. 99) जबकि ईसाइयत की विश्वदृष्टि में मनुष्य ही केन्द्रीय सत्ता है। इस्लाम की दृष्टि भी कुछ ऐसी ही है। यह सम्पूर्ण जगत् जीव जन्तु और वनस्पति उसी के भोग के लिए और उसी की सेवा के लिए हैं। मनुष्य सम्पूर्ण प्रकृति का तथा समस्त जीवों का स्वामी और नियन्त्रक है इस धारणा को मान लेने के बाद यही स्वाभाविक है कि अन्य भिन-भिन्न कसौटियों के आधार पर मानव जाति की विविध श्रेणियाँ बनायी जायँ और इस श्रेणी क्रम में जो लोग ऊँचे सोपान पर हैं उन्हें शेष सबके जीवन को नियन्त्रित करने का स्वाभाविक अधिकार मान्य किया जाय। (वही पृ. 101) भारतीय और पाश्चात्य दृष्टि में यही अन्तर व्यावहारिक स्तर पर अनेक भेद पैदा करता है। पश्चिम के मानवतावाद और भारत के चराचरवाद में यही अन्तर साहित्य और समाज में देखा जा सकता है। चराचरवादी दृष्टि के कारण ही श्रीमद्भागवत में कहा गया—

खं वायुमग्निं सलिलं महीं च ज्योतीषि सत्वानि दिशो द्रुमादीन
सरित्समुद्रांश्च हरे शरीरं यत्किञ्च भूतं प्रणमेद्नन्यः

(श्रीमद्भागवत 11/1/41)

वस्तुतः भारतीय दृष्टि में प्रकृति और मनुष्य के बीच अंगागि सम्बन्ध है—प्रकृति अंगी है और मनुष्य अंग इसलिए यहाँ प्रकृति के साथ विरोध के स्थान पर सामंजस्य पर बल दिया गया है। इसी कारण विराट् प्रकृति के साथ मनुष्य के पूर्ण रागात्मक सम्बन्धों की व्यंजना भारत की विशेषता है। निराला की प्रकृति सम्बन्धी रचनाएँ इसका साक्ष्य प्रस्तुत करती हैं। 'बादल राग', 'जुही की कली', 'यमुना के प्रति' 'सखि वसन्त आया', 'अलि घिर आये घन पावस के', 'दूत अलि ऋतुपति के आये', 'देवी सरस्वती' आदि प्रकृति सम्बन्धी रचनाएँ प्रकृति के साथ गहरे तादात्म्य का उदाहरण प्रस्तुत करती

हैं। निराला की ग्राम्य जीवन पर केन्द्रित रचना ग्रामीण परिवेश में अन्तर्निहित सुख, श्री सौरभ और सौन्दर्य का उदघाटन है, जो मनुष्य और प्रकृति के बीच आत्मीय सम्बन्ध का सूचक है—

सिमटा पानी खेतों का ओठ पर चले हल
पाँसे खेत किये, जो गये जोत कर मखमल
डाले बीज चने के, जौ के और मटर के
गेहूँ के, अलसी-राई-सरसों के, कर से
हरी-भरी खेतों की सरस्वती लहराई
मग्न किसानों के घर उन्मद बजी बधाई ।।

(निराला रचनावली भाग-2, पृ. 185-86)

बादल जीवन धन है वह पृथ्वी को हरा करता है मनुष्य के जीवन में रस का संचार करता है—

बादल में आये जीवन-धन
अपल-नयन सुवास यौवन नव
देख रही तरुणी कोमल-तन
बरस गयी जलधार विश्व सृज,
शौवालिनी पा गयी उदधि निज,
मुक्त हुए आ स्नेह के क्षितिज,
रूप स्पर्श-रस-गन्ध-शब्द-धन (गीतिका)

'सखि वसन्त आया' गीत पर टिप्पणी करते हुए रामविलास शर्मा लिखते हैं—वसन्त में प्रकृति अपने पाँचों तत्त्वों से सज गयी है। आकाश में कोयल का स्वर गूँज रहा है, हवा में फूलों की गन्ध है, जल में कमल खिले हैं, पृथ्वी पर स्वर्ण शस्य का अंचल लहराया है और चारों ओर फैले आकाश में वन-यौवन की माया है पाँच तत्त्व, उनका सम्मिलित सुन्दर रूप-प्रकृति (निराला की साहित्य साधना भाग-2, पृष्ठ 181)। निराला के काव्य में प्रकृति चित्रण के वैशिष्टय को रेखांकित करते हुए रामविलास शर्मा टिप्पणी करते हैं—निराला काव्य में प्रकृति सौन्दर्य का अनुपम चित्र है, उसका अपना एक दर्शन है, इस दर्शन में पृथ्वी और आकाश, देश और काल परस्पर सम्बन्ध हैं, भाव और कल्पना की जड़ें मानव-संवेदनों में है।... वसन्त की छवि केवल प्रकृति में नहीं, मानव जीवन में भी है (निराला की साहित्य साधना भाग-2, पृ. 199) इस प्रकार निराला में प्रकृति से विरोध के स्थान पर सामंजस्य का भाव है। पर्यावरण की रक्षा की दृष्टि से पारिस्थितिकी की दृष्टि से यह कितना महत्त्वपूर्ण है, यह आज की विसंगतिपूर्ण स्थिति से हम अनुभव कर सकते हैं। पश्चिम के प्रकृति के विरुद्ध दिग्विजयी अभियान ने उसे कितना विकृत किया है यह प्रत्यक्ष है। खेद इस बात का है कि हम भी उसी

अभियान का हिस्सा बन गये हैं। निराला में प्रकृति के साथ आत्मीयता है प्रकृति के प्रति पूजा भाव है, प्रकृति अतीत की स्मृति को पुनर्जीवित करने का (सन्दर्भ यमुना के प्रति कविता) माध्यम भी बनती है।

पृथ्वी के प्रति मातृभाव भारतीयता का एक अन्य पक्ष है। निराला की रचना में यह भाव सर्वत्र है। निराला जमीन से जुड़े रचनाकार हैं, वे कई रूपों में नायक की सृष्टि करते हैं। एक ओर वे राम और तुलसीदास को नायक बनाते हैं तो दूसरी ओर कुल्लीभाट और बिल्लेसुर को भी नायकत्व प्रदान करते हैं। वे सच्चे धरती पुत्र हैं। यह वैशिष्ट्य भारतीय होने के कारण ही है। माता भूमिः पुत्रोऽहं पृथिव्याः का बोध इसी भूमि ने दिया है। यह बोध विश्वात्म भाव पैदा करता है। इसी भाव ने निराला में इस देश की अस्मिता के प्रति गर्व का बोध उत्पन्न किया है। यहाँ विश्वबोध और देश बोध में समन्वय है। यह देश बोध भारतीयता का ही प्रमुख लक्षण है। यह सत्य है कि जो देश से नहीं जुड़ सकता उसका विश्वबोध भी नकली होगा। इस सन्दर्भ में अज्ञेय का कथन ध्यातव्य है—देश से टूटकर विश्वनागरिकता नहीं मिलती, देश से एकात्म होकर उसकी सीमा का अतिक्रमण करने से मिलती है (केन्द्र और परिधि, पृ. 68)

निराला में देश के प्रति एकात्म भाव है और उसकी सीमा के अतिक्रमण का भाव भी। राष्ट्रीय चेतना निराला के काव्य का मुख्य सरोकार है। इसके कई स्तर निराला के काव्य में देखे जा सकते हैं। पहला यह कि राष्ट्रीयता की चेतना अंग्रेजी राज की देन नहीं है। अथर्ववेद के पृथ्वी सूक्त का महत्त्वपूर्ण मन्त्र माता भूमिः पुत्रोऽहं पृथिव्याः (12/2/12) में राष्ट्रीयता का स्वरूप देखा जा सकता है। श्रीमद्‌भागवत में भारतवर्ष के प्रति जिस आदरभाव की अभिव्यक्ति हुई है, वह देश बोध का ही एक रूप है—अहो भुवः सप्त समुद्रवत्या द्वीपेषु वर्षेषु अधि पुण्यमेतत—अहो सात समुद्रों वाली पृथ्वी के समान द्वीप और वर्षों में यह भारतवर्ष बड़ी ही पुण्यभूमि है। गोस्वामी तुलसीदास जब भारत भूमि के लिए कहते हैं—भलि भारत भूमि भले कुल जन्म समाज सरीरु भलो लहिकै तो राष्ट्रीयता के भाव की ही अभिव्यक्ति करते हैं। निराला ने इस धारणा का भी खडन किया कि भारत एक देश नहीं यह बहुराष्ट्रीयताओं का देश है—भारतवर्ष एक देश नहीं है, अनेक देशों का समुदाय है, यह वे ही कह सकते हैं, जिन्हें यहाँ के इतिहास का कुछ पता नहीं, जिन्हें यहाँ की सभ्यता की नींव का ज्ञान नहीं, (उद्धृत निराला साहित्य साधना भाग-2, पृ. 61) निराला ने अपनी कविताओं में अपने सिद्धान्तों को रूपायित किया है—

वाल्मीकि ने पहले वेदों की लीक छोड़ी,
छन्दों में गीत रचे मन्त्रों को छोड़कर
मानव को मान दिया
धरती की प्यारी लड़की सीता के गाने गाये
....

कृष्ण ने भी जमीं पकड़ी
इन्द्र की पूजा की जगह
गोवर्द्धन को पुजाया
मानवों को गायों को और बैलों को मान दिया।
हल को बलदेव ने हथियार बनाया
कन्धे पर डाले फिरे
खेती हरी भरी हुई।
यहाँ तक पहुँचे अभी—दुनिया को देर है।

यह भारत की लोकोन्मुखी परम्परा का स्पष्ट पुनराख्यान है।

राष्ट्रीय चेतना का दूसरा स्तर राष्ट्रीय स्वाभिमान का है। निराला को इस देश की परम्परा और संस्कृति पर गर्व है और इस आधार पर वे पराधीन भारत में देशवासियों के भीतर आत्म गौरव का बोध जागृत करते हैं—

तुम हो महान् तुम सदा हो महान्
है नश्वर यह दीन भाव

....

ब्रह्म हो तुम
पद रज भर भी है नहीं
पुरा यह विश्वभार (जागो फिर एक बार)

निराला को स्वामी विवेकानन्द के इस कथन पर पूरा विश्वास है—'हमारे पूर्वज महान थे।' स्वामी विवेकानन्द आत्मविश्वास को महत्त्वपूर्ण मानते थे। उनका महत्त्वपूर्ण कथन है—"संसार के इतिहास में देखोगे कि केवल वे ही राष्ट्र महान् एवं प्रबल हो सके हैं जो आत्म विश्वास रखते हैं (विवेकानन्द संचयन पृ. 132) ऐसा मत कहो कि हम दुर्बल हैं, कमजोर हैं, आत्मा सर्वशक्तिमान है (वही, पृ. 295) निराला की 'जागो फिर एक बार', 'तुलसीदास' 'राम की शक्ति पूजा', 'ध्वनि' जैसी कविताओं में आत्म विश्वास का प्रबल स्वर है। आचार्य हजारीप्रसाद द्विवेदी को भी अपने देश की विरासत पर गर्व है—"हम कोई नौसिखुए नहीं हैं, जो रातो-रात अनजान जंगल में पहुँचाकर अरक्षित छोड़ दिये गये हैं। हमारी परम्परा महिमामयी है, हमारा उत्तराधिकार विपुल और हमारा संस्कार उज्ज्वल है। (नाखून क्यों बढ़ते हैं)।

राष्ट्रीयता का सम्बन्ध अतीत की स्मृति से भी है। अतीत का स्मरण आत्म स्मरण है और आत्म स्मरण जीवन है, आत्म विस्मृति मृत्यु। मनुष्य की सत्ता केवल वर्तमान तक सीमित नहीं है, उसकी जड़ें अतीत की अनन्त दूरियों तक हैं तथा उनकी दृष्टि भविष्य की ओर है। निराला भारत की गौरवशाली अतीत की स्मृति को ताज़ा करते हैं जिससे समाज में आत्म विश्वास का संचार हो और वह दृढ़तापूर्वक वर्तमान की चुनौतियों का सामना कर सके। इस सन्दर्भ में निराला की 'दिल्ली' 'खँडहर के प्रति'

'सहस्राब्दि' 'महाराज शिवाजी का पत्र' 'यमुना के प्रति' कविताएँ विशेष रूप से रेखांकित करने योग्य हैं। निराला 'दिल्ली' कविता में कुरुक्षेत्र के मैदान में कृष्ण द्वारा अर्जुन को दिये गये गीतोपदेश का स्मरण करते हैं—

श्रीमुख से कृष्ण के सुना था जहाँ भारत ने
गीता गीत सिंहनाद
मर्मवाणी जीवन-संग्राम की—
सार्थक समन्वय ज्ञान-कर्म-भक्ति-योग का।

'खँडहर के प्रति' कविता में रचनाकार अपनी गौरवशाली ऋषि परम्परा को याद करता है—

कहते हो आँसू बहाते हुए
...भारत! जनक हूँ मैं
जैमिनी पतंजलि व्यास ऋषियों का
मेरी ही गोद पर शैशव विनोद कर
तेरा है बढ़ाया मान
राम कृष्ण-भीमार्जुन भीष्म नर देवों ने।

यमुना के प्रति कविता में अतीत के स्मरण के बहाने अपनी गौरवशाली परम्परा को कवि प्रत्यक्ष करता है—

बता कहाँ अब वह वंशीवट?
कहाँ गये नटनागर श्याम
चल-चरणों का व्याकुल पनघट
कहाँ आज वह वृन्दाधाम ।।

राष्ट्रीय चेतना का एक अन्य आयाम भारतमाता की उपासना का है। निराला भारत माता की मूर्ति में ही सरस्वती, दुर्गा आदि देवियों का अधिष्ठान करते हैं—निराला की यह भारती वन्दना राष्ट्र की अस्मिता, शक्ति और सौन्दर्य का बोध कराने-वाली है—

भारति जय विजय करे कनक शस्य कमल धरे
लंका पदतल शतदल गर्जितोर्मि सागर जल
धोता शुचि चरण युगल
स्वत कर बहु अर्थ भरे।

निराला मातृ वन्दना करते हैं जो मातृभूमि वन्दना में रूपान्तरित हो जाती है—

जननि, जनक-जननि
जन्म भूमि भागे।
जागो नव अम्बर-भर

ज्योतिस्तर वासे
बंदूँ तव अमल कमल
चिर सेवित चरण युगल (मातृ वन्दना)

इस मातृभूमि का ध्यान करते हुए वे मृत्यु पथ पर बढ़ने का प्रण लेते हैं। पराधीन देश को मुक्त करने के लिए प्राण भी देने पड़ें तो सवीकार है—

बाधाएँ आयें तन पर
देखूँ तुम्हें नयन-मन-भर
मुझे देख तू सजल दृगों से
अपलक-उर के शतदल पर
—
क्लेदयुक्त अपना तन दूँगा
मुक्त करूँगा तुम्हें अटल

यह गीत त्याग बलिदान और उत्सर्ग की भावना से अनुप्राणित है—

नर जीवन के स्वार्थ सकल
बलि हों तेरे चरणों पर माँ।
मेरे श्रम संचित सब फल।

निराला के इस भाव पर भी स्वामी विवेकानन्द के इन विचारों का गहरा प्रभाव है—"आगामी पचास वर्ष के लिए यह जननी जन्मभूमि भारत माता ही मानो आराध्य देवी बन जाय। अपना सारा ध्यान इसी एक ईश्वर पर लगाओ, हमारा देश ही हमारा जाग्रत देवता है। सर्वत्र उसके हाथ हैं, सर्वत्र उसके पैर हैं और सर्वत्र उसके कान हैं।" (विवेकानन्द साहित्य संचयन, पृष्ठ. 32) निराला ने भारत को ही अपना जीवन धन माना—

भारत ही जीवन-धन
ज्योतिर्मय परम-रमण
सर-सरिता वन-उपवन

निराला की राष्ट्रीय चेतना का एक स्वर 'महाराज शिवाजी का पत्र' 'तुलसीदास' और 'राम की शक्तिपूजा' में है। इन कविताओं में अतीत का आवाहन है पर वे अपने समय के साहित्य के स्वधर्म प्रेरित हस्तक्षेप के उत्कृष्ट नमूने हैं। तुलसीदास का विशेष महत्त्व इस बात में है कि अपने समय का सर्जनात्मक प्रत्युत्तर गढ़ने के लिए निराला मध्यकाल के भक्त कवि तुलसीदास का आवाहन करते हैं। पर वे अपने समय में अंग्रेजों की गुलामी से दबे देश में एक जबर्दस्त सांस्कृतिक प्रतिरोध उत्पन्न करते हैं और 'तुलसीदास' सांस्कृतिक सन्देश का काव्य बन जाता है। (रमेश चन्द्र शाह/हमारा समय और साहित्य का हस्तक्षेप/समय संवादी, पृ. 12)।

अज्ञेय भी 'तुलसीदास' कविता के विषय में महत्त्वपूर्ण टिप्पणी करते हैं—"ऐसी रचनाएँ कई होती हैं जिनमें एक रसिक हृदय बोलता है। विरली ही रचना ऐसी होती है जिसमें एक सांस्कृतिक चेतना सर्जनात्मक रूप में अवतरित हुई हो। 'तुलसीदास' मेरी समझ में ऐसी ही रचना है। (अज्ञेय/वसन्त का अग्रदूत/स्मृति लेखा पृ. 62)। रामस्वरूप चतुर्वेदी का मानना है कि निराला ने यह भी प्रश्न उठाया है कि अंग्रेजों से हमारी सांस्कृतिक टकराहट है या कि हम उनकी सांस्कृतिक दासता स्वीकार करते हैं (प्रसाद, निराला, अज्ञेय, पृ. 77)।" तुलसीदास रत्नावली से जागरण के शब्द सुनकर अपने राष्ट्र की पराधीनता की पीड़ा का अनुभव करने लगते हैं और उनमें सांस्कृतिक राष्ट्रभाव का उदय होता है। यह स्पष्ट है कि निराला ने इन रचनाओं में राष्ट्रीयता के राजनैतिक पक्ष के बजाय सांस्कृतिक पक्ष पर अधिक ध्यान दिया है। अज्ञेय का तो मानना ही है कि, "राष्ट्रीय भावना जितनी राजनीतिक एकता को प्रतिबिम्बित करती है—उससे कहीं अधिक ही राष्ट्रीय सांस्कृतिक भावना को वाणी देती है। (सर्जना और सन्दर्भ पृ. 383)। इन कविताओं में रचनाकार की चिन्ता सांस्कृतिक अस्मिता को लेकर अधिक है। रामस्वरूप चतुर्वेदी/प्रसाद, निराला, अज्ञेय, पृ.12)। 'महाराज शिवाजी का पत्र' में देशवासियों की निष्क्रियता, पराधीनता से समझौता, आत्म सम्मान के अभाव के प्रति रोष और ग्लानि के भाव हैं। दूधनाथ सिंह इसमें हिन्दू और मुसलमान शब्दों के प्रयोग से पर्याप्त चिन्तित दिखायी देते हैं—"आज के धर्म निरपेक्ष हिन्दुस्तान में यह शब्दावली बड़ी अटपटी लगती हैं" (निराला आत्महन्ता आस्था, पृ. 101)। उनकी दृष्टि में यह कविता अटल बिहारी वाजपेयी के लिए 'राष्ट्रीय स्वयं सेवक संघ' के जलसों में सार्वजनिक पाठ के लिए उपयुक्त हो सकती है—इस कविता की ओजस्विता और वाग्मिता की तारीफ करते हुए भी वस्तु के स्तर पर उसकी वकालत शायद उचित नहीं होगी (वही पृ. 102) दूधनाथ सिंह अपनी वर्गवादी चेतना के आलोक में इस कविता का इस रूप में मूल्यांकन करते हैं, वे ऐतिहासिक यथार्थ की उपेक्षा करते हैं जिनको निराला वाणी देते हैं। दूधनाथ सिंह जिस धर्म निरपेक्ष शब्द के आधार पर इस कविता पर प्रश्न खड़ा करते हैं वह शब्द—आजादी के बाद तथाकथित सेक्यूलरिस्टों द्वारा पश्चिम की नकल में खड़ा किया गया है। इस शब्द का भारतीय परम्परा एवं मानसिकता के साथ कोई सामंजस्य नहीं है। यहाँ 'मुसलमान' शब्द का प्रयोग भी किसी वर्ग विशेष के प्रति उपेक्षा या घृणा प्रकट करने के लिए नहीं किया गया है वरन् इसका प्रयोग एक वास्तविकता को सामने रखने के लिए किया गया है। ऐतिहासिक संकट के दौर में कभी-कभी राष्ट्रीय मूल्यों को घनत्व देना पड़ता है और वहाँ भाव रक्षात्मक होता है। यह भाव भूषण में पहली बार ठीक ढंग से दिखायी देता है। भूषण की दृष्टि में शिवाजी किसी संकीर्ण जातीयता के लिए नहीं लड़ रहे थे। निराला ने भी शिवाजी का चित्रण इसी रूप में किया है। 'तुलसीदास' में भी

यही चेतना काम कर रही है। निराला को अपने युग में उसी प्रकार का सांस्कृतिक संघर्ष करना पड़ा था जिस प्रकार मध्यकाल में तुलसीदास को। यहाँ निराला की हिन्दू चिन्ता भारतीय चिन्ता का पर्याय है। दूधनाथ सिंह का यह कहना नितान्त गलत है कि 'मुसलमान' शब्द के प्रयोग से निराला को हिन्दुओं का कवि कहा जा सकता है (निराला आत्महन्ता आस्था, पृ. 142) मध्यकाल में हिन्दू अस्मिता निश्चिय ही भारतीय अस्मिता का पर्याय थी और इतिहास के इस सच को झुठलाकर कोई रचनाकार अपनी रचनात्मक ईमानदारी का परिचय नहीं दे सकता निराला साहसपूर्वक बिना लाग लपेट के इस सच को स्वीकार करते हैं। यह इतिहास के प्रति मोहग्रस्तता नहीं है। इन कविताओं में अपने समय के अंग्रेजी साम्राज्य के विरोध की अनुगूँज भी सुनायी देती है और स्वतन्त्र होने का संकल्प भी—

आयेगी भाल पर भारत की नयी ज्योति
हिन्दुस्तान मुक्त होगा घोर अपमान से
दासता के पाश कट जायेंगे।

निराला में पराधीनता से लड़ने का भाव इतना तीव्र है कि वे इस बात की घोषणा करते हैं कि 'स्वाधीन' शब्द के अतिरिक्त वे कुछ नही जानना चाहते-

माया नहीं जानता मैं
जानता हूँ एक बस स्वाधीन शब्द
स्वाधीनता का अर्थ उनके लिए है निर्भय होना-
निर्भय अपने को और दुर्बल समाज को
करके दिखाना है—'स्वाधीन' का ही
एक और अर्थ 'निर्भय' है।

एक बात और ध्यान रखने की है कि राष्ट्रीय चेतना यदि आरम्भ से ही आत्मकेन्द्रित संकीर्णता से मुक्त रही तो इसका कारण यह था कि वह बलपूर्वक आरोपित नहीं की गयी थी—इसके संस्कार पहले से ही उसकी सांस्कृतिक परम्परा में मौजूद थे।

निराला की राष्ट्रीयता का एक अन्य पक्ष वह है जहाँ वे वर्तमान की चिन्ता करते हैं, राजनीतिक स्थिति के अतिरिक्त मनुष्य की सामाजिक एवं आर्थिक स्थिति में सुधार की कामना करते हैं जनता का इसके लिए आह्वान करते हैं—और स्वयं सक्रियतापूर्वक भाग लेते हैं—

जल्द-जल्द पैर बढ़ाओ
आज अमीरों की हवेली होगी किसानों की पाठशाला
धोबी चमार पासी तेली

खोलेंगे अँधेरे का ताला
एक पाठ पढ़ेंगे टाट बिछाओ (बेला)

वस्तुतः "निराला क्रान्ति के कवि हैं, उस क्रान्ति के जिसका लक्ष्य भारत को विदेशी पराधीनता से मुक्त करना है, जनता के सामाजिक जीवन में परिवर्तन लाना है। क्रान्ति की मूल प्रेरणा करुणा है, जो मनुष्य का दुःख दूर करना चाहती है।"

निराला के काव्य में भारतीयता का एक भिन्न आयाम आस्तिकता का देखा जा सकता है। निराला की कविता में यह आस्तिकता आरम्भ से अन्त तक विद्यमान है। परवर्ती रचनाओं 'अर्चना' 'आराधना 'गीतगुंज' और सान्ध्य काकली में आस्तिकता का रंग क्रमशः गहरा होता गया है। 'यहाँ वे हिन्दी के सन्तों और भक्तों की नामावली को समृद्ध करते दिखते हैं। निराला के इस आस्तिक हिन्दू मनस की उपेक्षा करके उनके कृतित्व को नहीं समझा जा सकता। (रामस्वरूप चतुर्वेदी / प्रसाद, निराला अज्ञेय पृ0 70)

निराला में प्रपत्ति भाव गहरा है, सौ से अधिक गीतों में इसका प्रसार देखा जा सकता है। हालाँकि निराला के व्यक्तित्व के अनुरुप उनमें एक नयी भंगिमा है 'सुख का दिन डूबे डूब जाय/ तुमसे न सहज मन ऊब जाय' 'उल्टी गति सीधी हो न भले। प्रतिजन की दाल गले न गले/ टाले यह बान टले न टले/यह जान जाय तो खूब जाय/ तुमसे न सहज मन ऊब जाय,/मरा हूँ हजार मरण/ पायी तब चरण शरण (रचनावली भाग-2, पृ. 424 413) जैसे गीत इसके प्रमाण हैं। हजार मरण मरना वासना के हजार संस्कारों से मुक्त होना है। परमात्मा की ओर उन्मुख होने से जगत् का आकर्षण निरर्थक लगने लगा :

तुमसे लाग लगी जो मन की
जग की हुई बासना बासी
गंगा की निर्मल धारा की
मिली मुक्ति मानस की काशी।

शरणागति का चरम रूप इन पंक्तियों में निदर्शित है—

दुरित (पाप) दूर करो नाथ
अशरण हूँ गहो हाथ

....

छूटे सभी विषय बन्ध
विषमय वासना-गन्ध
शय निश्चय किया चयन

....

भजन कर हरि के चरण मन

पार कर माया वरण मन
कलुष के कर से गिरे हैं
देह-क्रम तेरे फिरे हैं
विपथ के रथ से उतर कर
बन शरण का उपकरण मन (अर्चना)

निराला की भक्ति में प्रपत्ति का विशेष रूप का स्थान-स्थान पर उल्लेख है—

वही चरण शरण बनें
कटें कलुष गहन घने
लगे हे तुम्हीं से मन
उर नूपुर मधुर रणन
तुम्हारे अजिर, आँगन
मंगल के गीत गने (आराधना)

निराला की भक्ति परक रचनाओं में भक्ति कालीन कवियों से भिन्न अभिव्यक्ति है। जैसे निम्नांकित पंक्तियों में कथन भंगिमा निराला के व्यक्तित्व की छाप लिए हुए है—

मानव का मन शान्त करो हे
काम-क्रोध मद लोभ दम्भ से
जीवन को एकान्त करो हे।

निराला की प्रपत्तिपरक रचनाओं को कुछ आलोचको ने निराला का विचलन माना है। "समर्पण की स्थिति निराला जैसे जागरूक और प्रगतिशील कवि के लिए गौरव का विषय नहीं है", ऐसा कहा गया है। इन रचनाओं को निराशा की उपज बताया गया है, उन्हें आस्था और अनास्था के बीच भटकन के 'प्रतीक' के रूप में व्याख्यायित किया गया है। उपर्युक्त टिप्पणियाँ प्रायः मार्क्सवादी आलोचकों द्वारा की गयी है जिन्हें भारतीय परम्परा की पूर्ण समझ नहीं है या फिर उसका वे निषेध करते रहे हैं। वस्तुतः ये रचनाएँ भारतीय मन की स्वाभाविक परिणति की अभिव्यक्ति हैं।

ये उपनिषद् के सूत्र 'आत्मनः मोक्षाय जगत् हिताय च' की 'प्रतीक' हैं। इनमें केवल अपनी मुक्ति की कामना नहीं है अपितु राष्ट्र तथा उससे भी आगे समस्त मानव जाति की मुक्ति की कामना है। सान्ध्यकाकली का एक गीत इसका प्रमाण है—

नयी शक्ति अनुरक्ति जगा दो
विकृत भाव की भक्ति भगा दो
उत्पादन के कार्य लगा दो
साहित्यिक वैज्ञानिक के बल

आध्यात्मिकता और भौतिकता का अद्‌भुत समन्वय इसमें व्यंजित है और इसका उद्‌देश्य लोक मंगल है। निराला पराधीनता के नरक त्रास से समूची मानवता को मुक्त करने की प्रार्थना करते हैं—

माँ अपने आलोक निखारो
नर को नरक त्रास से वारो (अर्चना)

इस प्रकार स्पष्ट है कि निराला का काव्य भारतीय जीवन मूल्य एवं भारतीय परम्परा का स्पष्ट पुनराख्यान और विकास है। जो आलोचक विदेशी धरती पर उत्पन्न विशेष चिन्तन के आलोक में निराला के काव्य का मूल्यांकन करते हैं वे निराला के वास्तविक स्वरूप पर पर्दा डालना चाहते है। वस्तुतः निराला भारतीय मनीषा की सुदीर्घ परम्परा की महत्त्वपूर्ण कड़ी है, भारतीयता के प्रति उनमें गहरी आस्था है। उनका निजत्व एक भारतीय का निजत्व है।

अज्ञेय के साहित्य का मूल स्वर

अज्ञेय आधुनिक हिन्दी साहित्य के ऐसे विरल लेखकों में हैं जिन्होंने मानवीय गरिमा, विवेक, व्यक्ति की स्वतन्त्रता, साहित्य एवं साहित्यकार की स्वायत्तता, वैचारिक स्वाभिमान, राष्ट्रीय अस्मिता और सांस्कृतिक चेतना को बहुत अधिक महत्त्व दिया है। उनके साहित्य की यह विरल उपलब्धि है कि विचार-तत्त्व आधुनिक लेखकों में सबसे अधिक उनके यहाँ सक्रिय हैं। अशोक वाजपेयी ने स्वाधीनता, व्यक्तित्व की खोज लोक, प्रकृति, समाज और व्यक्ति के साथ गतिशील सम्बन्ध, आत्मबोध और आत्मदान, मम और ममेत्तर में अद्वैत सम्बन्ध, भाषा का महत्त्व, परम्परा और आधुनिकता के सम्बन्ध पर बल को अज्ञेय के साहित्य का केन्द्रीय तत्त्व माना है (जनसत्ता 3/6/2012) डॉ. रमेशचन्द्र शाह ने टेनीसन के मूल्यांकन के क्रम में टी. एस. इलियट की कसौटी को सामने रखते हुए लिखा है—टी. एस. इलियट ने टेनीसन के काव्य का मूल्यांकन करते हुए बड़े कवि के लिए तीन कसौटियाँ रखी हैं—विपुलता (एबण्डेन्स), वैविध्य (वेराइटी) और पूरा कर्म कौशल (कम्प्लीट कम्पीटेन्स)। आधुनिक हिन्दी कविता के इतिहास में जिस एक कवि का अवदान सृजन और आलोचनात्मक चिन्तन के दोहरे स्तर पर आधुनिक अंग्रेजी कविता के इस शीर्ष स्थानीय कवि से तुलनीय ठहरता है, वह अज्ञेय हैं। अज्ञेय इलियट द्वारा प्रस्तुत कसौटी पर खरे उतरते हैं। यह विपुलता और वैविध्य उनके काव्य-कृतित्व में ही नहीं, उनके गद्य कृतित्व में भी भरपूर प्रकट हुआ देखा जा सकता है। क्या कहानी, क्या सांस्कृतिक चिन्तन और क्या यात्रावृत्त—सभी विधाओं में इन प्रतिभाशाली लेखक ने अपनी छाप छोड़ी और नये प्रतिमान स्थापित किये। (रमेशचन्द्र शाह—अज्ञेय, साहित्य अकादमी, नयी दिल्ली, संस्करण 1994, पृ. स. 76)

वस्तुतः अज्ञेय एक ऐसे रचनाकार रहे हैं जिन्होंने रचना कर्म को एक गम्भीर नैतिक दायित्व के रूप में स्वीकार किया और बिना समझौता किये अपनी मान्यताएँ निर्भीकतापूर्वक पाठक के समक्ष रखीं। उनके सामने अनेक प्रकार की चुनौतियाँ थीं पर उनका उन्होंने दृढ़तापूर्वक सामना किया। उन्हें विवादास्पद बनाया गया। वे शिविरबद्धता के जबर्दस्त शिकार हुए। विचार के स्तर पर कठोर पूर्वग्रह के पक्षधर वामपन्थी बुद्धिजीवियों ने विचारधारा की गुलामी का ऐसा परिचय दिया कि स्वतन्त्र विचारवालों

को शत्रु के खाते में जाना ही पड़ा। अज्ञेय, निर्मल वर्मा आदि ऐसे ही चिन्तक साहित्यकार थे। राजकिशोर ने इस पर अपनी मार्मिक प्रतिक्रिया व्यक्त की है—"अज्ञेय हिन्दी से एकमात्र नहीं तो अकेले प्रमुख लेखक थे, जो शीतयुद्ध के शिकार हुए।... वे एक लेखक हैं, जो हिन्दी जगत् में जितना ज्यादा सम्मानित हुए जितनी श्रद्धा का पात्र बने, उतना समझे नहीं गये।...जहाँ तक अज्ञेय के साहित्य को समझने का सवाल है, इसकी तो कोशिश भी नहीं हुई।...शीतयुद्ध के परिणामस्वरूप अज्ञेय को शत्रु के खेमे में डाल दिया गया। यह कठोर फैसला सुनाने के पहले न्यूनतम साहित्यिक साक्ष्य प्रस्तुत करना भी जरूरी नहीं लगा।...यह हमारे साहित्य समय का पाँचवाँ आश्चर्य है।" (जनसत्ता, दिल्ली, 8 अप्रैल, 2012) यह सही है कि अज्ञेय को अपने समय में अनेक आरोप झेलने पड़े। जिस कारण वे अकेलेपन की ओर भी गये। निर्मल वर्मा ने इन परिस्थितियों पर अपने निबन्ध 'अज्ञेय, : आधुनिक बोध की पीड़ा' में बड़ी ही मार्मिक टिप्पणी की है—"अज्ञेय का अकेलापन ओढ़ा हुआ नहीं है, दिखावटी नहीं है। इसका एक छोर यदि अज्ञेय की आत्मसुरक्षा से जुड़ा हुआ है तो दूसरा छोर हिन्दी साहित्य के उस भयावह वातावरण से बँधा है, जिसमें अज्ञेय ने अपने सर्वश्रेष्ठ वर्ष गुजारे हैं। शायद ही किसी लेखक ने अपने ऊपर इतने मूढ़, वैमनस्यपूर्ण कर्कश प्रहार झेले हों जितना अज्ञेय ने।" एक समय था जब उन्हें फ्रायड और लारेन्स का 'नकलची' अनुयायी बताया गया—'मनोवैज्ञानिक ग्रन्थियों का शिकार, (खासकर उन मार्क्सवादी आलोचकों ने जिन्होंने न फ्रायड पढ़ा था न लारेन्स और शायद मार्क्स भी नहीं)। फिर शीतयुद्ध के दिनों में वह 'अमेरिकी एजेण्ट' घोषित किये गये, बाद के वर्षों में उन्हें 'गिराने' के लिए समीक्षकों ने बेचारे मुक्तिबोध को अस्त्र बनाया—वही मुक्तिबोध जो अपने जीवनकाल में इतने अधिक उपेक्षित बने रहे। (कला का जोखिम, राजकमल प्रकाशन, नयी दिल्ली, संस्करण 1984, पृ. 76)। इन आरोपों के बीच अज्ञेय निरन्तर सर्जनारत रहे और बिना विचलित हुए अपनी श्रेष्ठ रचनात्मक क्षमता का प्रदर्शन कर साहित्य की विभिन्न विधाओं को समृद्ध किया—कविता, कहानी, उपन्यास, यात्रावृत्त, संस्करण, निबन्ध पत्रकारिता जैसी विधाएँ इसका साक्ष्य प्रस्तुत करती हैं। अज्ञेय को प्रयोगधर्मा साहित्यकार कहना अतिशयोक्तिपूर्ण नहीं होगा। वस्तुतः प्रयोगवाद नाम चाहे जैसे आ गया हो कविता के क्षेत्र में प्रयोगवाद के पुरस्कर्त्ता के तौर पर अज्ञेय का ही नाम लिया जाता है। रामस्वरूप चतुर्वेदी ने 'तारसप्तक' के प्रकाशन के साथ ही आधुनिक संवेदना का सूत्रपात माना है (हिन्दी साहित्य और संवेदना का विकास, लोकभारती प्रकाशन, इलाहाबाद, संस्करण 1993, पृ. 226) रमेश चन्द्र शाह ने भी इसे लक्षित किया है—"अज्ञेय से ही हिन्दी कविता में आधुनिक बोध और स्वचेतना की पहल शुरू होती है—शहरी अनुभूति, उसकी बिम्ब मालाएँ, छायावादी कवियों की प्राकृतिक और स्वप्नमयी संसृति पर आक्रमण कर देती है" (अज्ञेय : रमेशचन्द्र शाह, पृ. 30) डॉ. शाह आगे लिखते हैं कि आधुनिक भावबोध के इतिहास में 'अज्ञेय' का

व्यक्तित्व और कृतित्व केन्द्रीय महत्त्व रखता है। बहुत कम लेखक ऐसे होते है जो अपने जीवन और लेखन दोनों में एक अत्युच्च नैतिक माण्दण्ड के निर्वाह के आग्रह से परिचालित रहे हों। अज्ञेय ऐसे ही लेखको में थे। (वही, पृ. 60)

अज्ञेय के विपुल और वैविध्यपूर्ण रचना संसार में कविता का केन्द्रीय स्थान है, यद्यपि उन्होंने अनेक विधाओं में श्रेष्ठ रचनाएँ समाज को दी हैं। भारतभूषण अग्रवाल के साथ साक्षात्कार में अज्ञेय ने स्वीकार भी किया है कि कविता उनकी सीमा है। (आत्मपरक : व्यक्तित्व विधाएँ, बाधाएँ पृ. 283, नेशनल पब्लिशिंग हाउस, नयी दिल्ली, संस्करण 1983)। अज्ञेय की कविता के लिए बराबर यह कहा जाता रहा है कि उनकी कविता व्यक्तित्व के खोज की कविता है, उन्होंने व्यक्तित्व की अद्वितीयता को अपनी रचनाओं में प्रतिष्ठित करने का प्रयास किया है। अशोक वाजपेयी की टिप्पणी है कि जहाँ तक अज्ञेय की कविता का सम्बन्ध है, व्यक्तित्व की खोज की धारणा उसके बुनियादी सरोकारों का सही नाम है।...अज्ञेय की कविता में एक बुनियादी तनाव व्यक्ति की आत्यन्तिकता, गरिमा और अद्वितीयता को प्रतिष्ठित और सुरक्षित करने की कोशिश और व्यक्तित्व को वृहत्तर से, जो कभी समाज और खासकर बाद की कविता में, समूचे मनुष्य का और मनुष्येत्तर संसार है, जोड़ने "समंजस करने की इच्छा, उम्मीद और जरूरत के बीच है।" (फिलहाल, पृ. 73, राजकमल प्रकाशन, नयी दिल्ली, संस्करण 1982)।

अशोक वाजपेयी का मानना है कि अज्ञेय ने अद्वितीयता और वैयक्तिकता की धारणाएँ और उनका तार्किक प्रतिफलन, अनुभव की प्रामाणिकता और ईमानदारी जैसी धारणाएँ विकसित कीं। (वही, पृ. 79)...अशोक बाजपेयी ने उन्हें अकेलेपन के वैभव का कवि कहा है (वही पृ. 74)। बच्चन सिंह ने अज्ञेय को व्यक्ति स्वातन्त्र्य का रचनाकार तो बताया पर उन्होंने अज्ञेय पर यह आरोप लगाया कि वे एक हद तक आत्मग्रस्त हैं। यह आत्मग्रस्तता उनके चिन्तन और काव्य में मुखर है। मैं की चारदीवारी से बाहर निकलना चाहते है, बाहर को कुछ देना चाहते हैं, पर इन चाहत में भी गर्व की दीप्ति है। यही उनके अनुभव की अद्वितीयता की सीमा है।' (हिन्दी साहित्य का दूसरा इतिहास, पृ. 455-56, राधाकृष्ण, प्रकाशन, नयी दिल्ली संस्करण 1996)। जिस यह दीप अकेला कविता के आधार पर अशोक वाजपेयी अज्ञेय को अकेलेपन के वैभव का कवि कहते हैं या कि उनकी अन्य कविताओं के आधार पर बच्चन सिंह उन्हें एक हद तक आत्मग्रस्त कवि कहते हैं उन कविताओं को ध्यान से देखने पर स्पष्ट हो जाता है कि व्यक्ति स्वातन्त्र्य की रक्षा करते हुए वे समाज के साथ समंजस होना चाहते हैं। वे उस समूह का हिस्सा नहीं बनना चाहते जिसमें भेड़चाल हो, जिसमें व्यक्ति की गरिमा, स्वतन्त्रता नष्ट हो जाय। जो लोग उन पर निंदा व्यक्तिवादी होने का आरोप लगाते हैं अज्ञेय की कितनी शान्ति! कितनी शान्ति' कविता उसका उत्तर है—

'अहं! अन्तर्गुहावासी! स्वरति! क्या मैं चीन्हता कोई न दूजी राह?
जानता क्या नहीं निज में बद्ध होकर है नहीं निर्वाह?
क्षुद्र नलकी में समाता है कहीं बेथाह
मुक्त जीवन की सक्रिय अभिव्यंजना का तेजदीप्त प्रवाह !
जानता हूँ! नहीं सकुचा हूँ कभी समवाय को देने स्वयं का दान

विश्व जन की अर्चना में नहीं बाधक था कभी इस व्यष्टि का अभिमान (सदानीरा खण्ड एक, पृ. 212, नेशनल पब्लिशिंग हाउस, नयी दिल्ली, संस्करण, 1986)

अज्ञेय समष्टि के महत्त्व को स्वीकार करते हैं, 'नदी के द्वीप' कविता इसका साक्ष्य प्रस्तुत करती है—

हम नदी के द्वीप हैं।
हम नहीं कहते कि हमको छोड़कर स्रोतस्विनी बह जाय।
वह हमें आकार देती है।
...
माँ है वह। है, इसी से हम बने है।' (वही, पृ. 241)

रमेशचन्द्र शाह ने सही लक्ष्य किया है कि 'रचना उसके लिए अपने नैतिक' भाषिक, बौद्धिक व्यक्तित्व की संश्लिष्टता को साधने का—उसी के मुहावरे में कहें तो व्यक्तित्व की खोज का साधन है। ऐसे कृती व्यक्तिव की खोज का जो फिर समष्टि को निःशेष अर्पित करने योग्य हो।' (अज्ञेय, पृ. 30) हाँ यह सही है कि उन्होंने व्यक्ति के व्यक्तित्व को 'साँचे ढले समाज' से अधिक महत्त्व दिया जिसमें व्यक्तित्वविहीनता की सम्भावना है—

अच्छी कुण्ठारहित इकाई
साँचे ढले समाज से,
अच्छा अपना ठाट फकीरी
मँगनी के सुख-साज से
अच्छे
अनुभव की भट्ठी में तपे हुए कण-दो-कण
अन्तर्दृष्टि के
झूठे नुस्खे वाद रूढ़ि, उपलब्ध परायी प्रकाश से।

(अरी ओ करुणा प्रभामय, प्रथम संस्करण पृ. 16)

यहाँ उस समाजवादी सिद्धान्त से विरोध है जिसमें व्यक्ति की स्वतन्त्रता का अपहरण विचारधारा के नाम पर किया जाता है और विचारधारा की तानाशाही स्थापित की जाती है। विचारधारा की तानाशाही एक प्रकार की वैचारिक संकीर्णता है जो मानवीय गरिमा के खिलाफ है और अज्ञेय मानवीय गरिमा की रक्षा के लिए समर्पित

रचनाकार हैं। रामस्वरूप चतुर्वेदी का आकलन तर्कसंगत और उपयुक्त है कि आधुनिक साहित्य में मानवीय और उसकी सर्जनात्मकता की सबसे गहरी और सार्थक चिन्तन अज्ञेय के कृतित्व में मिलती है। सर्जनात्मक व्यक्तित्व मूलतः स्वाधीन होगा और स्वाधीन होकर ही दायित्व का अनुभव किया जा सकता है। अज्ञेय ने अपने कृतित्व में बुनियादी तौर पर मानव व्यक्तित्व की इस स्वाधीनता, सर्जनात्मकता तथा दायित्व को सूक्ष्म और प्रभावी रूप में अंकित किया है। उनके काव्य, कथा-साहित्य यात्रावृत्त,समीक्षा में यही मौलिक दृष्टि सर्वत्र परिव्याप्त है। (हिन्दी साहित्य और संवेदना का विकास, पृ. 231, लोकभारती प्रकाशन, इलाहाबाद, संस्करण 1993) वस्तुतः अज्ञेय की कविता तथा अन्य रचनाओं में जिस मानवीय व्यक्तित्व की खोज की गयी है, वह स्वाधीन होने के साथ समष्टि के प्रति समर्पित भी है। इसलिए अज्ञेय को आत्मदान का रचनाकार कहा जा सकता है। हालाँकि अशोक वाजपेयी आत्मदान को अज्ञेय की कविता की प्रमुख थीम बताते हुए भी इसे रहस्य संसार में घटित होते देखते हैं और यह आरोप लगाते हैं कि—कवि अपने आत्मदान को इतना चरितार्थ नहीं करता जितना उसका उत्सव मनाता है (फिलहाल, पृ. 84) पर रामस्वरूप चतुर्वेदी का आकलन यह है कि अज्ञेय आत्मदान में सार्थकता देखते हैं और इसका उदाहरण 'असाध्य वीणा' में मिलता है। आत्मदान के माध्यम से ही 'असाध्वीणा' का कलावन्त वीणा को साधता है। यहां अज्ञेय निराला से जुड़ते प्रतीत होते हैं। आत्मदान के माध्यम से ही 'राम की शक्ति पूजा' के राम शक्ति साधना करते हैं। (आधुनिक कविता यात्रा, पृ. 63, लोकभारती प्रकाशन इलाहाबाद संस्करण 1998) वस्तुतः 'असाध्य वीणा' के कलावन्त की स्वीकृति अज्ञेय की स्वीकृति है और इसमें आत्मदान को चरितार्थ किया गया है—यह चरितार्थता भारतीय संस्कृति का बहुत बड़ा वैशिष्ट्य है।

आत्मदान की यह प्रवृत्ति कृतज्ञता और विनयशीलता का भी रूप ले लेती है। अशोक वाजपेयी कम-से-कम इतना तो स्वीकार करते ही हैं कि अज्ञेय की कविता में कृतज्ञता और विनयशीलता का जो भाव मिलता है वह अज्ञेय के अकेलेपन को डिह्यूमैनाइज्ड होने से बचाता है (फिलहाल, पृ. 51) वस्तुतः अज्ञेय प्रसाद के बाद भारतीय चिन्तन परम्परा को आत्मसात् करनेवाले स्वतन्त्र्योत्तर कवियों में सबसे महत्त्वपूर्ण कवि है। 'चक्रान्तशिला' श्रृंखला की कविताएँ इसका अद्भुत साक्ष्य प्रस्तुत करती है रामविलास शर्मा का यह कहना तर्कसंगत है कि 'भारतीय चिन्तन परम्परा अज्ञेय के काव्य में ढलकर एक रूप प्राप्त करती है। अज्ञेय अपने सीमित अहं की शक्ति को असीम शक्ति से जोड़ देना चाहते हैं। (नयी कविता और अस्तित्ववाद, पृ. 79,राजकमल प्रकाशन, नयी दिल्ली, संस्करण 1987) भारतीय चिन्तन परम्परा अद्वैतवाद या सर्वात्मवाद में विश्वास करती है। पिण्ड और ब्राह्मण्ड की एकता वहाँ चरितार्थ होती है। अज्ञेय की निम्नांकित कविता इसी का उदाहरण है। जहाँ रामविलास

शर्मा का कथन भी पुष्ट होता है—

शक्ति असीम है, मैं शक्ति का एक अणु हूँ,
मैं भी असीम हूँ।
एक असीम बूँद असीम समुद्र को अपने भीतर प्रतिबिम्बित करती है।

(सदानीरा खण्ड एक/166/ रहस्यवाद)

भारतीय चिन्तन की एक विशेषता है काल की अखण्ड सत्ता का बोध। क्षण के महत्त्व पर लिखने के कारण अज्ञेय को क्षणवादी माननेवाले यह भूल जाते हैं कि क्षण के महत्त्व पर बहुत अधिक लिखने के बावजूद अज्ञेय क्षणवादी नहीं हैं। उनका विश्वास अखण्ड काल की सत्ता में है—

रूपों में एक रूप सदा खिलता है,
गोचर में एक अगोचर, अप्रमेय
अनुभव में एक अतीन्द्रिय,
पुरुषों के हर वैभव में ओझल
अपौरुषेय मिलता है।

(सदानीरा—2 पृ. 73, नेशनल पब्लिशिंग हाउस नयी दिल्ली संस्करण, 1986)

भारतीय चिन्तन परम्परा के प्रति आकर्षण अज्ञेय के काव्य में गहरी आस्था का संचार करता है। यह आस्था स्वयं में महत्त्वपूर्ण है। वे अपनी आस्था को नगण्य नहीं मानते क्या मेरी आस्था भी नगण्य है? देकर-देते-देते चुक जाने पर वही प्रेरणा देती है। (सदानीरा खण्ड एक, पृ. 240) अज्ञेय का विश्वास है कि आस्था का आप्लावन संशय के कल्मष धो जाता है (सदानीरा, खण्ड दो, पृ. 276)। यह आस्था आस्तिकता का रूप ग्रहण कर लेती है और आध्यात्मिकता की ओर ले जाती है, जिसमें मानवीय करुणा का अद्‌भुत संयोग है। इस दृष्टि से 'साम्राज्ञी का नैवेद्य दान, उल्लेखनीय कविता है। डॉ. रमेशचन्द्र शाह का मानना है कि अज्ञेय के काव्य में वैदिक, बौद्ध तथा ईसाई अवधारणाओं के प्रयोग मिलते हैं, उनके 'प्रतीक' मिलते हैं अपितु उनके यहाँ तीनों धुलमिल जाते हैं। (अज्ञेय पृ. 60)

अज्ञेय पर व्यक्तिवादी होने का आरोप बार-बार लगाया जाता रहा है, पर उनके साहित्य में सामाजिक सरोकारों का अभाव नहीं है। रमेशचन्द्र शाह का यह कथन रेखांकित करने योग्य है कि अज्ञेय का शिवत्वबोध उनके सौन्दर्यबोध से कम प्रभावी नहीं है।... अज्ञेय शुद्ध कलावादी कभी नहीं रहे। उनकी रचना सोद्‌देश्य रही है।...उनके स्वातन्त्र्य दर्शन और उनके सामाजिक दायित्वबोध के बीच कोई फाँक नहीं बल्कि एक गहरा सम्बन्ध है, जिसे किसी कोरे आर्थिक-राजनीतिक मतवाद में घटाया नहीं जा सकता (अज्ञेय, पृ. 40)। वे आगे लिखते हैं—अज्ञेय की कविता जहाँ एक ओर आत्मपरिष्कार, आत्म साक्षात्कार का साधन रही है, वहीं जीवन की आलोचना

भी (वही, पृ. 60)। समाज जीवन का क्रूर यथार्थ समकालीन जीवन की विडम्बना, स्वतन्त्रता के बाद के मोहभंग की स्थिति, खण्डित अस्मिता के कारण समग्रबोध का अभाव, समाज में व्याप्त पाखण्ड, खोखली पंचवर्षीय योजनाओं से उत्पन्न विडम्बनापूर्ण स्थिति, पर्यावरण के प्रति स्वातन्त्र्योत्तर भारतीय समाज का अत्याचार अज्ञेय की चिन्ता के प्रमुख विषय रहे हैं। इस दृष्टि से 'शरणार्थी', हरी घास पर क्षण भर', इशारे जिन्दगी के', 'अहं राष्ट्री संगमनी जनानाम्', 'केले का पेड़', 'जन्मशती', 'नन्दादेवी', 'आजादी के बीस बरस', कविताएँ उद्धरणीय है। कवि व्यंग्यात्मक ढंग से प्रजातान्त्रिक सरकार की विकासनीति की पोल खोलता है—

कल के लिए हमें / नाज का वायदा है—
आज ठेकेदार को / हमारे पेड़ काट ले जाने दो
कल हाकिम / भेड़ों के आयात की
योजना सुनाने भावेंगे—
आज बच्चों को / भूखा ही सो जाने दो

(सदानीरा, खण्ड दो, पृ.209)

विकास के नाम पर पर्यावरण को जिस प्रकार दूषित किया जा रहा है, प्राकृतिक सम्पदा का विनाश हो रहा है कवि की पीड़ाजनक चिन्ता वास्तविक है। कवि की पर्यावरण के प्रति गहरी संलग्नता द्रष्टव्य हैं—

नन्दा/ जल्दी ही
बीस-तीस पचास बरसो में
हम तुम्हारे नीचे एक मरु बिछा चुके होंगे
और तुम्हारे उस नदी-धौत सीढ़ी वाले मन्दिर में
जला करेगा/ एक मरुदीप

(सदानीरा, खण्ड दो, पृ. 311)

'बाबरा अहेरी', 'हवाई यात्रा : ऊँची उड़ान', पश्चिम के समूहजन, हिरोशिमा, महानगर', आदि ऐसी कविताएँ हैं जिनमें अज्ञेय ने समकालीन संस्कृति के सतही पन, उसकी यान्त्रिकता तथा अन्तर्विरोध को उजागर किया है। यहाँ अशोक वाजपेयी का यह कहना कि इन कविताओं में अज्ञेय की भूमिका तटस्थ दर्शक, एक यात्री अधिक-से-अधिक गवाह की है—मुक्तिबोध जैसी हिस्सेदारी इनमें नहीं है (फिलहाल, पृ. 81)। पूर्वाग्रहपूर्ण लगता है। हालाँकि फिलहाल प्रकाशन के कई दशक बीत चुके हैं और अशोक बाजपेयी भी अपने वक्तव्यों को भूल गये है, अज्ञेय जन्मशताब्दी वर्ष के अनेक आयोजनों तथा इन वर्षों में लिखे गये आलेखों में अशोक वाजपेयी ने अपने को संशोधित किया है। संशोधन की प्रक्रिया मार्क्सवादी आलोचकों में भी आरम्भ हुई है। पर आलोचकों के इस रवैये का स्वागत करना कठिन है क्योंकि विगत छह दशकों

में साहित्य का जो वातावरण दूषित हुआ है उसके लिए इन्हें कठघरे में खड़ा करना ही होगा। अज्ञेय के काव्य का समग्र मूल्यांकन करने पर यह स्पष्ट हो जाता है कि अज्ञेय मूलतः जीवन के कवि है, उनकी कविता में 'अखिल विश्व की पीड़ा संचित' है, उनके लिए 'रचना स्वयं जीवन की खोज का ही अंग है।

कविता के अतिरिक्त कथा साहित्य एवं कथेतर गद्य साहित्य के क्षेत्र में भी अज्ञेय ने नये प्रतिमान स्थापित किये। अज्ञेय के उपन्यास एवं कहानियाँ प्रेमचन्द युग की संवेदना का अतिक्रमण करती हैं। उनके कथा-साहित्य की भाषा सूक्ष्म जटिल अनुभूतियों को व्यक्त करने में समर्थ है। अपने पहले ही उपन्यास से ख्यात होने वाले अज्ञेय ने 'शेखर', के माध्यम से न केवल हिन्दी उपन्यास के अभ्यन्तर को रूपान्तरित किया वरन् स्वयं अपनी रंगहीन और सपाट आरम्भिक कविता भाषा पर गहरा और रचनात्मक संघात पाया।'' (हिन्दी साहित्य और संवेदना का विकास, पृ. 249) कदाचित् ही किसी उपन्यासकार ने अपनी प्रथम रचना में भाषा-शिल्प की प्रौढ़ता का ऐसा परिचय दिया होगा जैसा अज्ञेय ने। अज्ञेय के इस प्रथम उपन्यास में औपन्यासिक भाषा को भी उत्कर्ष की एक मंजिल मिली। रामस्वरूप चतुर्वेदी की यह टिप्पणी सटीक है कि 'मौन की भाषा', जो कविता की एक उल्लेखनीय विशेषता मानी जाती है, शेखर : एक जीवनी में बहुत सफलता के साथ प्रयुक्त हुई है (वही, पृ. 174) अज्ञेय की कहानियाँ भी प्रेमचन्द के यथार्थ से भिन्न जैनेन्द्र की परम्परा को आगे बढ़ाती हैं। अज्ञेय की यथार्थ चित्रण में उतनी रुचि नहीं है जितनी यथार्थ की तह में जाने की कोशिश मे है। व्यक्ति मन के गहन स्तरों के साक्षात् में अज्ञेय को पूर्ण सफलता मिली है। वैसे सामाजिक विषयों को लेकर लिखी गयी उनकी कहानियाँ कम महत्त्वपूर्ण नहीं है, विभाजन की त्रासदी को लेकर लिखी गयी कहानियाँ उद्धृत की जा सकती हैं।

अज्ञेय का यात्रा और संस्मरण साहित्य भी अत्यन्त समृद्धि का परिचय देता है। 'अरे यायावर रहेगा याद' और 'एक बूँद सहसा उछली' पुस्तकें यात्रा-साहित्य से सम्बद्ध हैं और 'स्मृति लेखा' में साहित्य एवं संस्कृति के कृती हस्ताक्षरों के संस्मरण हैं। 'अरे यायावर रहेगा याद' में भारत के पूर्वी सीमान्त से लेकर उत्तर पश्चिमी सीमान्त तक के यात्रानुभवों का वर्णन हुआ है', यो उत्तर-दक्षिण के बीच के क्षेत्रों का वृत्त भी उसमें है। अपनी ही एक कविता की पंक्ति को शीर्षक बनाकर रचनाकार मनुष्य और प्रकृति के अन्तः सम्बन्धों की पड़ताल करता चलता है। 'एक बूँद सहसा उछली' विदेश यात्रा से सम्बद्ध है। इन यात्रा संस्मरणों की एक दुर्लभ विशेषता यह है कि यात्रा जितनी बाहर की है उतनी ही अन्दर की भी। रचनाकार केवल भौतिक जगत् की चर्चा नहीं करता अपितु उसकी सजग और सूक्ष्म दृष्टि सभ्यता और संस्कृति के भीतरी तहों तक जाती है। रमेशचन्द्र शाह ने सही लक्ष्य किया है कि, ''अज्ञेय का यायावर यात्रा स्थलों की पूरी जानकारी ही नहीं देता, उनसे जुड़े मानव के इतिहास और सांस्कृतिक चरित्र पर भी उसकी आँख बराबर रहती है। यायावरी उसके सुदीर्घ आत्म शिक्षण और आत्म

निर्माण का ही अंग है और वह जब भी किसी दृश्य पर, घटना या उससे जुड़े ऐतिहासिक-सांस्कृतिक तथ्य पर टिप्पणी करता है, वह टिप्पणी महज एक सैलानी की तटस्थ टिप्पणी नहीं होती, कवि-कथाकार और संस्कृति चिन्तक का संश्लिष्ट व्यक्तित्व उस टिप्पणी में बोलता है (अज्ञेय : पृ. 40)। अपनी यात्रा में अज्ञेय ने यूरोप की आधुनिक मशीनी सभ्यता, संस्कृति आदि पर अपनी पैनी निगाह डाली ही है। भारतीय और पश्चिमी सभ्यता के मूलभूत अन्तर की पड़ताल भी है। लेखक यूरोप में रहकर भी भारत के इतिहास और संस्कृति की मानसिक यात्रा करता है तथा भद्र कहे जानेवाले भारतवासियों में व्याप्त आत्महीनता की ग्रन्थि पर तीखी टिप्पणी करता है—"स्विस दृश्य को देखकर उसका अतिशय सौन्दर्य मन में सजीव-सा जमता नहीं है, कुछ ऐसा जान पड़ता है कि एक रंगीन चित्र देख रहे हैं...यों कुछ ऐसे अति उत्साही भारतीय भी मुझे मिले जो स्विट्ज़रलैण्ड के सौन्दर्य के सामने दुनिया भर के पहाड़ों को फूँक से उड़ा देते हैं, भारत के हिमालय की तो बात ही क्या? किन्तु ऐसे तो एक भारतीय राजदूत की भी बात सुनी थी जिन्होंने समूचे भारत को ही यूरोप के एक पहाड़ी बँगले के सामने तुच्छ ठहरा दिया था (एक बूँद सहसा उछली—यूरोप की छत पर : स्विट्ज़रलैण्ड, पृ.33, भारतीय ज्ञानपीठ प्रकाशन, नयी दिल्ली, संस्करण 1988)। स्पष्ट है कि यहाँ अज्ञेय में अपने देश की अस्मिता की चिन्ता साफ झलक रही है तथा तथाकथित अंग्रेजीदाँ आधुनिकतावादियों के खोखलेपन का संकेत भी मिल जाता है, जो मानसिक गुलामी के शिकार हैं। लेखक यूरोप की मशीनी सभ्यता का गहराई से अनुभव करता है और उसकी त्रासदी की मार्मिक व्यंजना भी करता है। इटली के प्रवास के अनुभव को पाठकों से साझा करते हुए अज्ञेय लिखते हैं—"अहं की पुष्टि के लिए बनायी गयी मशीन ऐसी हावी हो गयी है कि वह व्यक्ति को ही कुचले दे रही है, वह अपने को अधिकाधिक नगण्य पाता हुआ दौड़ रहा है, दौड़ रहा है और दौड़ता हुआ भी क्रमशः और नगण्य होता जा रहा है (वही पृ. 9)।" लेखक जब भारत और यूरोप की तुलना करता है तो एक बात उसे खटकती है कि आधुनिक यूरोप ने परम्परा के महत्त्व को जितनी तीव्रता के साथ महसूस किया है उतना स्वातन्त्र्योत्तर भारत ने नहीं। लेखक की यह पीड़ा जायज है कि "परम्परा के नाम पर जो सहस्र वर्ष या उससे अधिक पुराना है उसी को इंगित करने के हम इतने अभ्यस्त हो गये हैं कि इस बात को भूल ही जाते हैं कि परम्परा में जो पूर्वापरत्व निहित है वह तभी सार्थक हो सकता है जबकि 'पूर्व' के साथ 'अपर' भी हो। हम पूर्वोन्मुखता के नशे में अपने से यह पूछना ही भूल जाते हैं कि अपर क्या है।" (वही, पृ. 11)। इस प्रकार अज्ञेय की यात्रा साहित्य से सम्बन्धित ये दोनों कृतियाँ स्थूल यात्रावृत्त नहीं है अपितु सभ्यता, संस्कृति, इतिहास, समाज भाषा साहित्य का अन्तः निरीक्षण एवं परीक्षण भी हैं। अज्ञेय के यात्रा-साहित्य के सम्बन्ध में रमेशचन्द्र शाह की यह टिप्पणी अत्यन्त सार्थक है कि अज्ञेय की संवेदनशीलता और निरीक्षणशीलता, भाव-ऊर्जा और बुद्धि-ऊर्जा परस्पर इतनी

घनिष्ठ है और ज्ञान के संवेदन में, संवेदन के ज्ञान में ढलने की क्रिया इतनी आत्मीय और सहज संवेद्य है कि पाठक अपने को लेखक की जगह अनायास ही अनुभव करने लगता है।'' (अज्ञेय, पृ. 47) 'स्मृति लेखा', में सरोजिनी नायडू, मैथिलीशरण गुप्त, रायकृष्ण दास, प्रेमचन्द, निराला, पन्त, होमवती देवी, माखनलाल चतुर्वेदी, रेणु, दिनकर, हजारीप्रसाद द्विवेदी और बालकृष्ण शर्मा नवीन से सम्बन्धित मार्मिक संस्मरण हैं। अज्ञेय ने जिन कृती हस्ताक्षरों का चयन किया है, उनसे वे बहुत गहरे प्रभावित रहे हैं। इन संस्मरणों की यह एक विशिष्ट उपलब्धि है इनमें एक लेखक के द्वारा विभिन्न लेखकों का सर्जनात्मक मूल्यांकन है। अज्ञेय के यात्रा-साहित्य, संस्मरण का अध्ययन किसी भी संवेदनशील पाठक के लिए सूक्ष्म अन्तर्दृष्टि, रचना-संघटन एवं रचनात्मक भाषा-प्रयोग के कारण समृद्धि कर अनुभव है।

स्वातन्त्र्योत्तर रचनाकारों में अज्ञेय और निर्मल वर्मा ऐसे व्यक्तित्व हैं जिनका साहित्य वैचारिक दृष्टि से बहुत ही सघन है। इस दृष्टि से निबन्धों का सर्वाधिक महत्त्वपूर्ण स्थान है। अज्ञेय का निबन्ध साहित्य ज्ञानात्मक संवेदना की दृष्टि से अनन्य है इसमें अज्ञेय का विचार जगत् पूरा-पूरा साफ-साफ देखा जा सकता है। अज्ञेय ने अपने निबन्धों में जिन मुद्दों पर अपने विचार व्यक्त किये हैं उनमें साहित्य का स्वरूप, प्रयोजन, साहित्य और राजनीति, साहित्य और साहित्यकार की प्रतिबद्धता, समकालीन साहित्य की दशा, भारतीय समाज और लेखक, लेखक और राज्याश्रय, लेखन और उसका परिवेश, रचनाकार की स्वायत्तता, इतिहासबोध, भारतीयता, परम्परा और आधुनिकता, भाषा और अस्मिता, भाषा और राष्ट्रभाषा, व्यक्ति स्वातन्त्र्य, लोकतन्त्र, मूल्य और मूल्यबोध, जनतन्त्र में बुद्धिजीवी की भूमिका, संस्कृति और संस्कृति चेतना, भारतीय संस्कृति का स्वरूप, भारतीय संस्कृति और विश्व संस्कृति, धर्म और धर्म निरपेक्षता जैसे विषय प्रमुख हैं। अज्ञेय ने इन तथा अन्य मुद्दों पर बड़ी ही संवेदनशीलता, गम्भीरता तथा निर्भीकता के साथ विचार किया है। स्वतन्त्र्योत्तर रचनाकारों में अज्ञेय अकेले हैं जो स्वाधीनता को अत्यधिक महत्त्व देते हैं। उनकी दृष्टि में स्वाधीनता संस्कृति का सबसे पहला मूल्य है। यह पहला मानव मूल्य है जिसका विकास मनुष्य ने किया जिसे उसने पहचाना (सभ्यता का संकट, केन्द्र और परिधि, पृ. 125 नेशनल पब्लिशिंग हाउस नयी दिल्ली, संस्करण 1984)। अज्ञेय यह मानते हैं कि स्वाधीनता मनुष्य का सबसे पहला, सबसे आधारभूत मूल्य है—जो कुछ स्वाधीनता को बढ़ाता है, पुष्ट करता है, उसे स्थायित्व और सुरक्षा देता है, वह सब मूल्यवान् है और प्रासंगिक है (प्रासंगिकता का प्रश्न, वही, पृ. 98-99)। स्वाधीनता अज्ञेय के लिए नैसर्गिक मूल्य है जिसकी उपेक्षा नहीं की जा सकती क्योंकि स्वाधीन होना अपनी चरम सम्भावनाओं की सम्पूर्ण उपलब्धि के शिखर तक विकसित होना है (मेरी स्वाधीनता : सबकी स्वाधीनता, वही, पृ.106)। अज्ञेय स्वाधीनता को निरपेक्ष सत्ता के रूप में नहीं व्याख्यापित करते अपितु उसे सामाजिक सन्दर्भ देते हैं। तभी तो

वे इस बात पर बल देते हैं कि स्वाधीनता की कसौटी 'मैं' नहीं ममेतर है (वही, पृ. 106) अज्ञेय स्वाधीनता के लिए निरन्तर संघर्ष एवं त्याग की भी माँग करते हैं। उनकी दृष्टि में स्वाधीनता कोई स्थिर अथवा स्थावर वस्तु नहीं है, ऐसी सम्पत्ति या ऐसा रत्न नहीं है जिसे एक बार प्राप्त करके कहीं सँजोकर रख दे सकता है (वही, पृ. 104) अज्ञेय व्यक्ति की स्वाधीनता के साथ रचनाकार की स्वाधीनता की भी बात करते हैं। वे यह अनुभव करते हैं कि साहित्यकार ऐसे समाज में स्वाधीन नहीं हो सकता जो समाज स्वाधीन नहीं है। इसलिए वे एक लेखक इसे इस बात की अपेक्षा करते हैं कि वह स्वाधीनता के परिमण्डल के लिए संघर्ष करे। क्योंकि उसकी स्वाधीनता केवल उसकी नहीं होती बल्कि जिस समाज का वह अंग होता है उस पूरे समाज के हर सदस्य की स्वाधीनता को भी वह अपने में भी सम्मिलित करता है। अज्ञेय ने स्वाधीनता के साथ ही मूल्य की अवधारणा पर भी विचार किया है। अज्ञेय मनुष्य को ही मूल्यों का स्रोत और स्रष्टा मानते हैं। यह मनुष्य की ही विशेषता है कि वह ऐसे मूल्यों की अवधारणा और सृष्टि कर सकता है जो मरणातीत हैं—अमर हैं। मरणशील मानव निरन्तर अमर मूल्यों की सृष्टि करता चलता है। ऐसे सनातन मूल्य जिनके लिए प्राण भी देने पड़ें तो इसे वह अपनी पराजय नहीं, अपनी विजय मानता है। (अकेली यात्रा की देहरी पर, केन्द्र और परिधि, पृ. 57) अज्ञेय के निबधों में संस्कृति के स्परूप, उसकी विशेषताओं, भारतीय भाषा और संस्कृति के सम्बन्धों, भारतीय संस्कृति की दीर्घकालीन परम्परा पर गहराई से विचार किया गया है, साथ ही संस्कृति के नाम पर फैलाये गये भ्रम का निराकरण किया गया है। अज्ञेय संस्कृति को किसी भी समाज का—राष्ट्र का महत्त्वपूर्ण तत्त्व मानते हैं। उनकी दृष्टि में संस्कृति समग्र समाज की कारयित्री अथवा निर्मात्री प्रतिभा होती है। अज्ञेय मार्क्सवादी चिन्तकों द्वारा किये गये इस दुष्प्रचार का दृढ़तापूर्वक प्रत्याख्यान करते हैं कि संस्कृति एक बुर्जुआ चीज है इसलिए प्रगति विरोधी है। अज्ञेय यह भी मानते है कि संस्कृति पिछड़ेपन का 'प्रतीक' नहीं है प्रत्युत् संस्कृति का प्रश्न उठाये बिना न आधुनिक बना जा सकता है और न ही प्रगति की जा सकती है बल्कि मनुष्य भी नहीं रहा जा सकता। अज्ञेय ने अपने निबन्धों में इस बात पर भी बल दिया है कि सांस्कृतिक अस्मिता किसी भी देश के लिए अनिवार्य है। अज्ञेय साहित्य और संस्कृति में अनिवार्य सम्बन्ध मानते हैं। उनका यह कहना एकदम उपयुक्त है कि साहित्य मूलतः और अनिवार्यतः एक संस्कृति की उपज होता है। भाषा और साहित्य केवल तात्कालिक सामाजिक परिवेश की उपज नहीं होता बल्कि दीर्घ सांस्कृतिक परम्परा का वाहक होता है। अज्ञेय इस बात को विशेष रूप से रेखांकित करते हैं कि उस साहित्य की कोई विशेष प्रतिष्ठा नहीं हो सकती जिसमें कोई सांस्कृतिक अस्मिता नहीं बोलती। (हिन्दी का वर्तमान और भविष्य, केन्द्र और परिधि) अज्ञेय के संस्कृति सम्बन्धी चिन्तन पर टिप्पणी करते हुए रमेशचन्द्र शाह ने उन्हें जयशंकर प्रसाद का उत्तराधिकारी कहा है—"अज्ञेय में सांस्कृतिक अस्मिता की चिन्ता

और आग्रह बराबर मिलता है। अज्ञेय के पूर्ववर्ती युग में यह प्रसाद और निराला में भी रहा। प्रसाद में तो चिन्तन के स्तर पर भी इसकी बड़ी पुष्ट अभिव्यक्ति हुई है और यह एक ऐसी विशेषता है जो साहित्य की परम्परा में अज्ञेय को प्रसाद का निकट उत्तराधिकारी बना देती है (अज्ञेय, पृ. 64)। संस्कृति के सन्दर्भ में विचार करने के क्रम में ही अज्ञेय ने भारतीय संस्कृति एवं भारतीय चिन्तन परम्परा की विशिष्टताओं की ओर भी संकेत किया है। अज्ञेय यह मानते हैं और सही मानते हैं कि भारतीय संस्कृति मूलतः एक धार्मिक संस्कृति रही है और अब भी है। 'संस्कृति' पद से जो अर्थ हम आज ग्रहण करते हैं प्राचीन भारत में 'धर्म' शब्द से उसी अर्थ की अभिव्यक्ति होती थी। अज्ञेय ने भारतीय धर्म के तात्त्विक रूप पर भी प्रकाश डाला है। भारतीय परिभाषा में 'धर्म' वह नहीं है जो पश्चिम एशिया या यूरोप में समझा जाता है। अर्थात् उसकी जड़ किसी अनिवार्य मत विश्वास में नहीं है। 'एक बूँद सहसा उछली' में अपने यूरोप प्रवास का उल्लेख करने के क्रम में अज्ञेय ने भारतीय संस्कृति और 'सामी' संस्कृति के पार्थक्य को स्पष्ट किया है—भारतीय परम्परा में आचरण की एकता या एकरूपता अपेक्षित है, उसकी प्रतिष्ठा हो जाने पर धर्म-विश्वास मे विविधता की छूट है—केवल विविधता की, अनुपस्थिति की नहीं। यूरोपीय कहते हैं, 'तुम अमुक में विश्वास करो, फिर आचरण तुम्हारा चाहे ऐसा हो, चाहे वैसा हो।' भारतीय कहते हैं—"तुम्हारे आचरण का नियम अमुक है, उसके बाद तुम विश्वास इसमें भी कर सकते हो और उसमें भी कर सकते हो और दोनों में एक साथ भी कर सकते हो।" (पृ. 40)। अज्ञेय स्पष्ट करते हैं कि पाश्चात्य संस्कृति को केन्द्र है 'मै' उसकी मूल स्थिति शेष जगत् से विरोध की है। भारतीय संस्कृति का मूल स्रोत 'मैं' और 'हम' की एकात्मता का बोध है (वही, पृ. 204)। अज्ञेय किसी मतवाद या रूढ़ि से अलग 'धर्म' की उद्‌भावना को भारतीय चिन्तन की बहुत बड़ी देन मानते हैं। वे इस बात को दृढ़ता के साथ पाठकों से साझा करते हैं कि संसार का किसी धर्म ने मनुष्य के मानस को उतनी स्वाधीनता का वातावरण नहीं दिया जितना भारतीय धर्म ने, किसी ने स्वस्थ जीवन की उतनी गहरी नींव नहीं डाली जितनी भारतीय धर्म ने (आँखों देखी कागद लेखी, आत्मपरक पृ. 355) अज्ञेय ने जवाहरलाल नेहरू तथा उनके मॉडल के बुद्धिजीवियों की इस अवधारणा का दृढ़ता के साथ खण्डन किया है कि भारतीय संस्कृति एक 'मिश्र' संस्कृति (कम्पोजिट कल्चर) है। अज्ञेय ने इस बात पर बराबर बल दिया कि कोई भी संस्कृति 'मिश्र' या 'कम्पोजिट' नहीं होती, यद्यपि हर संस्कृति दूसरी संस्कृतियों से निरन्तर कुछ-न-कुछ ग्रहण करती रहती है और अधिक जीवन्त संस्कृतियाँ अधिक खुलेपन से प्रभाव ग्रहण करती हैं। मिश्र संस्कृति कभी संस्कृति हो ही नहीं सकती, क्योंकि वह एक ऐसा घोल बनाने का आग्रह करती है जिसमें सब तत्त्व अलग-अलग पहचाने जा सकें।

अज्ञेय को इसलिए भी हमेशा याद किया जायेगा कि स्वातन्त्र्योत्तर लेखकों में भाषा के स्वरूप भाषा और संस्कृति के सम्बन्धों, भाषाई अस्मिता तथा भारतीय भाषा में हिन्दी की स्थिति पर उन्होंने सर्वाधिक गम्भीरता से विचार किया है। अज्ञेय अपने विचार को दार्शनिक ऊँचाइयों तक ले जाकर भी उसे यथार्थ के धरातल पर बनाये रखते हैं। अज्ञेय के विचारों में एक तार्किक संगति है। भाषा के महत्त्व और स्वरूप पर विचार करते हुए अज्ञेय यह स्पष्ट करते हैं कि भाषा मात्र मनुष्य के मनुष्य होने की पहचान और शर्त है। भाषा के बिना मनुष्य मनुष्य नहीं होता, पशु से मनुष्य के विकास में भाषा ही वह सीढ़ी है, जिसको पाट करके वह मनुष्यत्व को प्राप्त करता है। भाषा अपने आपको पहचानने का साधन है। भाषा के बिना अस्मिता की पहचान नहीं होती और भाषा उसके साथ अनिवार्य रूप से जुड़ी हुई है। आज अगर किसी समाज को उसकी भाषा से काट दिया जाय तो इतना नहीं है कि उससे एक भाषा छीनकर हम उसको कोई दूसरी भाषा देते हैं, हम उसकी अस्मिता को भी खण्डित कर देते हैं (भाषा और समाज/केन्द्र और परिधि, पृ.136) अज्ञेय भाषा को मूल्यबोध का आधार, संस्कृति की बुनियाद, समग्र संस्कृति की आत्माभिव्यक्ति का साधन, आत्मसाक्षात्कार का साधन, एक समग्र जगत् के आत्मभाव का उपकरण मानते हैं (वही)। अज्ञेय अपने निबन्धों में इस बात को बार-बार रेखांकित करते हैं कि समाज का निर्माण उसकी भाषा में ही सम्भव है, भाषा हमारी शक्ति है, हमारी रचनाशीलता का उत्स भी है। व्यक्ति के लिए भी और समाज के लिए भी (वही)। भाषा और समाज के अन्तः सम्बन्धों की पड़ताल करते हुए अज्ञेय ने बहुत ही स्पष्टता के साथ इस बात पर बल दिया है कि कोई भी समाज परायी भाषा में नहीं जी सकता—किसी भी समाज को अनिवार्यतः अपनी भाषा में ही जीना होगा नहीं तो उसकी अस्मिता कुण्ठित होगी और उसमें आत्मबहिष्कार और अजनबियत के विकार प्रकट होंगे (वही)। इसका तात्पर्य यह है कि भाषा का समाज की अस्मिता के साथ बहुत ही गहरा सम्बन्ध है। अज्ञेय का यह मानना एकदम उपयुक्त है कि भाषा संस्कृत जीवन जीने का महत्त्वपूर्ण उपकरण होती है और इसके लिए सभी लोग लगभग वही भाषा अपनाते हैं जो उनके समाज और परिवेश की भाषा होती है (हिन्दी : भारत के हृदय की कुंजी/केन्द्र और परिधि, पृ. 90)।

स्वतन्त्रता प्राप्ति के बाद अंग्रेजी के बढ़ते प्रभाव, व्यावहारिक, अकादमिक और प्रशासनिक राजनीतिक और औद्योगिक क्षेत्र में उसके वर्चस्व का अज्ञेय गहराई से निरीक्षण करते हैं और यह अनुभव करते हैं कि अपनी भाषा में ही रचनात्मक क्षमता पूरी तरह से उद्घाटित हो सकती है। अज्ञेय की यह टिप्पणी इस सन्दर्भ में अत्यन्त महत्त्वपूर्ण है—"बिना एक भाषा की संस्कृति में पूरी तरह डूबे हुए, बिना उस भाषा को आत्मसात् किये हुए कोई बड़ा साहित्य नहीं रचा जा सकता। यह

जान लेना हमारे लिए बड़ा जरूरी है जोकि कोई एक परीक्षा पास कर लेने पर अपने को भाषा पर अधिकार न होने के कारण अपने को बड़े अंग्रेजीदाँ ही मान बैठते हैं। दूसरी भाषाएँ जानना बुरा नहीं है और हमलोग दूसरों की अपेक्षा जल्दी ही दूसरी भाषा सीख लेते हैं, पर भाषा पर वह अधिकार जो सृष्टि का साधन बन सके वह और चीज होती है। वैसा अधिकार एक ही भाषा में मिल सकता है और अधिकतर अपनी ही भाषा में मिल सकता है (एक बूँद सहसा उछली, पृ. 36 संस्करण, 1988)।

अज्ञेय के मन में भाषा के अवमूल्यन के प्रति गहरी चिन्ता थी। वे यह मानते थे कि अपनी भाषा को अवमूल्यित किये बिना दूसरों तक अपनी सच्चाई को पूरी पवित्रता और प्रामाणिकता के साथ सम्प्रेषित कर पाना एक बड़ा चुनौती भरा कार्य है। अज्ञेय की यह विशेषता थी कि व्यावसायिकता के इस युग में वे अपनी भाषा को अवमूल्यन से बचा पाये। अज्ञेय का यह मानना था कि राजनीतिक प्रचार में सत्य का अवमूल्यन, यथार्थ का अवमूल्यन होता है इसलिए भाषा का अवमूल्यन होता है, विज्ञापन में भी भाषा का अवमूल्यन हो जाता है (केन्द्र और परिधि/भाषा और समाज, पृ.140) वस्तुतः अज्ञेय के लिए भाषा केवल माध्यम ही नहीं है अनुभूति भी है। रमेशचन्द्र शाह ने ठीक ही संकेत किया है कि अज्ञेय की कई कविताओं में भाषा और अनुभूति के अद्वैत को व्याख्यायित करने का यत्न हुआ है। 'कलगी बाजरे की' 'शब्द और सत्य', जितना तुम्हारा सच है, जैसी कविताओं की मूलवस्तु सर्जन और भाषा का अन्तर-सम्बन्ध है (अज्ञेय, पृ. 233) अज्ञेय ने अपनी रचनाओं में भाषा और अनुभूति के अद्वैत को स्थापित करने का सफल प्रयत्न किया है। बच्चन सिंह का भी मानना है कि अज्ञेय संस्कारी कवि हैं—भाषा के प्रति उसमें भी शब्दों के प्रति अत्यधिक सचेत और सतर्क (हिन्दी साहित्य का दूसरा इतिहास, पृ. 459)।

भाषा के स्वरूप और महत्त्व तथा भाषाई अस्मिता पर अपने विचार व्यक्त करने के क्रम में अज्ञेय ने हिन्दी की प्रकृति पर भी विचार किया है। अज्ञेय यह मानते हैं कि हिन्दी समग्र भारतीय चेतना की भाषा रही है—"मैं हमेशा भारत की एक भाषा में लिखता हूँ, एक भारतीय भाषा में लिखता हूँ। यह संयोग की और मेरे सौभाग्य की बात है कि उस भाषा में हमेशा एक समग्र भारतीय चेतना व्याप्त रही और उसने हमेशा समग्र भारत का आदर्श अपने और दूसरों के सामने रखा' (केन्द्र और परिधि/सांस्कृतिक समग्रता : भाषिक वैविध्य, पृ.7) हिन्दी भाषा मे निहित समग्रता की चेतना को अज्ञेय ने बड़ी सूक्ष्मता के साथ पहचाना था। हिन्दी ने स्वाधीनता संग्राम में समग्र भारतीयता की अभिव्यक्ति की थी। इसीलिए अज्ञेय लिखते हैं—"हिन्दी में आरम्भ से ही देश बोलता रहा है—भले ही कभी-कभी कम्जोर स्वर में भी बोला है।...एक वृहत्तर आदर्श उसके सामने रहा है और वह

उसे निरन्तर मूर्त करती रही है (वही, पृ 02)। अज्ञेय ने हिन्दी के वैशिष्ट्य का उल्लेख करते हुए उसकी आधुनिकता, समग्रता, भारतीयता विद्रोह की प्रकृति को रेखांकित किया है। उनका कथन सही है कि हिन्दी सदा से आधुनिक रही है। सिन्धु से ब्रह्मपुत्र तक सारा क्षेत्र हिन्दी का है चाहे आज उनके दोनों छोर बाहर चले गये है।..हिन्दी संगमों की भाषा है, विद्रोहों की भाषा है। इसी भाषा ने सारे देश में भारतीय संस्कृति को बनाये रखा, भारतीयता के बोध को जीवित रखा।...19वीं सदी से पहले हम हिन्दी के माध्यम से ही भारतीयता को पहचानते थे। आजादी की आकांक्षा इसी भाषा के माध्यम से विकसित हुई—बाँग्ला में उसके उदय के बावजूद (आत्मपरक/नये लेखक की समस्याएँ,पृ. 98 नेशनल पब्लिशिंग हाउस, नयी दिल्ली संस्करण 1983)। हिन्दी कभी राजसत्ता की भाषा नहीं रही, आरम्भ से ही उसकी सत्ता प्रतिष्ठान से दूरी रही है अज्ञेय ने अपने निबन्धों में हिन्दी के इस वैशिष्ट्य को रेखांकित किया है तथा इस बात को भी जोर देकर कहा है कि हिन्दी में सांस्कृतिक केन्द्रोन्मुखता की प्रवृत्ति रही है। अज्ञेय के अनुसार हिन्दी ने सही अर्थों में सांस्कृतिक क्लियरिंग हाउस का काम किया है। अज्ञेय के मन्तव्य को उद्धृत करना उपयुक्त होगा—"हिन्दी अपने आरम्भ से ही प्रतिष्ठान के विरोध की भाषा रही है। न कभी प्रतिष्ठान ने उसे अपनाया, न उसे कभी यह सोचने का कोई कारण या आधार मिला कि वह प्रतिष्ठान के साथ सम्पृक्त है या हो सकती है। इस विरोध की भावना ने इसे एक विलक्षण आत्म विश्वास दिया, एक गहरे धार्मिक संस्कार के बीच भी लौकिक जनमात्र के महत्त्व का बोध कराया। हिन्दी का यह प्रतिष्ठान विरोधी स्वायत्तता का भाव देश के आजाद होने तक स्पष्ट बना रहा।...प्रतिष्ठान विरोध की मूल प्रवृत्ति का निर्वाह करते हुए हिन्दी दूसरी ओर परम्परा का संवहन करनेवाली भाषा भी बनी रही। अपने स्वभाव और अपनी प्रादेशिक स्थिति के कारण हिन्दी में निरन्तर एक सांस्कृतिक केन्द्रोन्मुखता रही जिसके कारण भारत भर में होनेवाले सांस्कृतिक विकास की ओर चिन्तन की नयी प्रवृत्तियों को उसने ग्रहण किया और फिर समस्त देश में वितरित किया...सही अर्थों में हिन्दी एक सांस्कृतिक क्लियरिंग हाउस का काम करती रही है (केन्द्र और परिधि/हिन्दीः भारत के हृदय की कुंजी, पृ. 93 नेशनल पब्लिशिंग हाउस नयी दिल्ली, संस्करण, 1984)। अज्ञेय ने अपने निबन्धों में साहित्य के उद्देश्य, साहित्यकार के दायित्व, लेखन की प्रेरणा, स्वातन्त्र्योत्तर साहित्य की स्थिति, लोकतन्त्र की अवधारणा, बुद्धिजीवी की भूमिका, आपात्काल और स्वातन्त्र्योत्तर भारत में साहित्यकार की स्थिति, यूरोप के अनुकरण के अन्तर्निहित कारण और परिणाम, अपने ऊपर पड़ने वाले प्रभाव, आदि विषयों पर बहुत ही संजीदगी से और निर्भ्रान्त ढंग से अपने विचार व्यक्त किये हैं। साहित्य के पीछे कार्य करनेवाली प्रेरणा, लेखन क्यों तथा साहित्य का उद्देश्य जैसे प्रश्न रचना के आरम्भ ही उठते

रहे हैं और भारतीय तथा पाश्चात्य जगत् के प्राचीन से लेकर अर्वाचीन आचार्यों रचनाकारों के विभिन्न मत मिलते हैं। अज्ञेय के लिए रचना आन्तरिक विवशता से मुक्ति पाने का माध्यम है। अज्ञेय के अनुसार अनुभूति के स्तर पर जो विवशता होती है वह बौद्धिक पकड़ से आगे की बात है और उसकी तर्कसंगति भी अलग होती है।...अज्ञेय अनुभव और अनुभूति में अन्तर करते है। कृतिकार के लिए अनुभूति गहरी चीज है। अनुभव घटित का होता है पर अनुभूति संवेदना और कल्पना के सहारे उस सत्य को आत्मसात् कर लेती है जो वास्तव में कृतिकार के साथ घटित नहीं हुआ है। जो आँखों के सामने नहीं आया, जो घटित के अनुभव में नहीं आया वही आत्मा के सामने ज्वलन्त प्रकाश में आ जाता है,तब वह अनुभूति प्रत्यक्ष हो जाती है (आत्मपरक /मैं क्यों लिखता हूँ, पृ. 209)। रचना के विषय में अज्ञेय की मान्यता है कि वह 'रागदीप्त सत्य' होना चाहिए। अज्ञेय ने साहित्य के उद्देश्य, उसकी उपलब्धि पर अत्यन्त महत्त्वपूर्ण बात कही है। अज्ञेय साहित्य से किसी स्थूल उद्देश्य की पूर्ति नहीं चाहते। साहित्यकार को रूपस्रष्टा मानते हैं। वे इस पर बल देते हैं कि साहित्य स्वयं अपना सन्देश है। 'साहित्यकार रूप स्रष्टा है, उपदेशक नहीं। उसके सिरजे हुए रूप में अगर समाज की संवेदना का संस्कार होता है—उसमें गहराई आती है या उसका विस्तार होता है या उसका कोई नया आयाम खुलता है—तो यही उसकी उपलब्धि होती है (आत्मपरक/खण्डित इकाइयाँ, पृ. 325)। अज्ञेय साहित्य के व्यापक उद्देश्य की चर्चा करते ही हैं साथ ही साहित्यकार के दायित्व में एक सही सन्तुलन की माँग करते हैं। वे साहित्यकार के रचयिता रूप को स्वतन्त्र रखने के लिए उसके सामाजिक दायित्व को सही तरीके से समझने की आवश्यकता पर बल देते हैं। वे लिखते हैं—"साहित्यकार क्योंकि नागरिक है इसलिए साहित्य भी सम्पूर्ण रूप से समाज राष्ट्र अथवा शासन नियन्त्रित हो, यह दलील भी उतनी ही गलत है जितनी यह दलील कि साहित्य क्योंकि स्वतन्त्र है इसलिए साहित्यकार समाज निरपेक्ष है या युग-बन्धन से मुक्त है (आत्मपरक/व्यक्तित्व, विधाएँ पृ. 287)।

अज्ञेय पर बराबर यह आरोप लगता रहा है कि वे पश्चिम विचारकों से प्रभावित रहे हैं, विशेष कर पश्चिम की अस्तित्वादी विचारधारा का उनपर प्रभाव आलोचकों द्वारा दिखाया जाता रहा है। अपने ऊपर पड़ने वाले प्रभाव के बारे में अज्ञेय का स्पष्ट कथन है कि "मैं केवल पाश्चात्य विचारकों से ही प्रभावित नहीं हूँ, कई वैचारिक परम्पराओं से प्रभावित हूँ, देशी भी' विदेशी भी, पूर्वी भी और पश्चिमी भी, आधुनिक भी और अनाधुनिक भी। मुझे इसमें लज्जित होने की कोई बात नहीं दीखती : उस दशा में और भी नहीं जब ये अनेक प्रभाव मुझे अपना व्यक्तित्व पहचानने में सहायक होते हैं" (आत्मपरक/खण्डित इकाइयाँ, पृ. 329)। अपनी पुस्तक एक 'बूँद सहसा उछली' में उन्होंने अस्तित्ववाद के प्रभाव से इन्कार किया

है—हिन्दी के जो परिश्रम विरोधी सहजवादी आलोचक मुझको ही अस्तित्ववादी और सार्त्र का अनुयायी कह देते हैं उनके सम्मुख तो यह निवेदन करना भी निष्प्रयोजन है कि सार्त्र का साहित्यिक अस्तित्ववाद मेरे लिए विशेष आकर्षक कभी नहीं रहा है, यद्यपि मैंने पढ़ना और समझना उसे भी चाहा जैसे कि अन्य साहित्यिक सिद्धान्तों को समझना चाहता रहा हूँ (एक बूँद सहसा उछली पृ. 37)। अपने ऊपर पड़े प्रभावों के बारे में आलोचकों की टिप्पणी का जवाब अज्ञेय ने सदानीरा (भाग दो) की भूमिका में भी दिया है। आलोचकों की मान्यताओं को प्रश्नांकित करते हुए अज्ञेय ने जो लिखा है उससे यह स्पष्ट होता है कि बहुधा आलोचक रचनाकार को बिना गहराई से पढ़े ही पूर्वाग्रह के कारण या प्रचलित मान्यताओं के प्रवाह में टिप्पणी कर दिया करते हैं। इसी विडम्बना की ओर संकेत करते हुए लिखते है—"किसी भी आलोचक ने मुझे अप्रभावित नहीं माना—अप्रभावित कोई संवेदनशील कवि रह भी कैसे सकता है? यद्यपि यह अनेक बार हुआ है कि जो प्रभाव बताये गये वे नगण्य हैं और जिन प्रभावों का महत्त्व होता उनका उल्लेख नहीं हुआ बल्कि बहुधा वे अलक्षित भी रह गये।"...आलोचकों ने कभी तो ऐसे रचनाकारों का प्रभाव मुझपर बताया है जिनकी रचनाएँ मैंने तबतक पढ़ी ही नहीं थी; और कभी ऐसे कवियों का उल्लेख भी नहीं किया जिनका प्रभाव और-तो-और स्वयं मुझे भी दीख जाता है (सदानीरा भाग-दो, पृ. 6, 9 नेशनल पब्लिशिंग हाउस, नयी दिल्ली, संस्करण 1986)। अज्ञेय की यह टिप्पणी आलोचक और आलोचना की अविश्वसनीयता और अप्रामाणिकता का दारुण उदाहरण है। ऐसा कभी नहीं हुआ है कि किसी रचनाकार ने परम्परा से अप्रभावित माना हो फिर अज्ञेय का यह कहना युक्तिसंगत है कि प्रभाव और सर्जना में कोई आत्यान्तिक विरोध नहीं है।...प्रभाव और नकल में जो अन्तर है उसे सहृदय आलोचक तो पहचानता ही है, हर सहृदय पाठक भी अच्छी तरह से समझता है (वही, पृ. 8)

अज्ञेय किसी भी प्रभाव को गलत नहीं मानते किन्तु नकल को अस्तित्व पर प्रहार मानते हैं। स्वतन्त्रता प्राप्ति के बाद ज्ञान और संवेदना के क्षेत्र में हो रहे अबाध अनुकरण को अज्ञेय देश के स्वतन्त्र एवं मौलिक विकास के लिए घातक मानते हैं। पश्चिम के अबाध अनुकरण पर क्षोभ व्यक्त करते हुए अज्ञेय ने अपनी पीड़ा व्यक्त की है—हम न केवल अपनी दृष्टि से मौलिक चिन्तन से मौलिक नहीं करते बल्कि उससे कतराते हैं और पश्चिम से जो कुछ मिल जाये उसी के सहारे चलना श्लाघ्य समझते हैं (आत्मपरक/आँखों देखी कागद लेखी, पृ. 354)। प्रबुद्ध कहे जानेवाले बौद्धिक समुदाय की यह सबसे बड़ी विडम्बना है। उसके भीतर आत्महीनता की जबर्दस्त ग्रन्थि है। इस ग्रन्थि के कारण वह अपनी परम्परा, अपने स्वत्व से अनभिज्ञ हो अनुवादजीवी मनासिकता से ग्रस्त होकर पश्चिम की ओर सम्मोहन भरी दृष्टि से देखता है। अज्ञेय लिखते हैं—"आज के अधिकतर लेखक समझते हैं—सारा

समाज ही समझता है कि पश्चिम क्योंकि सम्पन्नतर है इसलिए सभ्यत्तर है इसलिए उसका साहित्य भी अधिक अच्छा है, अधिक ऊँचा है और इसलिए वहाँ से हम ग्रहण करें तो पश्चिम की अनुकृति में दोष नहीं दीखता, अपने यहाँ की कृति में दोष दीखता है। पश्चिम का मुहावरा बोलने में आदमी को कोई संकोच नहीं होता, यहाँ का मुहावरा बोलने में उसको यह डर लगता है कि इससे तो हम पुराने माने जायेंगे, यह हमारे देश की संस्कृति के संकट का एक अंश है (केन्द्र और परिधि/सभ्यता का संकट, पृ. 133)। अज्ञेय ने बराबर इस बात पर बल दिया है कि विश्व साहित्य की पंक्ति में वही भारतीय साहित्यकार बैठ सकेगा जो पहले राष्ट्रीय साहित्यकार हो, जिसकी कृति में समूची भारत जाति और समन्वित भारतीय संस्कृति बोलती हो (वही/साहित्य की भारतीय कसौटी, पृ. 218) अज्ञेय का यह विश्वास है कि किसी भी साहित्यिक रचना या किसी कृतिकार के लिए अपने देश में प्रामाणिक होना आवश्यक है; बिना इसके अन्तरराष्ट्रीय प्रतिष्ठा हो ही नहीं सकती। भारत का वही लेखक अन्तरर्राष्ट्रीय प्रतिष्ठा प्राप्त कर सकेगा जो प्रामाणिक रूप से भारतीय लेखक हो (वही/समकालीन कविता का संकट, पृ. 226)। ऐसा कहकर अज्ञेय, मैथिलीशरण गुप्त, महावीरप्रसाद द्विवेदी, आचार्य शुक्ल, प्रेमचन्द, जयशंकर प्रसाद, निराला, पन्त, हजारी प्रसाद द्विवेदी जैसे रचनकारों की पंक्ति में खड़े हो गये है। इन सभी रचनाकारों-आलोचकों ने राष्ट्रीय अस्मिता की अभिव्यक्ति को सर्वाधिक महत्त्व दिया है।

अज्ञेय ने अपने निबन्धों में कम्युनिज्म और पूँजीवादी व्यवस्था के विषय में अपने विचार निर्भ्रान्त ढंग से व्यक्त किये हैं। उन्होंने बार-बार इसका उल्लेख किया है कि कम्युनिज्म राजनीति में आततायी सिद्ध हुआ है तथा वह अधूरा और पंगु बनानेवाला दर्शन भी है। फिर भारतीय कम्युनिज्म का अपने देश से जुड़ाव नहीं रहा है और वह पग-पग पर देश विरोधी तथा परदेश निर्देशित सिद्ध हुआ है। अज्ञेय राजसत्ता या राजनीतिक दलसत्ता पर आधारित समाज को दोषपूर्ण मानते हैं और पूँजी आधारित समाज को भी। अज्ञेय ऐसे समाज में रहना उपयुक्त समझते हैं जहाँ मानसिक स्वातन्त्र्य का वातावरण हो। कम्युनिज्म के विषय में उनकी यह दृढ़ धारणा है कि वह मानसिक स्वातन्त्र्य को अनिवार्यतः कम करता है। वे लोकतन्त्र का वरण करने को उचित मानते हैं क्योंकि लोकतन्त्र मानसिक स्वतन्त्रता के पक्ष में है। इसीलिए वे सैद्धान्तिक रूप में लोकतन्त्र को कम्युनिज्म से उत्कृष्ट व्यवस्था मानते हैं। (आत्मपरक /कठघरे से, पृ. 187-88)। इस प्रकार अज्ञेय का रचनात्मक और वैचारिक साहित्य अत्यन्त समृद्ध और वैविध्यपूर्ण है। स्वतन्त्रता प्राप्ति के बाद के रचनाकारों में अज्ञेय ऐसे रचनाकार है जिन्हें विश्व के किसी भी बड़े रचनाकर के समकक्ष रखा जा सकता है। वे दृढ़ प्रामाणिक नैतिक एवं दायित्वनिष्ठ विचारक रचनाकार हैं। उनके कुछ सिद्धान्त थे जिन्हें लेकर वे कभी समझौता नहीं कर सकते

थे। व्यक्ति स्वातन्त्र्य में निष्ठा रखने-वाला इतना बड़ा भारतीय रचनाकार विरला ही होगा। सिद्धान्तनिष्ठा के साथ-साथ उनमें गहरी नैतिक संवेदना थी, जिसने उन्हें बौद्धिक सन्तुलन की गहरी शक्ति प्रदान की। सौन्दर्यबोध और शिवत्व बोध से उनकी रचना दृष्टि सम्पृक्त है। अनुभूति और अभिव्यक्ति में अद्वैत के वे अद्भुत उदाहरण है। अज्ञेय सही अर्थों में इण्टलेक्चुअल थे क्योंकि वे एक ओर सत्ता प्रतिष्ठानों से स्वतन्त्र रहे तथा उन्होंने समय-समय पर सार्वजनिक प्रश्नों पर मानवीय विवेक पर आश्रित ऐसे मन्तव्य प्रकट किये जो न तो वर्गहित पर आधारित थे और न ही निजी स्वार्थ पर। आपात्काल के समय उन्होंने गहरी सामाजिक-मानवीय संलग्नता और विवेकशील दृढ़ता का परिचय दिया। 'चुप की दहाड़' निबन्ध इसका उत्कृष्ट उदाहरण है। ऐसे स्वतन्त्रचेत्ता और मानवीय गरिमा के प्रति समर्पित रचनाकार का अध्ययन, उनका परिशीलन स्वस्थ साहित्य के सृजन और विकास के लिए आवश्यक है।

अज्ञेय का सम्पादक व्यक्तित्व

अज्ञेय स्वातन्त्र्योत्तर भारत के उन लेखकों में हैं जिन्होंने अनेक विधाओं और क्षेत्रों को अपनी मौलिक प्रतिभा के प्रकाश से प्रकाशित किया। अज्ञेय का व्यक्तित्व बहुआयामी है, जितना उनके व्यक्तित्व का सर्जनात्मक पक्ष प्रखर और मौलिक है, उतना ही उनके व्यक्तित्व का सम्पादक पक्ष भी। वे एक साथ निबन्धकार, कथाकार, कवि, अनुवादक और सम्पादक हैं। उन्होंने इन सभी क्षेत्रों में मौलिक प्रयोग किये। इसलिए उन्हें उचित ही प्रयोगधर्मा कलाकार कहा गया है। अज्ञेय का सम्पादक व्यक्तित्व व्यापक है। उन्होंने पुस्तकों, संकलनों तथा वत्सल निधि द्वारा आयोजित शिविरों में दिये गये व्याख्यानों का सम्पादन किया है। उनके द्वारा सम्पादित कतिपय ग्रन्थ हैं—'आधुनिक हिन्दी साहित्य' (निबन्ध संग्रह), 'तार सप्तक', 'दूसरा सप्तक', 'तीसरा सप्तक', 'चौथा सप्तक', (सभी काव्य संकलन) 'पुष्करिणी', रूपाम्बरा (काव्य संकलन) 'जहाँ तक पत्रपत्रिकाओं के सम्पादन का सम्बन्ध है, अज्ञेय, ने अपने जीवन में कुल सोलह पत्र-पत्रिकाओं का सम्पादन किया—'आनन्द बन्धु', 'असमिया', 'सैनिक', 'विशाल भारत', 'आरती' 'प्रतीक' 'नया प्रतीक', 'बिजली', 'थॉट', 'वाक्' 'प्रसारिका' 'देवनागर', 'दिनमान', 'मैन काइण्ड', 'एबरी मैंस', 'बीकली' और 'नवभारत टाइम्स'।

अज्ञेय के सम्पादक व्यक्तित्व का एक महत्त्वपूर्ण पक्ष है सप्तकों का सम्पादन। यह कहा जाता है कि 'तारसप्तक' से ही कविता के क्षेत्र में प्रयोगवाद का आरम्भ हुआ और अज्ञेय को प्रयोगवाद का पुरस्कर्त्ता माना गया। हालाँकि अज्ञेय ने तार सप्तक की भूमिका में किसी भी वाद के होने से अपनी असहमति जतायी 'तार सप्तक' का प्रकाशन 1943 में हुआ। 'तार सप्तक' के प्रकाशन के पीछे दो आधार बताये जाते हैं—योजना का मूल आधार सहयोग और संग्रहीत कवि सभी ऐसे होंगे जो कविता को प्रयोग का विषय मानते हैं। अज्ञेय ने 'तार सप्तक' की भूमिका में लिखा है—"सातों एक-दूसरे से परिचित हैं—बिना परिचय इस ढंग का सहयोग कैसे होता? किन्तु इससे यह परिणाम न निकाला जाय कि वे किसी एक स्कूल के कवि हैं या कि साहित्य जगत् के किसी गुट या दल के सदस्य या समर्थक है। वे किसी एक स्कूल के नहीं हैं, किसी मंजिल पर पहुँचे हुए नहीं हैं अभी राही हैं राही नहीं 'राहों के अन्वेषी।' 'तार सप्तक' के प्रकाशन से हिन्दी में गम्भीर विचार कविता का दौर आरम्भ होता है। 'तार सप्तक'

में सात कवियों की कविताएँ संकलित हैं पर रामवचन राय का मानना है कि 'तार सप्तक' के सात कवियों में तीन तो ऐसे हैं जिनकी विशिष्ट पहचान है और अपने रचनात्मक व्यक्तित्व के कारण उन्होंने आगे आनेवाली—कविता को भी—प्रभावित किया। ये तीन कवि हैं गजानन माधव मुक्तिबोध, गिरजा कुमार माथुर और स्वयं अज्ञेय ('समन्वय' अज्ञेय विशेषांक अंक 18-20, 20 सितम्बर, 2012)

कविता में राजनीतिक चेतना और राजनीतिक मतवाद को लेकर साहित्य जगत् में हुए घमासान से लोग परिचित हैं। अज्ञेय मानते हैं कि साहित्य में राजनीतिक चेतना अलग चीज है और साहित्य में राजनीतिक मतवाद का प्रयोग अलग। अज्ञेय ने इन दोनों के बीच के द्वन्द्व पर अपनी स्पष्ट राय चौथा सप्तक की भूमिका में दी है—"कवि की राजनीतिक चेतना के साथ राजनीतिक मतवाद का आरोप कहाँ तक उचित है? क्या कविता को अनिवार्यतया किसी राजनीतिक सन्देश की वाहिका होना चाहिए? और जो कविता संकल्पपूर्वक किसी राजनीतिक मत का प्रतिपादन करने नहीं चलती वह क्या इसीलिए अनिवार्यतया घटिया हो जायेगी? क्या काव्य केवल एक साधन है? निश्चय ही अज्ञेय यह मानते हैं कविता को किसी मत विशेषज्ञ अनुचर नहीं होना चाहिए। अज्ञेय की मान्यता का उल्लेख रमेशचन्द्र शाह ने अपनी पुस्तक 'पत्रकारिता के युग निर्माता स.ही. वात्स्यायन में किया है—"कलाकार की एकान्त साधना को अत्यधिक महत्त्व देता हुआ भी मैं समझता रहा हूँ कि समय-समय पर उसे महत्त्वपूर्ण सामाजिक समस्याओं पर अपना अभिमत प्रकट करना चाहिए। किन्तु अपने साहित्यिक महत्त्व का ऐसा सामाजिक उपयोग होने देने में उसे दलबन्दी से बचना चाहिए क्योंकि बिना इसके वह अपने निजी दायित्व से स्खलित हो जाता है।"

सप्तकों के प्रकाशन के द्वारा अज्ञेय ने अपने, समय में व्याप्त एक खास किस्म की ज़डता तोड़ी। डॉ. नित्यानन्द श्रीवास्तव सही लिखते हैं कि अज्ञेय इसलिए भी महत्त्वपूर्ण हैं क्योंकि वे संवाद की, असहमति, की और नये आयामों के उद्‌घाटन की सम्भावना बरतते हैं। उनकी भूमिकाओं को तमाम असहमतियों के बावजूद उम्मीद की एक 'लौ' के रूप में देखा जाना चाहिए जिसमें इस बात की स्वीकृति है कि कविता हर युग में मनुष्यता को जगाने का कार्य करती है (सप्तकों की भूमिकाएँ। समन्वय अज्ञेय विशेषांक, पृ. 121) वस्तुतः सप्तकों का प्रकाशन हिन्दी साहित्य के इतिहास में महत्त्वपूर्ण घटना है जिसमें विभिन्न विचारधारा के कवि एक साथ आये, उनकी रचनाएँ उनके अपने वक्तव्यों के साथ छपीं। यह भी अज्ञेय के सम्पादन कौशल का अद्‌भुत उदाहरण है।

अज्ञेय की पत्रकारिता की यात्रा भी उतनी ही पुरानी है जितनी उनकी साहित्य यात्रा। साहित्य की तरह पत्रकारिता में भी अज्ञेय ने अनेक प्रयोग किये। अज्ञेय ने अपनी पत्रकारिता का आरम्भ किशोरावस्था से किया। किशोरावस्था में ही उन्होंने एक हस्तलिखित पत्रिका निकाली 'आनन्द बन्धु'। यह एक पारिवारिक पत्रिका थी। यह

तीन-चार वर्षों तक प्रकाशित होती रही। इस पत्रिका के सम्पादन एवं रूप सज्जा में अज्ञेय बहुत परिश्रम करते थे। यह उनकी सुरुचि का उत्कृष्ट उदाहरण था। अज्ञेय के पिता भी इसे प्रोत्साहित करते थे और अपने मित्रों में इसका वितरण करते थे। रामकमल राय ने लिखा है कि, "वात्स्यायन के भावी सम्पादक के यशस्वी व्यक्तित्व का बीजारोपण इसी 'आनन्द बन्धु' पत्रिका में हुआ था (शिखर से सागर तक, पृ. 400)" अज्ञेय जब सेना में थे तब उन्होंने रोमन में एक पत्र 'असमिया' निकाला था।

अज्ञेय ने 'भवन्ती' में एक स्थान पर लिखा है कि उनका जीवन अपने से बड़े किसी विचार आदर्श आइडिया के लिए है। वे लिखते हैं—तो स्पष्ट है कि मेरा जीवन एक यज्ञ है। उस विचार या आदर्श के लिए अर्पित हूँ। भवन्ती पृ. 75) यह विचार तथा आदर्श के प्रति उनकी प्रतिबद्धता ही थी कि जब वे 'सैनिक' के सम्पादन से जुड़ते हैं तो उसमें सम्पादक के निष्पक्ष दायित्व का निर्वहण करते हैं। वे अपने मूल्यों एवं आदर्शों के अनुरूप 'सैनिक' में बदलाव लाते हैं। इससे 'सैनिक' को प्रतिष्ठा मिलती है। 'सैनिक' में कार्य करते हुए अज्ञेय को सम्पादक की स्वायत्तता के लिए संघर्ष करना पड़ा। सैनिक के मालिक तत्कालीन कांग्रेसी नेता कृष्णदत्त पालीवाल थे। वे एक बार उम्मीदवार के रूप में चुनाव के मैदान में थे। अतएव उन्होंने सोचा कि 'सैनिक' में उनकी प्रशस्ति में अग्रलेख प्रकाशित हो, पर सम्पादक के रूप में अज्ञेय जी ने इसे उचित नहीं माना और पालीवाल जी को समझाने का प्रयत्न किया कि प्रशंसा छपने पर आपके प्रति लोगों की श्रद्धा कम होगी पर अज्ञेय का यह तर्क पालीवाल जी के गले नहीं उतरा और अज्ञेय को बिना बताये लेख छापने की आज्ञा दे दी। अज्ञेय जी को जब पता चला तो प्रेस में जाकर उन्होंने लेख को छपने से रोक दिया। पर इस घटना से अज्ञेय के मन में राजनीतिज्ञों के प्रति वितृष्णा का भाव पैदा हुआ और उन्होंने 'सैनिक' से त्याग पत्र दे दिया। डॉ. रमेशचन्द्र शाह लिखते हैं कि 'सैनिक' छोड़ने की घटना भी सम्पादकीय अधिकार के अतिक्रमण से उपजे एक पत्रकार के स्वाभिमानी व्यक्तित्व की ही मिसाल है। (पत्रकारिता के युग निर्माता स.ही. वात्स्यायन पृ. 30)। अज्ञेय 'सैनिक' से मुक्त होने के बाद 'विशाल भारत' से जुड़े और 1939 ई. तक 'विशाल भारत' में रहे। 'विशाल भारत' में भी उन्होंने सम्पादक के स्वतन्त्र व्यक्तित्व का परिचय दिया। अज्ञेय के पहले पं बनारसीदास चतुर्वेदी इसके सम्पादक थे अज्ञेय को सम्पादक का कार्यभार सौंपते हुए उन्होंने लेखकों की एक सूची सौंपी। यह सूची चतुर्वेदी जी द्वारा पसन्द न किये जानेवाले लेखकों की थी और वे चाहते थे कि उस सूची के लेखकों की रचनाएँ न छपें। लेकिन अज्ञेय ने इसे स्वीकार करने से साफ इनकार किया। उन्होंने सम्पादक के विवेक और स्वतन्त्र दृष्टि को अत्यधिक महत्त्व दिया। जनवरी, 1938 ई. में 'विशाल भारत' में रहते हुए एक वर्ष पूरा होने पर अज्ञेय ने जो सम्पादकीय लिखा वह ध्यातव्य है—"इस एक वर्ष में हमने यह प्रयत्न किया है कि 'विशाल भारत' को भारतीय संस्कृति का वाहक बनाया जाय। भारतीय संस्कृति कहने में हमारा मन्तव्य

किसी अन्य संस्कृति के प्रतिरोध या बहिष्कार की भावना जगाने का नहीं है सभी संस्कृतियों के तल में एक आधारभूत एकता की अवमानना हम नहीं कर सकते। प्रायः हमारा अभिप्राय है भारत में विकसित हुई सांस्कृतिक विशेषताओं को सामने लाना और उनका अध्ययन करना। भारत के अतीत गौरव और भावी आकांक्षाओं के प्रति अपना दायित्व निभाना—यह हमारा मुख्य ध्येय रहा है।

अज्ञेय के सम्पादन काल में 'विशाल भारत' ने सामाजिक सन्दर्भों पर विशेष रूप से ध्यान दिया। अज्ञेय ने अपने समय की राजनीतिक स्थिति की गहराई से पड़ताल की। स्वतन्त्रता आन्दोलन में भाग ले रही स्त्रियों के योगदान को रेखांकित करने के लिए अज्ञेय ने उनका परिचय दिया और ऐसा करके उन्होंने नारी जाति में जागृति लाने का प्रयत्न किया। अज्ञेय के समय में 'विशाल भारत' में राष्ट्रभाषा, समाजसुधार, 'शिक्षा-व्यवस्था, संस्कृति और पुरातत्त्व, उद्योग जैसे विषय महत्त्व पाने लगे। अज्ञेय यह मानते थे कि राष्ट्रभाषा स्वदेश भावना की पुष्टि का एक सशक्त माध्यम है। यही कारण है कि कलकत्ते की साहित्यिक संस्था 'रविवारीय' के हिन्दी विरोध के प्रस्ताव का उन्होंने 'विशाल भारत' के फरवरी 1938 के अंक के माध्यम से निर्भीक उत्तर दिया। राष्ट्रीय जागरण के उस दौर में स्वच्छ और निडर पत्रकारिता का प्रतिमान 'विशाल भारत' ने स्थापित किया। इसका सारा श्रेय अज्ञेय को जाता है। उनके सम्पादन काल में 'विशाल भारत' सामान्य पत्र नहीं रह गया था अपितु एक सशक्त प्रहरी की भूमिका का निर्वाह करनेवाला पत्र बन गया था। अज्ञेय के सम्पादक व्यक्तित्व के प्रखर स्वातन्त्र्य का एक और उदाहरण यह है कि उन्होंने 'विशाल भारत' के मालिक रामानन्द चटर्जी तक का भी विरोध किया। रामानन्द चटर्जी की बड़ी व्यापक प्रतिष्ठा थी; उन्हें भारतीय पत्रकारिता का जनक भी कहा गया है। रामानन्द चटर्जी हिन्दी को राष्ट्र भाषा नहीं मानते थे। उन्होंने बंगला की मासिक पत्रिका 'प्रवासी' में एक लेख लिखा जिसमें हिन्दी का विरोध किया गया था। अज्ञेय ने 'विशाल भारत' में रामानन्द चटर्जी के तर्कों का खण्डन करते हुए एक लेख लिखा। इससे अज्ञेय के स्वाभिमानी तथा स्वतन्त्र व्यक्तित्व की झलक मिलती है। अच्युतानन्द मिश्र ने अज्ञेय की इस निर्भीकता पर टिप्पणी करते हुए लिखा है— "पण्डित महावीरप्रसाद द्विवेदी मानते थे कि सम्पादक की पहली योग्यता उसकी निर्भीकता होती है। उस कसौटी पर अज्ञेय पूरे खरे उतरते हैं। 'सैनिक' हो या 'विशाल भारत' 'दिनमान' हो या 'नवभारत टाइम्स' उन्होंने अभिव्यक्ति की आजादी और सम्पादक के स्वाभिमान से कभी समझौता नहीं किया लेखक की गरिमा को कभी गिरने नहीं दिया। उद्धृत पत्रकारिता के युग निर्माता स. ही. वात्स्यायन पृ. 25) वस्तुतः अज्ञेय सम्पादक के स्वतन्त्र व्यक्तित्व की प्रतिष्ठा करके पत्रकारिता को और अधिक सर्जनात्मक, स्वतन्त्र तथा सुरुचिपूर्ण बनाना चाहते थे। हालाँकि 'विशाल' भारत में भी वे अधिक दिन नहीं रह सके। बनारसीदास चतुर्वेदी से मतभेद के कारण उन्होंने इसे छोड़ दिया। पं. विद्यानिवास जी ने रेखांकित किया है कि 'विशाल भारत' में ही अज्ञेय

जी ने पत्रकारिता के आदर्श और अवसर के बीच वैषम्य का साक्षात् अनुभव प्राप्त किया था (उद्धृत वही, पृ. 31)।'' अज्ञेय ने 1939 में 'विशाल भारत' छोड़ दिया और वे पटना से प्रकाशित होनेवाली मासिक पत्रिका 'आरती' से जुड़ गये। 1939 ई. से 1941 ई. तक वे इसमें जुड़े रहे। इस पत्रिका के प्रबन्ध सम्पादक थे प्रफुल्ल चन्द्र ओझा मुक्त। इस पत्र में अज्ञेय ने तत्कालीन अन्तरराष्ट्रीय राजनीतिक मुद्दों पर महत्त्वपूर्ण टिप्पणियाँ लिखीं। अज्ञेय ने पटना से ही निकलनेवाली 'बिजली' नामक पत्रिका का भी कुछ समय तक सम्पादन किया।

अज्ञेय के सम्पादक व्यक्तित्व की अत्यन्त महत्त्वपूर्ण उपलब्धि है 'दिनमान' साप्ताहिक का सम्पादन। राष्ट्र की भाषा में राष्ट्र का आह्वान इस मूल मन्त्र के साथ फरवरी, 1965 को 'दिनमान' का पहला अंक प्रकाशित हुआ। अज्ञेय ने अपने साहित्यिक संस्पर्श से 'दिनमान' को एक नया रूप प्रदान किया 'राष्ट्र की भाषा' में राष्ट्र का आह्वान' इस वाक्य ने पाठकों में गहरी आशा और विश्वास का संचार किया जैसा भारतेन्दु के वाक्य 'निज भाषा उन्नति अहै सब उन्नति को मूल' ने किया होगा। इस आदर्श वाक्य को 'दिनमान' ने चरितार्थ किया। 'दिनमान' के माध्यम से अज्ञेय ने पत्रकारिता की भाषा का संस्कार किया। डॉ. रमेशचन्द्र शाह रेखांकित करते हैं कि अज्ञेय का मानना था कि शब्द ब्रह्म का रूप है, इसे नष्ट मत करो, कम-से-कम शब्दों में अधिक-से-अधिक बात कहने की कला सीखो। (वही पृ. 35)।'' 'दिनमान' में विषय वस्तु की व्यापकता थी जो उसमें प्रकाशित सामग्री से स्पष्ट होती है। 'दिनमान' के अंकों में 'चिट्ठी पत्री' 'पत्रकार संसद', 'राष्ट्रीय समाचार', 'राज्यों के समाचार', 'राजनैतिक दल', 'विश्व के समाचार', 'उद्योग और व्यापार', 'खाद्य और कृषि', 'विज्ञान', 'आधुनिक जीवन', 'रंगमंच', 'कला', 'धर्म दर्शन', 'साहित्य', 'खेल खिलाड़ी', 'पुरातत्व', 'झाँकी-, 'चरित्र चर्चा', 'नारी जगत', 'शिक्षा जगत' जैसे स्तम्भ होते थे। 'दिनमान' के कलेवर, सामग्री चयन, पाठक वर्ग और उसकी भागीदारी पर अज्ञेय ने गम्भीर विचार-विमर्श किया था। 'दिनमान' के लिए उन्होंने सहायकों की ऐसी टीम तैयार की थी जिनमें कुछ लोग उनके आकाशवाणी के दिनों के सहयोगी थे किन्तु पाठकों के बीच सुपरिचित नहीं थे। डॉ. अच्युतानन्द मिश्र लिखते हैं कि मनोहर श्याम जोशी ने स्वीकार किया है कि ''रघुवीर सहाय के अतिरिक्त किसी की कोई अलग पहचान नहीं थी। एक और तथ्य की ओर अच्युतानन्द मिश्र संकेत करते हैं कि उस दौर की लोकप्रिय पत्रिकाओं के सम्पादकों के बीच भी अज्ञेय को अस्पृश्य ही माना गया था। पाठकों के बीच उनकी स्वीकार्यता जैसे अनेक साहित्यकारों को भयभीत करती थी उसी तरह उस दौर के सम्पादकों में भी ईर्ष्या जगाती थी। लेकिन अवरोध और अस्वीकार के बावजूद अज्ञेय पूरी निष्ठा और दृढ़ता के साथ हिन्दी पत्रकारिता में परिवर्तन के प्रयोग के लिए उपस्थित थे। उनकी प्रतिमा को खण्डित और प्रतिमा को खारिज करना सम्भव नहीं था।'' अज्ञेय ने 'दिनमान' में समय-समय पर अपनी

सम्पादकीय टिप्पणियों में अपने समय की स्थिति पर निर्भीक मत व्यक्त किये साथ ही अपने समय के प्रसिद्ध राजनीतिज्ञों की कार्य पद्धति पर भी मारक प्रहार किये और इसमें उन्होंने किसी प्रकार का सेलेक्टिव रुख नहीं अपनाया जैसा आज की पत्रकारिता में देखने को मिलता है। डॉ. रमेशचन्द्र शाह ने जिन कुछ घटनाओं का उल्लेख किया है, जिसमें अज्ञेय स्पष्ट नीति की झलक मिलती है उसमें एक है मैथिली को हिन्दी से अलग भाषा का दर्जा दिये जाने की माँग पर सम्पादक की आपत्ति। इसे 'दिनमान' के एक अंक में साहित्य स्तम्भ के अन्तर्गत 'मोर्चे पर एक और भाषा' शीर्षक से प्रकाशित किया गया है। जिस समिति ने मैथिली को हिन्दी से अलग करने का सुझाव दिया था उसके सदस्य हजारीप्रसाद द्विवेदी तथा सुनीतिकुमार चटर्जी थे। अज्ञेय की टिप्पणी है "इस निर्णय का प्रभाव हिन्दी भाषा और साहित्य पर तो गहरा पड़ेगा ही, आज के दूषित वातावरण में भाषा-वैमनस्य को और बढ़ावा देगा। मैथिली को स्वतन्त्र भाषा के रूप में मान्यता देना हिन्दी के सार्वदेशिक चरित्र और सम्भावनाओं के हित में तो नहीं ही है—ऐसा तुष्टीकरण क्षेत्रीय अलगाववादी प्रवृत्तियों को प्रोत्साहित करना और राष्ट्रीय सोच को संकुचित करना भी है।" अज्ञेय की यह टिप्पणी उनकी व्यापक दृष्टि को प्रतिबिम्बित करती है साथ ही भाषा को लेकर उनकी चिन्ता को भी व्यक्त करती है। आज यदि अज्ञेय के कथन का मूल्यांकन करें तो उनकी आशंका सच साबित हुई। उस समय मैथिली भले ही हिन्दी से अलग नहीं हुई, बाद में अलग हो ही गयी और भाषाई वैमनस्य इस कदर बढ़ा है कि आज भोजपुरी, राजस्थानी, छत्तीसगढ़ी सब आठवीं अनुसूची में शामिल होने के लिए आतुर हैं।

अज्ञेय की स्पष्टवादिता और निर्भीकता का एक और उदाहरण है उनकी टिप्पणी 'पीढ़ियों का मिलन शान्ति की भूमिका?' इसमें उन्होंने राममनोहर लोहिया पर जो टिप्पणी की है, वह ध्यातव्य है—"अपने गम्भीर अध्ययन और मौलिक चिन्तन के बावजूद लोहिया बराबर अपने को ऐसी दिक्कत में डालते (या रखते) जहाँ उनकी नीतियों की बुनियाद एक सर्वथा नकारात्मक 'हटाओ' वाद के सिद्धान्त पर कायम रही है। इसी बुनियादी 'नास्तुवाद' के कारण राष्ट्र भाषा (या भाषाओं) का आंदोलन उनके लिए केवल 'अंग्रेजी हटाओ' का आन्दोलन बन गया। (उद्धृत पत्रकारिता के युग निर्माता स.ही. वात्स्यायन पृ. 44)।" 'दिनमान' के ही एक सम्पादकीय 'हिन्दी की राह के रोड़े' में इन्दिरा गाँधी की आलोचना अज्ञेय की निर्भीक एवं सत्यनिष्ठ पत्रकारिता का अद्‌भुत उदाहरण है—"अच्छा नेता कम बोलता है लोकतन्त्र भारत के अधिकतर नेता अधिक बोलते हैं। इसलिए नेताओं की अधिकतर बातें अब अनसुनी कर देने लायक हो गयी हैं। लेकिन बीच-बीच में कोई बात ऐसी भी कह दी जाती है जिससे एकाएक कई खतरनाक सम्भावनाएँ उघड़कर सामने आ जाती हैं। खतरनाक इसलिए कि जिस मनोवृत्ति या पूर्वग्रह का परिचय वह बात देती है, वह मनोवृत्ति दूषित है। प्रधानमन्त्री जब गालिब और कृश्नचन्दर के काम की तुलना करती हैं तब उनकी बात हँस के उड़ा

दी जाती हैं क्योंकि वह केवल समकालीन साहित्य के बारे में एक राजनेता का अज्ञान ही सूचित करती हैं और ऐसे लोगों के इस अज्ञान के हम अभ्यस्त हो गये हैं। (उद्धृत वही, पृ. 48-49)।'' ऐसी टिप्पणी करने का साहस कोई दूसरा पत्रकार नहीं कर पाता।

'दिनमान' कहने के लिए एक राजनैतिक सामाजिक पत्र था, पर उसका कोई कोना ऐसा नहीं जहाँ साहित्य पुट न हो। अज्ञेय के बाद रघुबीर सहाय ने 'दिनमान' का सम्पादन भार संभाला पर उनके द्वारा सम्पादित अंकों पर भी अज्ञेय द्वारा बनाये गये सम्पादन सिद्धान्त की छाप देखी जा सकती है। अज्ञेय के समय 'दिनमान' ने जो प्रतिमान स्थापित किये वे आज किसी भी सम्पादक के लिए स्पृहा के योग्य हैं। रघुवीर सहाय, सर्वेश्वरदयाल सक्सेना, मनोहर श्याम जोशी और प्रयाग शुक्ल जैसे लोगों ने स्वीकार किया है कि उनके व्यक्तित्व का निर्माण 'दिनमान' के द्वारा हुआ है।

अज्ञेय ने सम्पादन के क्रम में सबको साथ लेकर चलने की नीति का अनुसरण किया। अच्युतानन्द मिश्र लिखते हैं कि अपने सम्पादन कर्म पर स्वयं अज्ञेय की एक टिप्पणी महत्त्वपूर्ण है जो उन्होंने एक लेख 'कलकत्ते की याद' में की थी। यह लेख 'हिन्दी साहित्य वंगीय भूमिका' नामक पुस्तक में सम्मिलित है, जिसका सम्पादन कृष्ण बिहारी मिश्र और राम व्यास पाण्डेय ने किया है। मिश्र जी अज्ञेय की टिप्पणी उद्धृत करते हैं—''जहाँ भी मैं सम्पादक रहा हूँ लगातार अपना उत्तराधिकारी तैयार करता रहा हूँ। इसे मैं काम के प्रति अपना कर्त्तव्य समझता हूँ और अपनी आजादी का अंग भी। मैं यह नहीं चाहता हूँ कि किसी काम के साथ मैं केवल इसलिए बँधा रहूँ कि इसे और कौन संभालेगा। यह शायद भारतीय प्रवृत्ति नहीं है, क्योंकि यहाँ तो लगातार यही देखता आया हूँ कि शीर्षस्थ व्यक्ति सबसे पहले अपने आसपास एक शून्य बना लेता है जिससे वह अपने को सुरक्षित महसूस कर सके और कुछ योग्य व्यक्तियों को काफी नीचे स्तर पर रखकर उनसे कुछ ऐसे ढंग से काम लेता है जैसे बँधुआ मजदूरों से लिया जाता है।''

अज्ञेय के सहयोगी रहे त्रिलोक दीप ने समूची हिन्दी पत्रकारिता को लेकर अज्ञेय से एक लम्बी बातचीत की थी। यह वार्त्ता अज्ञेय के निधन के बाद प्रकाशित हुई थी। अज्ञेय ने पत्रकारिता की भाषा के प्रश्न पर कहा था कि 'दिनमान' में मैंने भाषा की ओर अधिक ध्यान दिया था। मैंने सहयोगियों के मन में यह बात बैठा दी थी कि 'दिनमान' में हम जो कुछ लिखेंगे भले ही उसकी सामग्री कहीं से अनुवाद करके ही आयी हो उसे इसी रूप मे प्रस्तुत करेंगे जैसे कि वह मूल हिन्दी में ही लिखा गया है। अनुवाद की भाषा हम नहीं चाहते थे, हम मौलिक पत्रकारिता की भाषा चाहते थे।' अज्ञेय को इस बात की पीड़ा थी कि पत्रकारिता अब उद्योग बनती जा रही है। उद्योग आदर्शवादी नहीं होते इसलिए आज ऐसे सम्पादक तो हैं जो प्रशासन की दृष्टि से अधिक कुशल हैं लेकिन निष्ठावाले सम्पादक शायद दुर्लभ हैं। ऐसा सुनना अब सम्भव

नहीं रहा कि अमुक सम्पादक ने यह कहा है और वह खरा और निष्ठावान् आदमी है इसलिए हम मान लें कि बात सच रहेगी।''

'दिनमान' का सम्पादन करते हुए अज्ञेय ने पत्रकारिता की भाषा को समृद्ध किया। डॉ. रमेशचन्द्र शाह निर्मल वर्मा के लेख 'अज्ञेय की स्मृति' को उद्धृत करते हैं—''यदि किसी लेखक ने हिन्दी भाषा को विचारों का सबसे सशक्त और समर्थ माध्यम बनाने की चेष्टा की तो उसमें अज्ञेय अग्रणी थे। चाहे आकाशवाणी की भाषा हो अथवा हिन्दी पत्रकारिता में राजनीतिक शब्दावली का प्रयोग अज्ञेय की कोशिश हमेशा यह रहती थी कि शब्दों का सही सटीक इस्तेमाल हो सके। (उद्धृत पत्रकारिता के प्रतिमान स.ही. वात्स्यायन पृ. 22)।'' त्रिलोकदीप को दिये अपने साक्षात्कार में अज्ञेय ने स्पष्ट किया कि हिन्दी पत्रकारिता की उन्नति तब होगी जब उसको अंग्रेजी के साथ जोड़े न रखकर उसमें अलग कर दिया जाय। अभी जितने बड़े और साधन सम्पन्न अखबारी संगठन हैं, उनका मुख्य ध्यान अंग्रेजी पत्रों की ओर रहता है और हिन्दी पत्र को उसका पिछलग्गू मान लिया जाता है (वही, पृ. 23)।'' अज्ञेय ने सरकार की अंग्रेजी के प्रति नीति की कटु आलोचना की—''सरकार ने यह भ्रम पाल ही रखा है कि अंग्रेजी के सहारे हम सारे संसार के विश्व नागरिक बन जाते हैं जबकि सच्चाई यह है कि अगर हम भारतीय भाषा नहीं जानते और अंग्रेजी भी टूटी-फूटी जानते हैं तो हम कहीं के भी नागरिक नहीं हैं।

1977 ई. में अज्ञेय ने 'नवभारत टाइम्स' के सम्पादन का दायित्व ग्रहण किया। 'नवभारत टाइम्स' के सम्पादकीय पृष्ठों और साप्ताहिक परिशिष्टों पर अज्ञेय के सम्पादकीय कर्म कौशल की छवि अंकित है और पहचानी जा सकती है। 'प्रतीक' और 'नया प्रतीक' का सम्पादन भी एक महत्त्वपूर्ण साहित्यिक घटना है। अज्ञेय की साहित्यिक पत्रिकारिता और अन्य लेखकों की साहित्यिक पत्रिका में अन्तर साफ दिखायी दे सकता है। अज्ञेय अपने समकालीन लेखकों के बीच सर्वाधिक प्रतिभा सम्पन्न लेखक हैं सर्वाधिक इण्टलैचुअल।

'प्रतीक' का आरम्भ एक प्रतिज्ञा से हुआ और उसका निर्वाह अज्ञेय ने किया। 'प्रतीक' के प्रवेशांक में कहा गया कि 'प्रतीक' किसी दल का पत्र या आयोजन नहीं देश, की स्वाधीन साहित्यिक चेतना का प्रतीक है।'' जनवरी 1951 के अपने सम्पादकीय में अज्ञेय लिखते हैं—''एक मौलिक तत्त्व पर हमारा आग्रह अब भी उतना ही कट्टर है, जितना पहले कभी रहा और वह यह कि 'प्रतीक' किसी दल का पत्र नहीं है। उसकी शक्ति इसी में है कि वह किसी दल का पत्र न होते हुए भी स्वाधीन चेत्ता साहित्यकारों के सहयोग से चलता है और चलेगा (उद्धृत पत्रकारिता के निर्माता स.ही. व्याख्यायन पृ. 69) 'प्रतीक' के विषय में टिप्पणी करते हुए निर्मल वर्मा ने लिखा है कि अज्ञेय का स्वाधीनता बोध अप्रतिम और अक्षुण्ण रहा। यही लेखक का स्वाधीनता बोध जो स्वाभाविक और अनिवार्य मूल्य होना चाहिए। अज्ञेय को हिन्दी के

परिवेश में सर्वाधिक विवादास्पद भी बनाता रहा। इसका क्या कारण होगा? क्या हिन्दी का परिवेश स्वाधीनता से बिदकता है, उसे सन्देहास्पद मानता है?'' जीवन, भाषा, साहित्य संस्कृति के प्रति अज्ञेय की प्रतिबद्धता का अनुमान 'प्रतीक' के प्रवेशांक के सम्पादकीय से लग सकता है। यह सम्पादकीय टिप्पणी ध्यातव्य है—''हाँ, साहित्य के निर्माण, संस्कार और विकास के साथ जिन मानवीय उद्योगों का सम्बन्ध है उनकी ओर अवश्य ध्यान दिया जायेगा। हम साहित्य को आकाश बेल नहीं मानते। जिस धरती से वह उगता है, जिस मिट्टी से रस ग्रहण करता है, जिस पानी से लहलहाता है जिस आतप से हरा होता है जिस समीरण से फूलता है, जिस लू से वह झुलसता है जिस पाले से वह मरता अथवा जिन व्याधियों से वह ग्रसित होता है— वे सब संस्कृति से सम्बद्ध हैं और उनका अध्ययन, विवेचन, मापन, ग्रहण, प्रचार, प्रसार निरसन और निराकरण साहित्य कर्म का अनिवार्य अंग है। इसलिए हम 'प्रतीक' के लिए विशुद्ध साहित्यिक विषयों से आगे बढ़कर साहित्य के भौतिक, दार्शनिक आर्थिक, मनोवैज्ञानिक आदि परिपाश्वों से सम्बन्ध रखनेवाली सामग्री भी प्राप्त करेंगे और इनसे तथा लौकिक जीवन से मिलनेवाली प्रेरणाओं का अभिनन्दन करेंगे।''

डॉ. रमेशचन्द्र शाह 'प्रतीक' के अंकों के विश्लेषण के आधार पर निष्कर्ष निकालते हैं कि उसके प्रवेशांक के सम्पादकीय की प्रतिज्ञा का निर्वाह उनमें प्रकाशित उत्तरोत्तर निखरती जाती सामग्री से काफी हद तक हुआ था। शाह जी 'प्रतीक' में प्रकाशित 'सरद रितु आई' शीर्षक आलेख का जिक्र करते हैं जिसमें वाल्मीकि से लेकर सुमित्रानन्दन पन्त तक की कविताएँ उद्धृत हैं साथ ही रवीन्द्रनाथ ठाकुर की 'गीतांजलि' तथा चीनी कवि सु-हुन की काव्य पंक्तियाँ भी संकलित हैं। डॉ. शाह टिप्पणी करते हैं—''कितना प्रेम-परिश्रम अपने पाठक के सुरुचि संवर्द्धन और 'भाव दीक्षा' की चिन्ता से किया गया कितना सार्थक शोध किया है 'प्रतीक' के सम्पादक ने। ठेठ हिन्दी के भाव बोध को अखिल भारतीय भाव-बोध और एशियाई भाव बोध से जोड़ते हुए।''।

'नये लेखक की समस्याएँ' 'साहित्य में पुनर्निर्माण' 'भारतीयता और साहित्य निर्माण' आदि 'प्रतीक' के चर्चित सम्पादकीय रहे हैं। अज्ञेय का हिन्दी प्रेम 'प्रतीक' में अभिव्यक्त होता है—''हम हिन्दी के समर्थक है व सच्चे समर्थक हैं क्योंकि हम उसकी भित्ति डर पर, संकीर्णता पर, बहिष्कार पर नहीं जमाना चाहते। वह बनी है और बढ़ेगी अपनी भीतरी शक्ति के कारण। कानूनों के जोर से उसे थोड़ा परिष्कृत या विकृत किया जा सकता है अवश्य, पर उसका अस्तित्व कानून पर निर्भर नहीं करता। अगर कई शताब्दियों का इसका विरोध और फारसी उर्दू तथा अनन्तर अंग्रेजी का संरक्षण और बलात् प्रयास उसे कहीं दबा सका तो इसलिए कि भाषा की शक्ति कानून में या राजबल में नहीं होती, जन बल में होती है।

अज्ञेय ने 'प्रतीक' को खुले विचारों की पत्रिका के रूप में प्रतिष्ठित किया। इसमें

विविध विचार धाराओं के लेखकों की रचनाएँ छपती थीं वैचारिक किलेबन्दी के वातावरण में 'प्रतीक' ने खुला उन्मुक्त परिवेश उपलब्ध कराया। 'प्रतीक' का मूल्यांकन करते हुए पं. विद्यानिवास मिश्र ने लिखा है कि 'प्रतीक' के माध्यम से कला और संस्कृति के अन्तरावलम्बन का सन्देश प्रसारित किया गया। उनके अनुसार 'प्रतीक' का दायरा बहुत विस्तृत का और आज जो भी नयी पीढ़ी के रूप में प्रतिष्ठित हुए हैं उनमें से अधिकांश की प्रतिभा का उन्मीलन 'प्रतीक' में हुआ (विद्यानिवास मिश्र, अज्ञेय पृ. ८)।'' विद्यानिवास जी 'प्रतीक' को 'सरस्वती' के बाद हिन्दी की दूसरी महत्त्वपूर्ण पत्रिका मानते हैं क्योंकि ''इसने बेहद गम्भीरता से साहित्यिक कृतित्व को संयोजित करने का दायित्व अपने कन्धों पर लिया (वही पृ. ८)।''

'प्रतीक' की उपस्थिति दीर्घकाल तक नहीं रह सकी 1952 ई. में यह पत्रिका बन्द हो गयी। 'प्रतीक' के बन्द होने पर रघुवीर सहाय का वक्तव्य 'प्रतीक' के महत्त्व को स्पष्ट करता है—''प्रतीक' के बन्द होने के बाद हठात् यह मालूम हुआ कि अपने को कहने का, अपने को पहचानने का बहुत बड़ा साधन छिन गया।'' (उद्धृत पत्रकारिता के युग निर्माता : स.ही. वास्थापन, पृ. 87) 'प्रतीक' के बन्द होने के लगभग दो दशक बाद इला डालमिया के सहयोग से 1973 ई. से 'नया प्रतीक' मासिक पत्रिका का प्रकाशन आरम्भ हुआ। पत्रिका के सम्पादक मण्डल में अज्ञेय, विद्यानिवास मिश्र, फणीश्वरनाथ रेणु, कुँवरनारायण और रमेशचन्द्र शाह का नाम था सहायक सप्पादक थे इला डालमिया और नन्दकिशोर आचार्य। ''डॉ. रमेशचन्द्र शाह ने सच ही रेखांकित किया है कि जैसे 'प्रतीक' किसी दल का पत्र या आयोजन नहीं था, बल्कि सच्चे अर्थों में देश की स्वाधीनता साहित्यिक चेतना का प्रतीक था उसी तरह 'नया प्रतीक' भी।'' डॉ. शाह का कथन बिल्कुल सत्य है और इसकी पुष्टि दिसम्बर, 1973 ई. के उसके प्रथम सम्पादकीय से होती है—''पहले भी 'प्रतीक' ने संकल्पपूर्वक यह काम किया कि छोटे-बड़े प्रसिद्ध-अप्रसिद्ध नये पुराने का भेद छोड़कर सभी साहित्यकारों को एक मंच पर प्रतिष्ठित किया ऐसे मंच पर जिसके आधार स्तम्भ साहित्य के दृढ़ मानदण्ड ही थे। आज भी 'प्रतीक' यही करना चाहेगा और आशा करेगा कि इसमें नये-से-नये लेखक का सहयोग भी उसे पूरे खुले मन के साथ मिलेगा। पहले 'नये' लेखक बुजुर्गों की उपेक्षा से मर्माहत होते थे आज की नयी परिस्थितियों में नये लेखक सबसे पहले संगठन करते हैं और उसके सहारे पुरानों को अपनी उपेक्षा से मर्माहत करना चाहते हैं। 'प्रतीक' ने तब एक सीमा नहीं स्वीकार की थी, आज भी वह दूसरी सीमा नहीं स्वीकार करेगा। अपनी एक कसौटी बनाकर अपने को कस कर खरा सिद्ध कर देना काफी नहीं है—आज भी नहीं है और उस दिन भी नहीं था। कसौटी की भी कसौटी होनी चाहिए। जो खरी कसौटी पर खरा है, वही मूल्यवान् है। और वैसी निःसंग खरी कसौटी का शोध 'प्रतीक' का निरन्तर साध्य रहेगा (उद्धृत पत्रकारिता के युग निर्माता : स.ही.वाख्ययायन पृ.44)'' 'नया प्रतीक' के

विभिन्न अंकों में छपी सामग्री के आधार पर डॉ. रमेशचन्द्र शाह यही निष्कर्ष निकालते है कि 'नया प्रतीक' को सभी तरह के लेखकों-विचारकों का सहयोग मिला था केवल एक गुट विशेष से बँधे और उस से संरक्षित पोषित और मान्यता प्राप्त युवा लेखकों का एक छोटा-सा वर्ग ही था जो 'नया प्रतीक' से दूरी बरतता और परहेज करता रहा। (वही, पृ. 98)।'' डॉ.शाह इस बात पर खेद व्यक्त करते हैं कि वर्तमान समय में पत्र-पत्रिकाओं का अम्बार लगा है किन्तु 'प्रतीक' या 'कल्पना' या 'नयी कविता' या 'कहानी' के टक्कर का एक भी उदाहरण सामने नहीं है, जो सचमुच प्रतिभाओं को पहचनवा सके या लेखकों तथा प्रबुद्ध पाठकों के प्रामाणिक मंच के रूप में प्रभावशाली सिद्ध हो सके। (वही, पृ. 96)

अज्ञेय के सम्पादक और पत्रकार व्यक्तित्व की कुछ विरल विशेषताओं की ओर लोगों का ध्यान गया है। प्रभाकर माचवे के अनुसार पत्रकारिता में भी और सम्पादन में भी अज्ञेय की वैज्ञानिक बुद्धि बराबर बनी रही। अज्ञेय हिन्दी के सर्वाधिक आधुनिक ज्ञान, विज्ञान युक्त, संस्कारशील अनेक भाषाविद् 'वैल इक्विप्ड' सम्पादक हैं।' रघुवीर सहाय ने 'विविध संवाद' नामक त्रैमासिक पत्रिका के प्रवेशांक (मई-जुलाई, 1989) में 'अज्ञेय पत्रकारिता और मैं' शीर्षक लेख में अज्ञेय के वैशिष्ट्य की ओर संकेत करते हुए लिखा है—"अज्ञेय के साथ 'प्रतीक' और 'दिनमान' में काम करके मैंने बहुत-कुछ सीखा पर उससे भी अधिक सीखा उनके व्यक्तित्व से। अज्ञेय स्वयं अपने अनुभवों का विकास करते थे और अपने जिज्ञासु शिष्यों को भी अपना-अपना संस्कार करने को प्रोत्साहित करते थे। किसी को उन्होंने हीन नहीं जताया, बल्कि उसके सामने ऐसी चुनौतियाँ रखीं जिन्हें उठाकर वह अपने को पहले से अधिक सक्षम और साहसी बना सके। वे हर व्यक्ति का अपना आत्म विश्वास जगाना जानते थे—अपनी सामर्थ्य में विश्वास न कि गुरु में विश्वास।

डॉ. रमेशचन्द्र ने रेखांकित किया है कि अज्ञेय ने सम्पादक और पत्रकार के रूप में एक ओर नयी साहित्यिक प्रतिभाओं को खोजा तो दूसरी ओर ज्ञान के दूसरे अनुशासनों में मौलिक काम कर रहे लोगों को भी अपने वृत्त में शामिल किया। ऐसे लोगों से उन्होंने कुछ ऐसे लेख लिखवाये जो दूसरे लोगों के लिए आसान नहीं थे। अनूठे दर्शन शास्त्री जड़ाव लाल मेहता को सर्वप्रथम हिन्दी में लिखने को उन्होंने प्रेरित किया यशदेव शल्य की मौलिक दार्शनिक प्रतिभा को हिन्दी साहित्यकारों में सर्वप्रथम उन्होंने पहचाना और 'प्रतीक' तथा 'नया प्रतीक' दोनों जगह उनसे लिखवाया। (वही, पृ. 101) अज्ञेय के सम्पादक व्यक्तित्व की एक और विशेषता थी—पाठकों से सीधा संवाद। वे निरन्तर पाठकों से संवाद स्थापित करते थे और उन्हें प्रशिक्षित भी करते थे। अज्ञेय का एक उद्धरण इस सन्दर्भ में द्रष्टव्य है—"तो सुधी और सहृदय पाठक, मुझे आपसे कहना यह है कि आप देखिये और सोचिये कि आपको करना क्या है तथा आप क्या कर सकते हैं। यह काफी नहीं हैं कि जब-जब हिन्दी का कोई अच्छा पत्र

बन्द हो, तब आप दुःख प्रकट कर दें और जब-जब कोई अच्छा लेखक मरे तो रोष कर लें कि अंग्रेजी समाचार-पत्रों ने यह समाचार चार दिन बाद और पृष्ठ ग्यारह के पाँचवें कॉलम में क्यों छापा। आपका दायित्व इससे बड़ा है। हमारे साहित्य की दुर्बलता और विपन्नता के आप उत्तरदायी हैं, जैसे कि उसकी पुष्टता और समृद्धि के आप विधायक हैं। जब हिन्दी उपेक्षित और अपमानित थी, तब इसको इसलिए शक्ति मिलती थी कि वह विद्रोह की भाषा थी और अनवरत संघर्ष माँजता था। अब उसे माँजना है, नहीं तो वह मैली ही होगी'' (आत्मपरक, पृ. 124)

वस्तुतः अज्ञेय ने साहित्य तथा पत्रकारिता दोनों क्षेत्रों में लीक से हटकर कार्य किये। सम्पादन के क्षेत्र में उन्होंने मानदण्ड स्थापित किये। साहित्य के क्षेत्र में अज्ञेय का समर्थन और विरोध दोनों होता रहा, पर अज्ञेय के सम्पादक व्यक्तित्व की प्रशंसा सभी ने की। डॉ. रमेशचन्द्र शाह का यह कहना एकदम सही है कि अज्ञेय उन थोड़े से यथार्थदर्शी किन्तु आस्थावान् पत्रकारों में से थे जो विकार को परमार्थतः पहचानते हुए और इसी बूते उसका प्रतिकार भी कर सकने का अदम्य आत्मविश्वास रखते हैं। (पत्रकारिता के प्रतिमान स.ही. वात्यायन पृ. 24)

आंचलिक कथा साहित्य और फणीश्वर नाथ रेणु

हिन्दी कथा सहित्य के क्षेत्र में फणीश्वरनाथ रेणु एक महत्त्वपूर्ण हस्ताक्षर हैं। स्वातन्त्र्योत्तर हिन्दी साहित्य में ग्रामांचल से सम्बद्ध कथा-साहित्य की जिस धारा का आरम्भ होता है और जो कई अर्थों में प्रेमचन्द के कथा-साहित्य से भिन्न है, रेणु इस धारा के शीर्ष रचनाकार हैं। स्वतन्त्रता प्राप्ति के बाद की इस धारा को आंचलिक कथा-साहित्य नाम दिया गया। आंचलिक कथा-साहित्य में अंचल अपनी सम्पूर्ण विविधता और समग्रता के साथ नायक होता है। अंचल के जीवन की समस्त परम्पराओं, ऐतिहासिक प्रगतियों, शक्तियों, अशक्तियों, छवियों-अछवियों को सच्चाई के साथ आंचलिक कथा साहित्य में अभिव्यक्त किया जाता है। आचंलिक का अर्थ ही है— क्षेत्र विशेष के सत्य को उद्घाटित करता हुआ जीवन, जो एक परिवेश विशेष नहीं वरन् इस खण्ड की समग्र क्षेत्रीयता का 'प्रतीक' है। "अंचल के भौगोलिक या सामाजिक या सांस्कृतिक जीवन सत्यों का अन्तर या एकरूपता का निदर्शन, देशकाल, जाति, धर्म, भौगोलिक स्थिति आर्थिक सामाजिक प्रणाली, रीति-नीति के मनोवैज्ञानिक पक्ष के बीच स्थापित क्षेत्रीय जीवन की स्वीकृति आंचलिकता को व्यक्त करती है।" "अंचल एक प्रकार से वह भौगोलिक खण्ड है, सामाजिक और सांस्कृतिक रूप से सुगठित और विशिष्ट एक ऐसी इकाई है जिसके निवासियों की रहन-सहन, उत्सव, प्रथाएँ आदर्श और आस्थाएँ, भौगोलिक मान्यताएँ तथा मनोवैज्ञानिक विशेषताएँ परस्पर समान और दूसरे क्षेत्र के निवासियों से इतनी भिन्न हों कि इनके आधार पर यह क्षेत्र या अंचल विशेष इसी प्रकार के दूसरे क्षेत्रों से एकदम अलग प्रतीत हो। इस प्रकार के अंचल या क्षेत्र जीवन को अभिव्यक्त करनेवाली रचना को आंचलिक कहा जा सकता है।" (शिव प्रसाद सिंह) आंचलिक उपन्यास या कहानी में पूरा अंचल महक उठता है। उसमें परिवार, ग्राम अंचल के जनजीवन का समग्र चित्रण होता है। रेणु ने आंचलिक उपन्यास को परिभाषित करते हुए अपने एक साक्षात्कार में कहा है—"आंचलिक उपन्यास से मेरा आशय ऐसे उपन्यास से है जिसकी समस्याओं को सामाजिक दृष्टिकोण से रेखांकित किया जा सकता है। हालाँकि उसमें शिल्प भावना के साथ परिवर्तित युग-परिस्थिति के फलस्वरूप जीवन बोध में जो परिवर्तन आता है, उसका भी चित्रांकन किया जा सकता है। इस बारे में सिर्फ इतना ही कह सकता हूँ कि उपन्यास-जगत्

में इस धारा का प्रयोग मैं ने ही पहली बार किया है।" "इससे प्रमाणित होता है कि रेणु को हिन्दी उपन्यास जगत् में आंचलिक धारा के प्रवर्तक होने का अहसास था। हिन्दी के आलोचक भी यह श्रेय उन्हीं को देते हैं।"

वस्तुतः आचंलिक उपन्यास या कहानी में पूरा अंचल सुवासित हो उठता है। उसमें अंचल के जनजीवन का समग्र चित्रण होता है। आंचलिक कथाकार केवल कथा ही नहीं कहता, घटनाओं और चरित्रों का विश्लेषण भी आंचलिक तत्त्वों के आधार पर करता है। जब लेखक अंचल विशेष को अपने जीवन का अंग बना लेता है, उसे आत्मसात् कर लेता है तभी वह आंचलिक कथा की सृष्टि करने में सफल होता है।

आंचलिकता का अर्थ बहुत से लोग स्थानीय रंगत (लोकल कलर) से लेते हैं। पर यह उपयुक्त नहीं है। स्थानीय रंगत तो प्रायः सभी उपन्यासों या कहानियों का वैशिष्ट्य है। आंचलिक उपन्यास या कहानी अंचल के समग्रजीवन की कथा है। इस दृष्टि से हिन्दी में ग्रामीण चित्रण के बावजूद प्रेमचन्द का कथा साहित्य आंचलिक की श्रेणी में नहीं आता। प्रेमचन्द के गाँव विशेष नहीं हैं, सामान्य हैं। वे स्थान विशेष का चित्रण नहीं करते, उन्हें सामान्य गाँवों की सामान्य समस्याओं और जीवन मूल्यों की कथा कहना अभिप्रेत है। आंचलिक कहानी या उपन्यास में अंचल ही नायक है।

हिन्दी के आंचलिक कथाकारों में फणीश्वरनाथ रेणु, नागार्जुन, देवेन्द्र सत्यार्थी, रुद्रकाशिकेय, बलवन्त सिंह, राजेन्द्र अवस्थी, शिवप्रसाद सिंह, रामदरस मिश्र, केशव प्रसाद मिश्र, राही मासूम रजा, हिमांशु जोशी, विवेकी राय, शैलेश मटियानी आदि प्रमुख हैं। फणीश्वरनाथ रेणु को असन्दिग्ध रूप से हिन्दी का श्रेष्ठ आंचलिक कथाकार माना जा सकता है। निर्मल वर्मा ने रेणु के वैशिष्ट्य को रेखांकित किया है "रेणु ने जिस सूक्ष्म संवेदना और गहरे लगाव से बिहार के एक अंचल पूर्णिया की जमीन को कुरेदा था, उसके फैलाव को महीन और मांसल छवियों में ध्वनित किया था, उसके लिए गद्य की भाषा को अप्रत्याशित रूप से काव्यात्मक मुहावरे में ढाला था वह हिन्दी कथा साहित्य में अभूतपूर्व घटना थी। बिहार के एक छोटे से भूखण्ड की हथेली पर उन्होंने सम्पूर्ण उत्तर भारत के किसान की नियति रेखा को उजागर किया था। यह रेखा किसान की किस्मत और इतिहास के हस्तक्षेप के बीच गुँथी हुई थी, जहाँ गाँधी जी का सत्याग्रह आन्दोलन सोशलिस्ट पार्टी के आदर्श, किसान सभाओं की मीटिंगें, अलग-अलग धागों से रेणु का संसार बुनती हैं। (रेणु : समग्र मानवीय दृष्टि/कला का जोखिम, संस्करण 1954, पृ. 67-68) निर्मल जी का यह कथन भी ध्यातव्य है—रेणु ने जिस तीली से किसान के उदास, धूल-धूसरित क्षितिज में छिपी नाटकीयता को आलोकित किया था, उसी तीली से हिन्दी के परम्परागत यथार्थवादी उपन्यास के ढाँचे को भी एकाएक ढहा दिया था। (वही, पृ.69)

रेणु ने अपने उपन्यासों और कहानियों के माध्यम से हिन्दी कथा साहित्य को अलग ढंग से सम्पन्न किया, उसे समर्थ बनाया। उनके उपन्यासों में 'मैला आँचल'

और 'परती परिकथा', 'पल्टू बाबू रोड', 'दीर्घतपा', 'जुलूस' और 'कितने चौराहे' हैं। पर इनमें 'मैला आंचल' और 'परती परिकथा' उपन्यास विशेष रूप से चर्चित हुए। प्रेमचन्द को जो ख्याति 'गोदान' से मिली, अज्ञेय को 'शेखर एक जीवनी' हजारीप्रसाद द्विवेदी को 'बाणभट्ट की आत्मकथा' तथा श्रीलाल शुक्ल को 'रागदरबारी' से मिली वही ख्याति रेणु को मैला आँचल से मिली। 'मैला आँचल' में पहली बार किसी अंचल विशेष के उपेक्षित जीवन की समस्त छवि और कुरूपता, विवशता और सम्भावना को गहरी मानवीय ममता और सूक्ष्मता से आकार दिया गया है। एक बार फिर निर्मल जी की टिप्पणी ध्यान में आती है—'मैला आँचल' और 'परती परिकथा' महज उत्कृष्ट आंचलिक उपन्यास नहीं है, वे भारतीय साहित्य में पहले उपन्यास हैं जिन्होंने अपने ढंग से, झिझकते हुए, भारतीय साहित्य को एक नयी दिशा दिखायी थी, जो यथार्थवादी उपन्यास की नरेटिव, कथ्यात्मक परम्परा को तोड़ा था—उसे अलग-अलग 'एपीसोड' में बांटा था, जिन्हें जोड़नेवाला धागा कथा का सूत्र नहीं, परिवेश का ऐसा लैण्डस्केप जो अपनी आत्यन्तिक लय में उपन्यास को रूप और फार्म देता है। रेणु पहले कथाकार थे जिन्हें भारतीय उपन्यास की जातीय सम्भावनाओं की तलाश की थी (वही, पृ. 69)

'मैला आँचल' में बिहार राज्य के पूर्णिया जिले के मेरीगंज को कथा का केन्द्र बनाया गया है। इसमें अनेक घटनाएँ आती हैं, अनेक प्रसंग आते हैं—अनेक पात्र आते हैं इतने कि याद नहीं रहते। ये सीधे-सीधे नहीं आते, आपस में उलझे हुए आते हैं एक-दूसरे को काटते हुए। डॉ. प्रशान्त का मेरीगंज में मलेरिया उन्मूलन अभियान का हिस्सा बनकर आना एक घटना है। डॉ. प्रशान्त अनुभव करता है कि गाँव रोगग्रस्त है, पर इस रोग के कीटाणु एनोफिल्स या सैण्डफ्लाई नहीं वरन् है गरीबी कुपोषण, अशिक्षा और कुसंस्कार। डॉक्टर की यह खोज स्वयं लेखक की खोज है। रेणु ने बिहार के अत्यन्त पिछड़े हुए अंचल को शोषित-पीड़ित जनता के जीवन को बहुत नजदीक से देखा है। उनके द्वारा चित्रित पूर्णिया की कथा में जमींदारों का उत्पीड़न है, निरीह जनता की कराह है, रूढ़ियाँ और अन्धविश्वास हैं, राजनीति का अवमूल्यन है, आदिवासियों का निश्छल श्रम और सहमी हुई पीड़ा है, स्त्रियों की असहाय चीख है, अलग-अलग जातियों की संकीर्ण मानसिकता है, उनकी दमित ऐषनाएँ हैं धार्मिक आडम्बर और पाखण्ड हैं। किन्तु इस गहन अन्धकार के बीच कुछ रोशनी भी है जीवन्त प्रसंग हैं जो यह एहसास दिलाते हैं कि उनमें जीवन राग शेष है। वस्तुतः जीवन जैसा है रेणु ने वैसे ही उसका चित्रण किया है आदर्श का कोई मुलम्मा नहीं चढ़ाया है केवल प्रशान्त और कमली के प्रणय प्रसंग को सुखद परिणति के रूप में चित्रित करते तथा तहसीलदार का हृदय परिवर्तन दिखाने के अतिरिक्त रेणु ने स्वयं लिखा है—इसमें फूल भी है शूल भी गुलाल भी कीचड़ है, चन्दन की सुन्दरता भी है और कुरूपता भी।

यह बार-बार कहा गया है कि 'मैला आँचल का कथानक सुगठित नहीं है। मैला आँचल पर कथाहीनता का आरोप लगाया जाता है। कथाहीनता ही मैला आँचल की सबसे बड़ी विशेषता है। रेणु का उद्देश्य कथा प्रस्तुत करना नहीं है। उनका उद्देश्य है उस अंचल के समग्र जीवन को यथार्थ रूप में प्रस्तुत करना बिना किसी मुलम्मे के और उसमें रेणु पर्याप्त सफल हुए है। ऐसा लगता है जैसे लेखक ने कुछ चित्र खींचें हैं और उन्हें आपस में मिला दिया है। सन्, 42 के बाद से सन्, 48 तक गाँव की स्थिति, संगठन, बोलचाल, रहन-सहन, व्यक्ति के मनोविकार, भारतव्यापी सामाजिक, आर्थिक तथा राजनीतिक आन्दोलनों को ग्रहण करने की उस अंचल की प्रक्रियाओं के संकलित शब्द चित्रों का नाम है 'मैला आँचल'। नेमिचन्द जैन इसमें मिथिला के बदलते हुए आज के गाँव की आत्मा की गाथा देखते हैं जो सदियों से सोते-सोते जागकर अँगड़ाई ले रहा है।

'परती परिकथा' में पूर्णिया जिले के ही परानपुर गाँव के जमींदार स्वर्गीय शिवेन्द्र मिश्र का बेटा जितेन्द्र ढहते हुए सामन्ती युग और नये युग के बीच की कड़ी है। वह परानपुर की धूसर धरती को ट्रैक्टर से और वहाँ के लोगों के मन की परती को अपने नवीन विचारों से तोड़ने का प्रयास करता है। कोशी प्रोजेक्ट के रूप में वीरान परती को हरा-भरा करने की योजना सफल होती है और परानपुर गाँव में जीवन के प्रति नया विश्वास पैदा होता है। ''रेणु ने 'परती परिकथा' में समाज के बदलते सन्दर्भ में व्यक्तियों की उत्तरोत्तर अधिक संश्लिष्ट होनेवाली मानसिक प्रक्रियाओं और नैतिक दबाओं का जो चित्रण किया है, सामाजिक, राजनीतिक आन्दोलनों के सूत्रों में मनुष्य की जिन आकांक्षाओं और दुर्बलताओं को पिरोया है वह अपने आप में सराहनीय है।''

'दीर्घतपा' में बड़े-बड़े शहरों में सफेद पोशों द्वारा धनार्जन के लिए किये जानेवाले रूप व्यापार का पर्दाफाश किया गया है। 'पल्टू बाबू, रोड रेणु का छोटा उपन्यास है। इसमें पूर्णिया जिले के ही 'पल्टू बाबू रोड' कस्बे की कहानी कही गयी है। कहानी देश के स्वतन्त्र होने के बाद कांग्रेस शासन के आरम्भिक दिनों की कथा है। कस्बा नया बसा है।कस्बे का नाम पल्टू बाबू के नाम पर रखा गया है। पल्टू बाबू कभी पनार नदी के वैर गाछी घाट के ठेकेदार के चौकीदार हुआ करते थे। तब वे पल्टू बाबू नहीं पल्टू सिंह थे। किन्तु अब वे कस्बे की पूरी जिन्दगी के नियन्त्रक हैं। 'जुलूस' रेणु का चौथा उपन्यास है। इसमें पूर्वी पाकिस्तान से विस्थापित होकर के पूर्णिया जिले में आये हुए हिन्दू शरणार्थियों की दारुण कथा कही गयी है। 'कितने चौराहें' का प्रकाशन 1966 ई. में हुआ था। यह भी रेणु के लघु उपन्यासों की परम्परा में आता है। भारत यायावर के अनुसार रेणु ने आजादी के लिए संघर्ष करने और अपना बलिदान देनेवाले युवकों को केन्द्र में रखकर आज के किशोरों में देश-प्रेम, सेवाभाव त्याग आदि आदर्शों को स्थापित करने के लिए इस उपन्यास की रचना की है।

रेणु के उपन्यासों में सर्वाधिक महत्त्वपूर्ण तत्त्व है परिवेश। इनमें कथा महत्त्वपूर्ण नहीं है कथा प्रस्तुत करना रचनाकार का उद्देश्य है भी नही, उद्देश्य है उस अंचल के समग्र जीवन को यथार्थ रूप में गहरी आत्मीयता और जीवन्तता के साथ प्रस्तुत करना और रेणु इसमें सफल हुए हैं।

रेणु की सत्तर से अधिक कहानियाँ उपलब्ध हैं। उनके तीन संग्रह प्रसिद्ध हैं—'ठुमरी', आदिम रात्रि की महक और अगिनखोर। इन संग्रहों के अतिरिक्त विभिन्न पत्र-पत्रिकाओं में उनकी बहुत-सी कहानियाँ बिखरी हुई थीं, जिन्हें रेणु रचनावली के भाग-एक में संगृहीत कर दिया गया है। रेणु की कहानियाँ ग्रामांचल तथा शहरी जीवन से सम्बद्ध हैं। पर रेणु का मन ग्रामांचल में ही रमता है। उनकी सभी चर्चित कहानियाँ—'तीसरी कसम' 'लाल पान' की बेगम 'ठेस', 'रसप्रिया', 'पंचलाइट' संवदिया आदि ग्रामाचंल से ही जुड़ी हैं। रेणु की कहानियाँ ठुमरी धर्मा कही गयी है। उनके पहले कहानी संग्रह का शीर्षक 'ठुमरी' ही है जबकि इस संग्रह में ठुमरी नाम की कोई कहानी नहीं है। इसकी भूमिका में रेणु ने लिखा है—इस संग्रह में ठुमरी नाम की कोई कहानी नहीं, सभी संयोजित कहानियाँ ठुमरी धर्मा हैं। अन्तर्मार्ग को स्पष्ट करते हुए वे कहते हैं—"गीत के अन्तर्भाग में बीच-बीच में विभिन्न स्वरों के प्रयोग से जो वैचित्र्य और कारू-कार्य सम्पादित होता है, उसको अन्तर्मार्ग कहते हैं। एक स्वर को लेकर विभिन्न स्वरों से उसकी क्रमिक संगत दिखला-दिखलाकर ही किसी भाग के रूप को प्रकाशित किया जाता है। ठुमरी के कथागायक ने ऐसी चेष्टा की है। एकाधिक कथाओं में एक ही विशेष मूहुर्त्त को विभिन्न परिवेश में रखकर रूपायित किया गया है। वस्तुतः 'ठुमरी' एक छोटा-सा मधुर गान है। गाते समय उसमें कई रागों का मिश्रण करके उसे अत्यधिक मोहक और कलात्मक बना दिया जाता है। मूल राग एक ही होता है, गाते समय विभिन्न स्वरों में उसकी क्रमिक संगति बैठाते हुए उसे प्रकाशित किया जाता है। रेणु ने इस संगीत कला को सामने रखकर अपनी कहानियों को रचनात्मक वैशिष्ट्य प्रदान किया है। उनकी कहानियों में मानवीय संवेदना का मूल सूत्र एक है। छोटे-छोटे जीवन सन्दर्भों से उसकी संगति बैठाते हुए उन्होंने कहानियों को एक संश्लिष्ट आकार दिया है। अपनी कहानियों के बारे में रेणु कहते हैं—"मेरे साधारण पाठक मेरी स्पष्टवादिता तथा सपाट बयानी से सदा सन्तुष्ट हुए हैं और साहित्य के राजदार पण्डित कथाकार आलोचकों ने हमेशा नाराज होकर मुझे एक जीवन-दर्शन हीन, अपदार्थ, अप्रतिबद्ध, व्यर्थ रोमाण्टिक प्राणी प्रमाणित किया है...सारे तालाब को गँदला करनेवाला जीव। इसके बावजूद कभी मुझसे इससे ज्यादा नहीं बोला गया कि अपनी कहानियों में मैं अपने को ही ढूँढ़ता फिरता हूँ। अपने को अर्थात् आदमी को (रेणु रचनावली भाग-1 पृष्ठ-7) रेणु की कहानियों का मूल स्वर यही है। उसमें मनुष्य अपने सहजरूप में अपनी अच्छाइयों-बुराइयों के साथ, अपनी कर्मठता, संघर्षशीलता तथा भावुकता, रसिकता, संवेनशीलता एवं कठोरता-कोमलता के साथ उपस्थित है। रेणु ने अपनी

कहानियों में उठाये गये प्रश्नों के विषय में भी स्पष्ट किया है—"मैंने जमीन, भूमिहीनों और खेतिहर मजदूरों की समस्याओं को लेकर बातें की। जातिवाद, भाई-भतीजावाद और भ्रष्टाचार की पनपती हुई बेल की ओर मात्र इशारा नहीं किया था, इसे समूल नष्ट करने की आवश्यकता पर भी बल दिया था। 'आत्मसाक्षी' के द्वारा राजनीतिक पार्टियों के आपसी कलह और जनता से अलगाव की ओर अपने पाठकों का ध्यान आकृष्ट किया था। अपनी अन्य कहानियों में मैंने निम्न मध्यवर्ग, पिछड़े लोगों, भूमिहीनों, खेतिहर मजदूरों तथा समाज के ऐसे लोगों का चित्रण किया, जिन्हें 'हरिजन' कहकर गौरवान्वित तो कर दिया गया, किन्तु वे आजादी के बाद भी बेजमीन, पिछड़े और अछूत एवं आक्रान्त होते रहे। शोषण तो कभी बन्द नहीं हुआ, बल्कि सारी विकृतियाँ दिन-दूनी रात चौगुनी होकर समाज को ग्रसती गयीं (रेणु रचनावली भाग—एक पृष्ठ-17) डॉ. बच्चन सिंह लिखते हैं—रेणु की कहानियों में रोंमाण्टिक यथार्थ का चटकीला रंग खूब दिखायी देता है। बच्चन सिंह रेणु को आदिम रस गन्धों का कथाकार कहते हैं। गाँव की धूल-माटी, आँगन की धूप, बैलों की घण्टियाँ, धान की झुकी हुई बालियाँ, गमकता चावल, मेला-ठेला, हँसी ठिठोली आदि के वर्णन में गाँव ही नहीं पूरा अंचल उभर आता है। इस दृष्टि से 'लालपान की बेगम', और 'तीसरी कसम' विशेष रूप से द्रष्टव्य हैं। ग्रामांचल की तह में घुसकर इसके शब्द, रूप, रस, गन्ध स्पर्श को समग्रता में चित्रित करनेवाले अद्वितीय कथाकार हैं रेणु। रेणु ने बदलते हुए गाँव को उनके बनते-बिगड़ते मूल्यों को पूरी समग्रता और जटिलता में पूरी तन्मयता के साथ चित्रित किया है। ऐसी तन्मयी भावना योग्यता अन्यत्र नहीं दिखायी पड़ती। रेणु की कहानियों में पूर्णिया और मिथिला के ग्रामगीतों के छन्द और ध्वनियाँ हैं। रेणु की कहानियों में उस भारत वर्ष की कथा है जो अभाव, अज्ञान अन्धविश्वास, मजबूरी और विवशता से घिरा है लेकिन उसके बावजूद उसमें जीवन्तता है रस रंग के साथ जीने की ललक है। रेणु में वह गहरी मानवीय संवेदना है जो लोगों के दुःख को अपना दुःख बना लेती है। अपनी समग्र मानवीय दृष्टि से रेणु ने जीवन और जगत् में कुण्ठा, सन्त्रास अर्थहीनता न देखकर ममता, करुणा, निष्ठा, आस्था और सुन्दरता देखी है। रेणु की कहानियाँ पढ़कर लगता है, यह जीवन जीने योग्य है, यह संसार त्याज्य नहीं ग्राह्य है। अपने अंचल की लोक संस्कृति भाषा, आचार, व्यवहार, स्थानीय जीवन पद्धति तथा मुहावरे आदि की रेणु ने जिस सूक्ष्म अन्तर्दृष्टि से परखा है और उसे व्यापक सार्वजनीनता प्रदान करते हुए मानवीय संवेदनशीलता के साथ प्रस्तुत किया है, वह अद्वितीय है।

रेणु की कहानियों में कथातत्त्व प्रधान नहीं हैं, प्रधान है अंचल विशेष का पूरा परिवेश। कथा प्रस्तुत करना रचनाकार का उद्देश्य है भी नहीं उद्देश्य है उस अंचल के समग्र जीवन को यथार्थ रूप से गहरी आत्मीयता और जीवन्तता के साथ प्रस्तुत करना और इसमें रेणु पर्याप्त सफल हुए हैं। 'लाल पान की बेगम' रेणु की महत्त्वपूर्ण कहानी है जिसमें अंचल विशेष के जीवन की पूरी झाँकी रची बसी है, जिसमें परिवेश

और मानवीय संवेदनशीलता के गहरे रागात्मक संस्पर्श हैं। इस कहानी में घटना या तथ्य या कथा महत्त्वपूर्ण नहीं है, महत्त्वपूर्ण है इसमें निहित जातीय परिवेश, उसकी जिजीविषा और गाँव के सहज भोले लोगों—विशेषकर स्त्रियों की छोटी-छोटी इच्छाएँ और उन इच्छाओं के मर्मस्पर्शी चित्र। इस कहानी में कोई खास समस्या नहीं है और कोई घटना भी नहीं है बस इतनी-सी बात है कि बिरजू की माँ बैलगाड़ी पर बैठकर बलरामपुर नाच देखने जाना चाहती है। एक ग्रामीण स्त्री की इस भोली सरल, मधुर और निष्कपट इच्छा के सहारे रेणु ने गाँव को जिस आत्मीयता के साथ कहानी में चित्रित किया है और उस जीवन में व्याप्त अकुलाहट को संवेदन एवं निरीक्षण की अद्भुत क्षमता से जिस रूप में उकेरा है वही कहानी का प्राण तत्त्व है। एक छोटी-सी घटना को रेणु ने जो व्यापक फलक प्रदान किया है, उससे कहानी अत्यधिक महत्त्वपूर्ण हो उठी है। बिरजू की माँ को केन्द्र में रखकर पूरी कहानी बुनी गयी है और इसके माध्यम से अंचल के परिवेश को मूर्त किया गया है। गाँव का भोलापन उनकी छोटी-छोटी इच्छाएँ, उनकी कल्पनाएँ, उनका रागद्वेष, उनकी आर्थिक स्थिति उनका अन्धविश्वास और सबसे बढ़कर सब-कुछ के बावजूद उनका आपसी राग, उनकी आमीयता जिस ढंग से इस कहानी में उभरकर सामने आयी है, वह अद्वितीय है।

रेणु की 'रसप्रिया' कहानी अंचल विशेष के जनजीवन की रुचि और प्रवृत्ति को कला स्वर प्रदान करते हुए मानसिक द्वन्द्व का गहन विश्लेषण करती हैं। एक कलाकार की तन्मयता और समर्पण की सशक्त अभिव्यक्ति इसमें हुई है। वर्तमान समय में कला और कलाकार का अवमूल्यन कितना हो रहा है, संगीत और नृत्य किस तरह उपेक्षित है उनका कोई कलागत महत्त्व नहीं रह गया है, वे मात्र मनोरंजन के लिए हैं, मशीनी युग की जटिलता शहरों में ही नहीं गाँवों में भी प्रविष्ट हो गयी है, लोग रस से बेरस से हो रहे हैं 'रसप्रिया' इस सत्य को कलाकार मिरदंगिया की पीड़ा के साथ प्रस्तुत करती है। उसका बार-बार यह कहना कि 'रसपिरिया, सुनोगे 'शुद्ध रसपिरिया कौन गा सकता है आजकल?' कला की उपेक्षा भी दिखाता है और कलाकार की अन्तर्व्यथा भी। लेकिन कहानी में यह तथ्य ही उतना महत्त्वपूर्ण नहीं है जितना महत्त्वपूर्ण है उसका जातीय परिवेश और बोध। रसप्रिया में आंचलिक कहानी की विशेषताएँ भी हैं, व्यथा और कचोट भी, रागात्मकता और आन्तरिक तन्मयता भी। 'मिरदंगिया ने आँखें पोछते हुए ढलते सूरज की ओर देखा। इस मृदंग को कलेजे से सटाकर रमपतिया ने कितनी रातें काटी हैं...मृंदग को उसने छाती से लगा लिया।'' ''माँ ने बीमार मोहना को आह्लाद से अपनी छाती से सटा लिया।'' मोहना की माँ खेत की ऊबड़-खाबड़ मेड़ पर चल रही थी, ठोकर खाकर गिरते-गिरते बची'' आदि स्थल रागात्मक स्थितियों के संकेत हैं। यह संकेत पूरी कहानी में व्याप्त है इसी प्रकार 'पंचलाईट' कहानी में गाँव के बीच फैले आपसी राग द्वेष, उठापटक, स्वाभिमान, सहज भोलेपन को वाणी दी गयी है गोधन तथा मुनरी के बीच विद्यमान रागतत्त्व को अभिव्यक्त किया गया है। कहानी में

कथानक का अभाव है कथा केवल इतनी ही है कि गुअर टोली के लोगों ने चन्दा एकत्र करके सार्वजनिक कार्य हेतु एक पेट्रोमैक्स खरीदा है, जिसे राजपूत टोली के लोग लालटेन कह कर चिढ़ाते हैं। गुअर टोली का कोई व्यक्ति पेट्रोमैक्स जलाना नहीं जानता। गोधन जानता है पर वह मुनरी को देखकर सलीमा का गाना गाने के कारण समाज से बहिष्कृत है गुअर टोली के लोग गोधन का बहिष्कार समाप्त करते हैं और गोधन पेट्रोमेक्स जलाकर गुअर टोली के स्वाभिमान की रक्षा करता है। कहानी खास नहीं है पर वह खास बन गयी है रेणु के मानवीय संस्पर्श के कारण। 'ठेस' बड़ी मार्मिक कहानी है ग्रामीण कलाकार के स्वाभिमान को रेणु ने स्वर दिया है। कलाकार सम्मान का आकांक्षी होता है, अपनी कला के महत्त्व की स्वीकृति की इच्छा स्वाभाविक है। 'ठेस' लोक में प्रयुक्त शब्द है। कलाकार सिरचन को हवेली की बहुओं के व्यंग्य बाण से ठेस लगती है, पर वह मानों दीदी की संवेदना का ध्यान रखता है और शीतलपाटी चिक, आसनी-सब-कुछ बुनकर स्टेशन पर ले आता है मानो दीदी को देने। वह अपने स्वाभिमान और संवेदना का एक साथ निर्वाह करता है, संवदिया अत्यन्त मर्मस्पर्शी कहानी है। रेणु ने एक सीधे सरल पात्र हरगोबिन संवदिया की मनोदशा का मार्मिक अंकन किया है। हरगोबिन संवाद ले जाने का धर्म निभाता है। उसे तटस्थ होना चाहिए। पर बड़ी बहू का संवाद उसके मैके ले जाते समय वह तटस्थ नहीं रह पाता। उसका संकोच, उसका शील, उसकी संवेदनशीलता, ग्रामीण समाज की मर्यादा की रक्षा के प्रति उसकी निष्ठा उसे संवाद सम्प्रेषित करने से रोक देती है। रेणु ने हरगोबिन के द्वन्द्व का बड़ा ही मार्मिक चित्रण किया है। हरगोबिन मनुष्यता के उत्कर्ष का स्पर्श करता है।

रेणु की कहानियों के सभी पात्र जीवन्त हैं, रेणु ने अपने प्रत्येक पात्र को पूरी सहानुभूति दी है, उनके मनोविज्ञान को पहचाना है। उन्हें पशु-पक्षियों नदी-नालों, वृक्षों वनस्पतियों, सभी से प्यार है। इसीलिए उनके पात्र हमारे मन को छूते हैं हमारी चेतना को स्पन्दित करते हैं और हमारे हृदय में बस जाते हैं। 'रसप्रिया' का पंचकौड़ी मिरदंगिया, 'तीसरी कसम' का हीरामन, हीराबाई पंचलाइट की मुनरी, गोधन, 'लालपान की बेगम' की बिरजू की माँ आदि पात्र हमारे मन पर हमेशा के लिए अपनी अमिट छाप छोड़ जाते हैं। ऐसा इसलिए होता है कि अनेक सामाजिक विकृतियों एवं त्रासद स्थितियों के भीतर अपनी नियति से जूझते हुए भी ये पात्र अपनी मानवीय गरिमा और मूल्यवत्ता को बचाये हुए हैं। ये असहाय, गरीब अशिक्षित पीड़ित अन्धविश्वासी और जड़ हो सकते हैं किन्तु मनुष्यता और संवेदनशीलता के स्तर पर सभ्य कहे जानेवाले नगरों-महानगरों के गण्यमान महापुरुषों से निश्चय ही श्रेष्ठ हैं।

रेणु की कथा भाषा के विषय में चर्चा न की जाय तो बात अधूरी रहेगी। रेणु ने जिन उपन्यासों और कहानियों की रचना की है, उनमें जिस परिवेश को मूर्त किया है, जिन चरित्रों को गढ़ा है उसकी सफलता में उनकी भाषा ने बड़ी सहायता की है। रेणु

शिल्प के प्रति बहुत सजग हैं पर इसका कहीं आभास नहीं देते। अंचल के पूरे वैशिष्ट्य को रूपायित करने के लिए वे भाषा का बहुत ही सर्जनात्मक ढंग से प्रयोग करते हैं। रेणु की भाषा पर स्थानीय शब्दों और मुहावरों लोकोक्तियों के अतिशय प्रयोग का आरोप लगाया गया है। यह कहा गया है कि उनकी स्थानीय बोली कथातत्त्व रसानुभूति के मार्ग में दीवार बन गयी है। वस्तुतः बहुत से भाव, बहुत से यथार्थ और बहुत-सी संवेदनाएँ ऐसी होती हैं जो अंचल विशेष के जीवन के साथ घनिष्ठ रूप से सम्बद्ध होती हैं और उनकी अभिव्यक्ति के लिए स्थानीय शब्दों का प्रयोग अनिवार्य हो जाता है। वस्तुतः शब्दों के लोक प्रचलित रूपों को सामान्य शब्दों के साथ मिलाकर आंचलिक भाषा का निर्माण किया जाता है। इसमें प्रयोग किये जानेवाले शब्दों पर लोक रंग स्पष्ट दिखायी देता है। इस तरह के प्रयोग से भाषा में कुछ क्लिष्टता पैदा हो जाती है, पर समर्थ लेखक भावों के अनुकूल भाषा का प्रयोग करके उसकी अर्थवत्ता और संवेदना को तीव्र और सम्प्रेषणीय बना देते हैं। रेणु में अंचल विशेष में प्रचलित लोकोक्तियों और मुहावरों तथा लोकगीतों के प्रयोग से रेणु की भाषा और भी अर्थवान् हो उठी है। 'बेटा-बेटी केकरो घीढारी करे मँगरो', 'चालनी कहे सूई से कि तेरी पेंदी में कितने छेद', 'बड़ा-बड़ा घोड़ा बह जाये तो नटघोड़ी पूछे कितना पानी। बाप काटे घोड़ा का घास और बेटा का नाम दुर्गादास' जैसी लोकोक्तियाँ क्षेत्र विशेष के अन्तर्निहित अर्थ को सम्प्रेषित करती हैं। लोकगीतों का प्रयोग महत्त्वपूर्ण है। लोकगीतों के साथ लोकध्वनियाँ मिलकर अंचल के हर्ष विषाद को साकार कर देती हैं। ढोलों की आवाज, 'नगाड़े की धमक', गीत संगीत के प्रयोग से पूरा अंचल मूर्त हो उठता है। रेणु की कथन पद्धति भी बेजोड़ है, पात्रों स्थितियों, घटनाओं, वस्तुओं के वर्णन में उनकी कोई तुलना ही नहीं है। वे पात्रों की मनः स्थितियों के साथ तादात्म्य स्थापित कर उसका चित्रण करते हैं।

इस प्रकार रेणु का हिन्दी कथा साहित्य में विशिष्ट मौलिक एवं अद्वितीय स्थान है। बँधी-बँधायी कथा परम्परा को उन्होंने तोड़ा और अपनी अलग राह बनायी। बड़ा रचनाकार न अनुकरण करता है और न उसका अनुकरण करना सहज ही है। रेणु के बाद के आँचलिक कथा साहित्य के विश्लेषण से यह बात स्पष्ट हो जाती है। इस दृष्टि से वे हिन्दी के अकेले और अप्रतिम रचनाकार हैं। ग्राम कथाएँ पहले भी थीं और प्रेमचन्द ने इस ओर अपनी कथा-यात्रा को मोड़ा भी था। रेणु उस परम्परा की अग्रिम कड़ी हैं और कई अर्थों में वे प्रेमचन्द से आगे बढ़े हुए हैं। वे गहरे उतर कर ग्रामीण जीवन की समस्याओं को और उसके सम्पूर्ण और समग्र व्यक्तित्व को उभारते हैं एक दर्शक की हैसियत से नहीं, एक भोक्ता की हैसियत से उन्हीं में से एक होकर। इस अर्थ में अद्वितीय हैं।

हिन्दी का संस्मरण साहित्य और रमेशचन्द्र शाह

हिन्दी की प्रकीर्ण किन्तु अत्यन्त लोकप्रिय गद्य विधा संस्मरण किसी की स्मृति का शब्दों के माध्यम से किया जानेवाला अंकन है। स्मृति किसी स्थान की यात्रा विशेष की या व्यक्ति विशेष की हो सकती है। किसी स्मृति योग्य के जीवन के वे महत्त्वपूर्ण पहलू, वे सन्दर्भ, वे चारित्रिक वैशिष्ट्य जो स्मरणकर्त्ता की स्मृति में सुरक्षित स्थान बना लेते हैं और अपनी अमिट छाप छोड़ देते हैं, उन्हें वह शब्दों के माध्यम से अंकित करता है। यहाँ यह ध्यातव्य है कि स्मरणकर्त्ता की स्मृति में वही रह जाता है जो विशिष्ट होता है, महत्त्वपूर्ण होता है और जिसने स्मरणकर्त्ता के हृदय को विगलित किया है, उसे गहरे स्तर पर प्रभावित किया है। यह भी ध्यान देने की बात है कि स्मरणकर्ता स्मृति योग्य को स्मरण करते हुए स्वयं भी चित्रित होता चलता है। महादेवी वर्मा ने अपने संस्मरण के विषय में जो लिखा है, उससे इसकी पुष्टि हो जाती है—"इन स्मृति चित्रों में मेरा जीवन भी आ गया है। यह स्वाभाविक भी था। अँधेरे की वस्तुओं को हम अपने प्रकाश की धुँधली या उजली परिधि में लाकर ही देख पाते हैं। उसके बाहर तो वे अनन्त अन्धकार के अंश हैं। मेरे जीवन की परिधि के भीतर खड़े होकर चरित्र जैसा परिचय दे पाते हैं, वह बाहर रूपान्तरित हो जायेगा।...परन्तु मेरा निकटताजनित आत्म विज्ञापन उस राख से अधिक महत्त्व नहीं रखता जो आग को बहुत समय तक सजीव रखने के लिए ही अंगारों को घेरे रहती है। (अतीत के चलचित्र, भूमिका, पृ. 2, संस्मरण 1987, भारती भण्डार, लीडर भवन, लीडर रोड, इलाहाबाद—211001) वस्तुतः अपने स्मर्यमाण की जो छवि उसके अन्तःकरण में प्रतिबिम्बत होती है, उसी का चित्रण रचनाकार करता है। इस रूप में संस्मरण आत्मचरित के निकट आ जाता है। पर आत्मचरित से वह इस रूप में भिन्न भी है कि आत्मचरित में स्वयं का चित्रण रचनाकार करता है और संस्मरण का विषय अन्य का चित्रण होता है। संस्करण के लिए यह भी आवश्यक है कि लेखक जिस व्यक्ति या वस्तु का चित्रण करता है वह उसके द्वारा साक्षात्कृत हो। संस्मरण में लेखक अपनी जिस स्मृति को पुनर्जीवित करता है, उसमें प्रामाणिकता का होना अनिवार्य है।

संस्मरण में अतीत की स्मृति ही प्रधान होती है। इसमें रचनाकार जिनके बारे में लिख रहा होता है, उसकी प्रभावपूर्ण अभिव्यक्ति करता है। संस्मरण में आत्मीयता का

तत्त्व प्रमुख होता हैं। यह आत्मीयता संस्मरण को प्रभावशाली बनाती है। संस्मरण में कल्पना के लिए कोई स्थान नहीं होता। वैयक्तिकता संस्मरण का एक महत्त्वपूर्ण वैशिष्ट्य है क्योंकि इसमें लेखक की स्वयं की संलग्नता होती है। संस्मरण को उसकी कथात्मकता भी रोचक बनाती है।

हिन्दी में संस्मरण साहित्य का वास्तविक आरम्भ द्विवेदी युग से माना जा सकता है। पद्म सिंह शर्मा पहले संस्मरण लेखक माने जा सकते हैं। पर छायावाद युग में इसे प्रौढ़ता प्राप्त होती है। द्विवेदी युग से चली संस्मरण साहित्य की यात्रा निरन्तर गतिशील रही और अब इसने गद्य साहित्य में महत्त्वपूर्ण स्थान बना लिया है। अब इसे लघु विद्या के अन्तर्गत रखना भी उचित प्रतीत नहीं होता। गुणात्मक एवं मात्रात्मक—दोनों दृष्टियों से संस्मरण साहित्य ने अपनी अद्यतन महत्त्वपूर्ण पहचान बनायी है। इतिहास, दर्शन राजनीति, साहित्य, संस्कृति पत्रकारिता सभी क्षेत्रों के लोगों ने उत्कृष्ट मार्मिक संस्मरण लिखे हैं। ऐसे ही संस्मरणकारों में रमेशचन्द्र शाह का नाम आता है। रमेशचन्द्र शाह समकालीन हिन्दी साहित्य के उन विरल लेखकों में हैं जिनकी रचनाधर्मिता का आयाम बहुत विस्तृत है। वे कवि, आलोचक, कथाकार, नाटककार, निबन्धकार, संस्मरणकार, डायरी लेखक एक साथ हैं। उन्होंने डायरी, संस्मरण, यात्रा वृत्तान्त, साक्षात्कार जैसी विधाओं को समृद्ध किया है। शाह जी ने भारतेन्दु युग से लेकर छायावादी युग तक की चली आ रही अस्मितामूलक विमर्श को आगे बढ़ाया है। इस सन्दर्भ में वे अज्ञेय, निर्मल वर्मा, विद्यानिवास मिश्र और कुबेरनाथ राय की परम्परा के लेखक हैं। अस्मितामूलक विमर्श की झलक उनके निबन्धों, संस्मरणों यात्रा-साहित्य, डायरी, पत्र साहित्य जैसी विधाओं में अधिक साफ-साफ देखी जा सकती है। 'आवाहयामि' 2016 में प्रकाशित शाह जी के संस्मरणों का संकलन है जिसमें अट्ठाईस व्यक्तियों से जुड़े अत्यन्त आत्मीय संस्मरण हैं। जिन लोगों से शाह जी के सम्बन्ध अत्यन्त प्रगाढ़ रहे हैं, जिन लोगों से उन्होंने उन्हीं के शब्दों में कहा जाय 'भाव ऊर्जा' और 'बुद्धि ऊर्जा' प्राप्त की है, उन्हें याद करना उनको जरूरी लगा होगा। ये संस्मरण शाह जी से सम्बन्धित व्यक्तियों के स्थूल विवरण मात्र नहीं हैं उन व्यक्तियों का साहित्यिक, सांस्कृतिक मूल्यांकन भी है, अपने समय की पड़ताल भी है, भारतीय और पाश्चात्य संस्कृति की तुलना भी है; भारतीय दृष्टि का पुनराख्यान और विकास भी है। रमेशचन्द्र शाह की इस पुस्तक में अधिकतर रचनाकारों से ही सम्बन्धित संस्मरण हैं दो को छोड़कर। आखिर एक लेखक की दुनिया में सम्बन्धों का दायरा भी उसी के भीतर से ही तो बनता है।

इस पुस्तक का शीर्षक 'आवाहयामि' ही इसके अर्थ को द्योतित करता है। रचनाकार अपने भीतर उन लोगों का आवाहन करना चाहता है, जिनसे उसने प्रेरणा ली है और जो अब इस दुनिया से विदा हो चुके हैं। भारतीय संस्कृति में पितरों का आवाहन करने की परम्परा है। उनकी स्मृति को पुनरुज्जीवित कर श्रद्धा अर्पित करने

का विधान है। हम यह मानते हैं कि पितर हमारे आवाहन को स्वीकार करके हमारे भीतर प्रकाशपुंज के रूप में उतरेंगे, हमारे आत्यन्तिक कल्याण हेतु। इस अर्थ में यह शीर्षक आध्यात्मिक और सांस्कृतिक अर्थ को द्योतित करानेवाला है। पुस्तक का पहला संस्मरण शाह जी के बड़े फुफेरे भाई पर केन्द्रित है। इनके स्मरण में गहरी आत्मीयता है। शाह जी का मानना है कि शम्भू दाज्यू के वाक्य 'क्योंकि तुम नेचुरल पोएट हो' ने उनके जीवन में संजीवनी बूटी का कार्य किया। शम्भू दाज्यू का स्मरण एक प्रकार से अपनी पूर्व परम्परा के प्रति, समाज के प्रति, उस दाय के प्रति कृतज्ञता ज्ञापन है जो उसे अनायास उपलब्ध हुआ है, यहाँ ऋण स्वीकारी भाव है। शाह जी शम्भू दाज्यू को ही अपने भीतर रचनात्मकता जगाने का श्रेय देते हैं।

शाह जी शम्भू दाज्यू की प्रतिभा की चर्चा करते हैं और उनके कहानी संग्रह 'मेरा बाप मेरा दुश्मन' को भी स्मरण में लाते हैं पर उनकी अकस्मात रचनायात्रा के स्थगित होने के कारणों की पड़ताल करते हुए निष्कर्ष देते हैं कि कुछ लोगों की प्रतिभा सिर्फ दूसरों को जगाने में, उन्हें उनकी सही पहचान कराने में ही फलती-फूलती है। अपनी परवाह उन्हें होती ही नहीं उस तरह (पृ. 19)।

अज्ञेय शाह जी के लिए जयशंकर प्रसाद और सूर्यकान्त त्रिपाठी निराला के बाद सबसे प्रिय लेखक हैं। अज्ञेय से उनके बहुत ही आत्मीय सम्बन्ध रहे हैं। इसलिए उनके व्यक्तित्व के विभिन्न पहलुओं को निकट से देखने का उन्हें अवसर मिला है। इसका बहुत ही आत्मीय स्मरण अज्ञेय से सम्बन्धित संस्मरण में है। डॉ. शाह यह स्वीकार करते हैं कि अज्ञेय की कविताओं ने मेरी किशोर चेतना को वयस्क भावबोध में दीक्षित किया, अपनी उलझी हुई कुण्ठाओं को समझने और उनसे उबरने का रास्ता दिखाया (पृ. 24)। अपने समय में अज्ञेय को विरोधियों के निर्मम और व्यर्थ तथा अमानवीय हद तक के प्रहार झेलने पड़े थे। संकीर्ण विचारधारा साहित्य को किस गर्त में ले जा सकती है, अज्ञेय का नासमझ शत्रुतापूर्ण विरोध इसका प्रमाण हैं। डॉ. शाह लिखते हैं—"मुझे याद नहीं पड़ता अपनी युवावस्था के दौरान मैंने कभी किसी लेखक को कुछ अच्छा बोलते हुए सुना हो। बाद के वर्षों में भी दो-एक गिने चुने अपवादों को छोड़कर मेरा कमोबेश यही अनुभव रहा। पहला ही विशेषण जो मेरे अंचल के एक सुप्रसिद्ध लेखक के मुँह से सुना, वह था—अमरीकी एजेण्ट (प्र. 25) अज्ञेय के व्यक्तित्व को निकटता से देखने परखनेवाला व्यक्ति ही यह लिख सकता है कि 'वात्स्यायन जी भीतर से बहुत इम्पल्सिव थे। यों उनके जैसा संयमी और आत्मानुशासित व्यक्ति मैंने नहीं देखा। (पृ. 28) शाह जी यह मानते हैं कि संयम और अनुशासन अज्ञेय जी ने अर्जित किया था। शाह जी ने अज्ञेय जी में एक शिशु का चरित्र देखा है—बच्चों की तरह रूठना और किसी बात पर बच्चों की तरह मुदित हो जाना (पृ. 25) शाह जी अज्ञेय के जीवन के प्रति दृष्टिकोण तथा उनकी मान्यताओं की चर्चा करते हुए महत्त्वपूर्ण संकेत देते हैं कि वात्स्यायन जी के कुछ जीवन सिद्धान्त थे, जिन्हें लेकर

वे कभी समझौता नहीं कर सकते थे (पृ. 32)। अज्ञेय जी ने जीवन के प्रत्येक क्षेत्र में एकाग्रचित होने का परिचय दिया है। डॉ. शाह रेखांकित करते हैं कि एकाग्रता का अर्थ सिर्फ पढ़ने-पढ़ाने की एकाग्रता नहीं है, यह अज्ञेय जी ने अपने उदाहरण से, आचरण से, मेरे मन में बिठाया (पृ. 29)।

अज्ञेय के जीवन मूल्यों, उनके लेखन कर्म, संवाद धर्म पर टिप्पणी करते हुए शाह अपना सटीक निष्कर्ष प्रस्तुत करते हैं, जिनसे अज्ञेय के रचनात्मक दायित्व और वामपन्थी रचनाकारों के रचनात्मक दायित्व के बीच गुणात्मक अन्तर को भली प्रकार से समझा जा सकता है—"रचनाकर्म की वास्तविक समस्याओं को लेकर, देश और समाज के सम्मुख प्रस्तुत चुनौतियों को लेकर, समवयस्क और युवतर पीढ़ियों के लेखकों से संवाद की जरूरत सबसे ज्यादा अगर किसी को महसूस होती थी तो अज्ञेय को।...हाँ युवतर पीढ़ी के लेखकों को लेकर अज्ञेय की चिन्ता का रूप निश्चय ही वह नहीं था जो रचनात्मक प्रतिभा को विवेक की बजाय मोर्चा-बुद्धि से चलानेवालों में पाया जाता है। (पृ. 31)

जैनेन्द्र के व्यक्तित्व के विभिन्न पक्षों की चर्चा शाह जी ने 'मैं नहीं वह' संस्मरण में की है। डॉ. शाह अनुभव करते हैं कि—सार्वजनिकता या सामाजिकता का घुलावटी रसायन जैनेन्द्र के स्वभाव स्व धर्म की आन्तरिक माँग और प्रेरणा थी—एक ऐसे अनूठे और मार्मिक अर्थ में जो मैं किसी और लेखक पर घटा नहीं सकता (पृ. 43) डॉ. शाह किसी भी वरिष्ठ महत्त्वपूर्ण रचनाकार पर बात कर रहे हों और वर्तमान रचनाशीलता की विसंगति की ओर संकेत न करें यह हो ही नहीं सकता। जैनेन्द्र को स्मरण करते हुए डॉ. शाह अज्ञेय तथा जैनेन्द्र के दृष्टिकोण तथा वर्तमान मूल्य विपर्यय की भी चर्चा करते हैं—

'प्रासंगिकता और सार्थकता के जो प्रश्न और मूल्य अज्ञेय और जैनेन्द्र के लिए सर्वाधिक महत्त्व के थे वही आज के अधिकांश लेखकों के लिए पृष्ठभूमि में ओझल हो गये हैं। अक्सर लगने लगता है कि साहित्य फिलहाल सचमुच समाज की परछाईं लौटानेवाला दर्पण बनकर ही स्वयं को कृतार्थ और कृतकृत्य माने ले रहा है—उसके आगे-आगे चलनेवाली मशाल नहीं रह गया है (46-47)। एक रचनाकार को याद करते हुए शाह जी केवल उनके जीवन के विवरण में नहीं जाते, बल्कि उनके बहाने युग के साहित्यिक वातावरण का भी विश्लेषण करते हैं। वीरेन्द्र कुमार जैन की साहित्य जगत में हुई उपेक्षा का उल्लेख करते हुए शाह जी उसके कारणों पर विचार करते हैं— "वे हिन्दी साहित्य की एकदम बाहरी परिधि पर ही निष्कासित निर्वासित से रहे आये। उनकी कविताएँ उपेक्षित ही रही आयीं—बावजूद 'साथी मुक्तिबोध' से उनकी काव्य संवेदना और रचना-दर्शन के आंशिक साम्य के (57)। शाह जी वीरेन्द्र कुमार जैन की कविताओं की उपेक्षा के पीछे मार्क्सवादी आलोचना के उस एकांगी दृष्टिकोण को उत्तरदायी मानते हैं जिसने सुमित्रानन्दन पन्त तक को नहीं बख्शा—"अब समझ में

आता है कि हिन्दी की तत्कालीन साहित्यिक राजनीति को देखते हुए यह सर्वथा स्वाभाविक घटना थी। उन्हें और उनके कृतित्व को अनदेखा करना आसान था। आखिर जिस प्रतिष्ठादानी मशीनरी ने 'ग्राम्या' और 'युगवाणी' के कवि की भरपूर आरती उतार चुकने के बाजवदू उस कवि में अरविन्दी यूटोपिया के प्रति रूझान दिखते ही उसे दूध में से मक्खी की तरह निकाल फेंका वही प्रतिष्ठादानी मशीनरी अब श्री अरविन्द के चिन्तन को मार्क्स की तुलना में विशुद्ध स्वेदेशी यूटोपिया को इस कदर गम्भीरता से अपना लेनेवाले नये दौर के कवि वीरेन्द्र कुमार जैन को कैसे इतनी आसानी से बख्श देती? कोई मामूली अपराध तो था नहीं, जिसे इतिहास माफ कर सकता, उसे वे माफ करनेवाले कौन होते थे? ऐसे अक्षम्य अपराध की तो जैसी जो भी सजा तजबीज की जाती, वह कम ही ठहरती—है न? (पृ. 58) शाह जी के इस व्यंग्य ने मार्क्सवादी आलोचना दृष्टि की कलई उतार दी है। आजादी के बाद के इतने वर्षों की हिन्दी साहित्य की यात्रा से यह बात पूरी तरह प्रमाणित हो जाती है कि तथाकथित प्रगतिशीलों ने साहित्य का कितना नुकसान किया है, नयी पीढ़ी के मस्तिष्क में कितना विष भर दिया है कि वह अपनी जमीन से ही कट गयी है। शाह जी की दृष्टि वीरेन्द्र कुमार जैन की छोटी-छोटी किन्तु दुर्लभ विशेषताओं की ओर भी गयी है—"मुझे शर्म आती थी अपनी लिखावट पर" उनकी लिखावट के सुघड़ स्थापत्य के सामने मुझे अपनी लिखावट निहायत भद्‌दी लगा करती थी। (पृ. 59) शाह जी वीरेन्द्र कुमार के यहाँ कविता और आध्यात्मिकता का अटूट रिश्ता देखते हैं—वीरेन्द्र कुमार जैन के यहाँ कविता और आध्यात्मिकता का रिश्ता आरम्भ से ही अटूट रहा है। वह जवानी में भी उतने ही आध्यात्मिक थे जितने प्रौढवय में और प्रौढ़वय में ही उतने ही—बल्कि उससे ज्यादा ही कवि थे जितने जवानी में। आध्यात्मिक रूझान उनकी कविता को कुन्द नहीं करता बल्कि उस पर सान चढ़ाता है (पृ. 62)। आचार्य हजारीप्रसाद द्विवेदी की जितनी प्रसिद्धि विद्वता और सृजनशीलता के कारण थी उतनी ही प्रसिद्ध अद्‌भुत सम्मोहनकारी वक्तृता के कारण भी थी। द्विवेदी जी की चर्चा करते हुए उनके जीवन्त, सहज और विलक्षण वक्तृता को शाह जी याद करते है जब पहली बार उन्हें व्याख्यान देते सुना तो लगा उन्हें "सुनना" अपने आपमें ऐसा विलक्षण अनुभव है जो मात्र उन्हें पढ़े होने के अनुभव से सर्वथा भिन्न और मूल्यवान् अनुभव है। उसका अपना अलग ही मजा और महत्त्व है (पृ. 68)।

अपने संस्मरणों में शाह जी ने बालकृष्ण राव, डॉ. रघुवंश और सर्वेश्वर दयाल सक्सेना के साथ की अपनी स्मृतियों को ताजा किया है। शाह जी बालकृष्ण राव की रसिकता और साहित्य की मर्मज्ञता के साथ उनकी वाक्पटुता वार्त्तालाप की सहज प्रतिभा का भी स्मरण करते हैं (पृ. 77)। डॉ. शाह को प्रसिद्ध समाजवादी आलोचक डॉ. रघुवंश की सहजता सबसे अधिक प्रभावित करती है—बहुत कम लोग होते हैं जो अपने बड़प्पन को अपनी विद्वत्ता को इतने लाघव के साथ वहन कर ले जा सकते हैं।

डॉ. रघुवंश उन्हीं में से एक थे। अहसास नहीं होता था कि आप जिनके साथ इतने आराम से बैठे हैं इस कदर सहज घरेलू आत्मीयता के साथ बतिया रहे हैं। वे डॉ. रघुवंश हैं (पृ. 82) रघुवंश जी की सीख कि 'रमेश' एक बात गाँठ बाँध लो कभी भी अपनी प्रशंसा से खुश मत होना को याद करते हुए भावुक होकर वर्तमान समय के विपन्न साहित्यिक परिवेश की चर्चा करते हैं तो रघुवंश जी की स्मृति ही उन्हें आश्वस्ति प्रदान करती है—"जब कभी अपने कुण्ठाकीर्ण और अकारणद्रोही परिवेश से निराशा होती है और मैं घोर आत्मावसाद से घिर जाता हूँ मैं रघुवंश जी और उन्हीं सरीखें दो-तीन और महामना लोगों का स्मरण और आवाहन करता हूँ। (पृ. 88)

शाह जी बौद्धिक स्तर पर अपने को निर्मल वर्मा के निकट पाते हैं। इसलिए निर्मल वर्मा का स्मरण एक भारतीय बौद्धिक द्वारा भारतीयता की तलाश द्वारा अपने आसपास छाये धुन्ध को हटाने की कोशिश करनेवाले बौद्धिक का स्मरण है। डॉ. शाह निर्मल जी की ईमानदारी दृढ़ता और नैतिकता के कायल हैं—"एक नैष्ठिक बुद्धजीवी की तरह उनमें सामाजिक समस्याओं पर भी अपना स्टैण्ड लेने और उस पर दृढ़तापूर्वक कायम रहने का नैतिक साहस था। इसी कारण 'पोलिटिकली करेक्ट' लोगों से उन्हें बड़ी वितृष्णा होती थी। (पृ. 93)निर्मल वर्मा पश्चिम के देशों में काफी समय तक रहे हैं, उन्हें निकट से देखा है जिसकी फलश्रुति है उनकी पुस्तक 'भारत और यूरोप : प्रतिश्रुति के क्षेत्र,। उसमें भारत और पश्चिम के अन्तर को स्पष्ट किया गया है—'निर्मल वर्मा उन बहुत थोड़े से लेखको में थे जिन्होंने मनुष्य और जगत् सम्बन्धी यूरोपीय दृष्टि की विपन्नता को स्वयं उसके मानववाद की सीमाओं को भी अपनी सभ्यता और संस्कृति की चराचरवादी—चराचरधर्मी विश्वदृष्टि के बरक्स यथासम्भव ठीक से पहचाना और रेखांकित किया था और इसके साथ ही जो भी ऐतिहासिक विकृतियाँ और विडम्बनाएँ हमारे यहाँ उपजीं और पनपी हैं उन्हें भी उनके सही नाम से पुकारने का साहस भी प्रदर्शित किया था। (पृ. 102) शाह जी निर्मल वर्मा के देहावसान के बाद एक रिक्ति का अनुभव करते हैं, जैसा उन्होंने अज्ञेय के निधन के बाद किया था (पृ. 101) पर शाह जी लिखते हैं कि वात्स्यायन जी के जाने के बाद रिक्ति उतनी आत्यन्तिक नहीं लगी थी क्योंकि तब निर्मल वर्मा नाम की विभूति वैचारिक तेजस्विता के साथ विद्यमान थी (पृ.102)। इससे यह स्पष्ट होता हैं कि साहित्य के क्षेत्र में निर्मल वर्मा की उपस्थिति उनकी दृष्टि में कितनी महत्त्वपूर्ण रही है (पृ. 102) शाह जी जी निर्मल वर्मा के कृतित्व का खुली संवेदना और स्वाधीन समझ द्वारा स्वायत्त किये जाने की आवश्यकता का अनुभव करते हैं (पृ. 103)। निर्मल वर्मा ने वामपन्थ के पाखण्ड को बराबर उजागर किया, शाह जी इससे सहमत होते हैं—अगर हमारे देश के वामपन्थी दल इतने अन्धे और पाखण्डी न होते तो आर्वेल का जीवन और लेखन उनके लिए एक अमूल्य निधि होता।" सिर्फ दो ही समाजवादी अपवाद दिखायी देते हैं लोहिया और साही (पृ. 96) शाह जी ने अपने संस्मरणों में विद्यानिवास जी, विजय देवनारायण

साही, श्रीलाल शुक्ल, अशोक सेक्सरिया, श्रीपत राय, सत्यप्रकाश मिश्र, शैलेश मटियानी, त्रिलोचन शास्त्री,ज्योत्स्ना मिलन तथा अपने शहर भोपाल को भी स्मृतिबद्ध किया है। पण्डित विद्यानिवास मिश्र को याद करते हुए कहते हैं कि वे लोक और शास्त्र में समन्वय करनेवाले लेखक थे अपितु शास्त्र पर लोक की वरीयता के पक्षपाती थे। वे पण्डित जी के वाक्य को उद्धृत करते हैं—समाज की अपेक्षा समाज से वृहत्तर और व्यापकतर इकाई लोक का ध्यान मुझे रहा है। मेरा समाजशास्त्र शायद कमजोर है, हाँ, लोक में मेरा नाता अधिक गहरा है। (पृ.सं.156)। डॉ. शाह पण्डित जी के निबन्धों में व्याप्त व्यक्तित्व के वैशष्ट्य का उल्लेख करते यह मानते हैं कि पण्डित जी के निबन्धों में एक बेचैनी है—यह जो आज के वात्याचक्र में पड़ा हुआ पश्चिम और पूरब की असमान टकराहट और घालमेल के फलस्वरूप बना हुआ मन है—जो अपना सांस्कृतिक आत्मविश्वास खो चुका है उसकी वेदना एक स्थायीभाव की तरह पण्डित जी के भीतर बसी हुई है। यह उनके निबन्धों की प्रेरणा है (पृ. 159)। डॉ. शाह पण्डित जी के विचार से अपनी सहमति जताते हैं कि उन्नीसवीं शताब्दी का पुनर्जागरण अधूरा पुनर्जागरण था। उस अधूरे पुनर्जागरण का पूरा करने का दायित्व हम पर है। (पृ. 161)

विजयदेव नारायण साही को याद करते हुए शाह जी गुरु शिष्य के भावात्मक रिश्ते को याद करते हैं। वे आज के समय में इस अनोखे सम्बन्ध के सूख जाने की पीड़ा का अनुभव भी करते हैं—आज न तो एकलव्य की एकनिष्ठता सम्भव दीखती है, न दत्तात्रेय की सर्वनिष्ठता, पर 'गुरुदेव सम्बोधन अगर सहज भाव से मेरे भीतर किसी के प्रति उमड़ता था तो वह साही जी ही थे (पृ. 105) । श्रीपत राय को शाह जी ने सूक्ष्म संवेदना का धनी कहा है। वे यह मानते हैं कि श्रीपतराय में कहानी कला की ऐसी परख थी जैसे बहुत कम लोगों में हैं (पृ. 127)। शैलेश मटियानी के सम्बन्ध में स्मृति को रेखांकित करते हुए उनके कठिन संघर्ष, उनकी आर्थिक विपन्नता, उनके मनोरोग, मनोरोग से उबरने का उनका प्रयत्न, सफलता-असफलता सबका मार्मिक चित्रण शाह जी ने किया है।, शाह जी शैलेश मटियानी को जनपक्षधरता का रचनाकार मानते हैं, किन्तु उनकी जनपक्षधरता का सम्बन्ध वैचारिक मतवाद से भिन्न है—चाहे राष्ट्रभाषा का सवाल हो, चाहे आर्थिक सामाजिक समता का, चाहे धार्मिक आस्था का, चाहे सांस्कृतिक अस्मिता का शैलेश का पक्ष सही मानों में 'जन का और सगुण-साकार भारतीय जन का ही पक्ष था और उसके पीछे उनके प्रत्यक्ष जीवनानुभव का बल था महज मतवादी विचारधाराई पैंतरेबाजी नहीं (पृ. 193)।

शाह जी जब कवि त्रिलोचन को याद करते हैं तो एक ऐसी छवि उनके मन में उभरती है जिसमें उन्हें वे पैदल चलते हुए देखते हैं—एक परिव्राजक की तरह निरन्तर पैदल चलते हुए एक पूरे समूह के साथ वह समूह जो दीखता नहीं पर पृष्ठभूमि में कहीं हमेशा साथ रहता है (पृ. 201) शाह जी का निष्कर्ष है पैदल चलना त्रिलोचन जी

का शौक या व्यसन नहीं था, उनका स्वभाव और स्वधर्म था (पृ. 201) शाह जी का मानना है कि त्रिलोचन के लिए कविता कोई विचारधारात्मक हथियार नहीं बल्कि जीवन को समझने और अर्थ देने का साधन भी था। (पृ. 201)

जब शाह जी वर्तमान साहित्य परिवेश में छायी छूआछूतवादी सामाजिकता और बहिष्कारधर्मी मानसिकता को देखते हैं तो उन्हें सत्यप्रकाश मिश्र का स्मरण हो आता है जो सिरे से इसे नकारते थे और इसे दूर करने के लिए हमेशा उद्यत रहते थे। जिन्होंने भी सत्यप्रकाश मिश्र को निकट से देखा है उन्हें यह अनुभव हुआ होगा कि सत्यप्रकाश जी सब को साथ लेकर चलने में विश्वास करते थे। इसीलिए शाह जी ने उनको याद करते हुए संस्मरण के लिए जो शीर्षक चुना है, वह बहुत अर्थवान् है—'सत्यप्रकाश मिश्र 'दो पाटों के बीच साबुत।' श्रीलाल शुक्ल की स्मृति को अंकित करते हुए उनके व्यक्तित्व के जिस पक्ष को शाह जी महत्त्व देते हैं, वह यह है कि श्रीलाल जी में लेखकीय प्रतिभा के साथ-साथ संवाद-संलाप की भी प्रतिभा थी जो बहुत कम लेखकों में पायी जाती है (पृ. 117)। शाह जी को इस बात का गहरा दुःख है और दुःख वास्तविक है कि साहित्य की दुनिया में लेखक प्रतिभा के साथ पाठक प्रतिभा का अकाल है। ऐसे पाठक प्रतिभा के अकालवाले वातावरण में अशोक सेक्सरिया एक ऐसे व्यक्ति थे जो साहित्य के विलक्षण संवदेनशील पाठक के रूप में निरन्तर जागरूक और प्रेरणादायी बने रहे (पृ. 237) शाह जी का कथन है कि अशोक सेक्सरिया बुद्धिजीवी से कहीं अधिक एक 'आत्मजीवी' लेखक और मनुष्य थे (पृ. 236) ।

अपने अंग के कट जाने की पीड़ा की अनुभूति को भोक्ता नहीं द्रष्टाभाव से महसूस करना कोई आसान काम नहीं है, तटस्थ रहकर उसका वर्णन करना बहुत ही मुश्किल है। अपनी जीवनसंगिनी को याद करते हुए रमेशचन्द्र शाह इस मुश्किल से गुजरे हैं। अपनी जीवनसंगिनी ज्योत्स्ना मिलन को शाह जी कृति के रूप याद करते हैं जो उनके लिए स्मृति नहीं कृति ही बनी रही एक सदा अपूर्वानुमेय और असमाप्य कृति (पृ. 224) ज्योत्स्ना जी के साथ प्रथम साक्षात्कार उनकी रचना के माध्यम से हुआ वह परिचय मंजिष्ठा राग को पहुँचा और दोनों एक सूत्र में आबद्ध हुए। वीरेन्द्र कुमार जैन की पुत्री ज्योत्स्ना मिलन का विवाह पूर्व जीवन मुम्बई जैसे महानगरीय परिवेश के बीच गुजरा था। विवाहोपरान्त महानगरीय परिवेश से सीधे विन्ध्य प्रदेश के एक सर्वाधिक पिछड़े हुए इलाके सीधी के परिवेश से सामंजस्य बनाने का सारा श्रेय डॉ. शाह ज्योत्स्ना जी की सर्व स्वीकारी और सर्वाश्लेषी अन्तरात्मा या कि अन्तःकरण (पृ. 227) को देते हैं। शाह जी ज्योत्स्ना जी के व्यक्तित्व के विभिन्न पक्षों को याद करते हैं—उनके कवि व्यक्तित्व को, उनके सफल गृहणी व्यक्तित्व को, उनकी पाक कला निपुणता को। शाह जी उनकी रचनाधर्मिता को याद करते हुए धरती और आकाश जैसे बिम्ब को उनका अन्तरंग मानते हैं—"आकाश ही स्थायी बिम्ब है और स्थायीभाव है उनकी कविता और कथा सृष्टि का (281) वे निष्कर्ष देते हैं—ज्योत्स्ना अपने

आपमें कई सारे विरुद्धों का अनोखा सामंजस्य थी। वह पूरमपूर पारिवारिक-सामाजिक थी—पर क्षण भर में उससे छिटककर अपने उस उजले एकान्त में उड़ जा सकती थी जो उनका आकाश था—सच्चा पूरा आकाश।'' (पृ. 232) शाह जी ने मलयज, श्रीकान्त वर्मा, श्री रामवर्मा, विपिन अग्रवाल, गोविन्दचन्द्र पाण्डेय, दर्शनाचार्य दयाकृष्ण, प्रो. जे. एल. मेहता से सम्बन्धित स्मृति को भी शब्दबद्ध किया है। शाह जी की यह संस्मरणात्मक कृति, संस्मरण भी है और आलोचना भी। इसमें स्मर्यमाण के जीवन के कुछ सन्दर्भ ही नहीं उद्घाटित हुए हैं उनके रचनात्मक व्यक्तित्व का भी उद्घाटन हुआ है, इसलिए यह समीक्षा भी है। यह कृति अपने भीतर युगबोध को भी समेटे हुए है। स्वातन्त्र्योत्तर हिन्दी साहित्य यात्रा की दिशा और दशा का तथा उसका समाज साहित्य की स्थिति पर पड़नेवाले प्रभाव का मूल्यांकन भी है। इससे रचना की दुनिया के द्वन्द्व का भी पता चलता है। शाह जी की भाषा कहीं ललित निबन्ध का प्रभाव छोड़ती है, तो कहीं दार्शनिक तत्त्व विवेचन की भाँति गूढ़ होती है। शाह जी की यह संस्मरणात्मक कृति व्यक्तित्व सम्पन्न लोगों का स्मरण भी है और युगीन साहित्य का निर्भीक विश्लेषण भी। इस कृति में शाह जी की सांस्कृतिक दृष्टि का उन्मेष भी है।

एक पते पर : साहित्य संस्कृति विमर्श

गद्य की विधाओं में पत्र साहित्य का भी महत्त्वपूर्ण स्थान है। पत्र यद्यपि एक वैयक्तिक विधा है, पत्र लेखक अपने पुत्र पुत्री, पिता मित्र या अन्य किसी को यह सोचकर नहीं लिखता कि ये पत्र कभी प्रकाशित होंगे और साहित्य के विषय बनेंगे, इसलिए उसमें गहरी आत्मीयता होती है, सहजता होती है, अन्तरंगता होती है तथा लेखक उन्मुक्त रूप में हृदय खोलकर अपनी बातें रखता है और ये विशेषताएँ उसे साहित्य का रूप दे देती हैं। पत्रों की जीवन्तता उसकी आत्मीयता और विश्वसनीयता के कारण वासुदेवशरण अग्रवाल लिखते हैं—"मेरी समझ में किसी व्यक्ति की भारी भरकम साहित्यिक कृति आँधी के समान हैं पर उसके साहित्यिक पत्र उन झोकों के समान हैं जो धीरे-धीरे आते जाते रहते हैं और वायु की थोड़ी मात्रा साथ लाने पर भी साँस बनकर जीवन देते हैं। वस्तुतः व्यक्ति जितना मुक्त निश्छल और सही रूप में अपने पत्रों में व्यक्त होता है उतना अपनी अन्य रचनाओं में नहीं। पत्र साहित्य का महत्त्व इसलिए भी है कि उसमें मनुष्य का कृत्रिम या कहिये सावधान रूप नहीं रहता, उसमें 'सजे सजाये' मनुष्य का चित्र नहीं वरन् एक चलते-फिरते मनुष्य का स्नैप शॉट मिल जाता है। लेखक का वैयक्तिक सम्बन्ध, उसके आन्तरिक और बाह्य संघर्ष उसकी रुचि और उस पर पड़नेवाले प्रभावों का पता चल जाता है। "पत्र सामान्य व्यक्ति के बीच का संवाद है, तो प्रेमी और प्रेमिका के बीच कोमल, मानवीय ऊष्मा से युक्त अभिव्यक्ति भी, पत्र पिता द्वारा पुत्र या पुत्री को दी गयी सीख भी है। गुरु द्वारा शिष्य को दिया गया उपदेश, एक मित्र का दूसरे मित्र के बच अन्तरंग संवाद भी। एक विचारक के समक्ष व्यक्त किया गया विचार, एक दार्शनिक का चिन्तन, एक वैज्ञानिक के अनुसन्धान की प्रक्रिया के दौरान की उत्कण्ठा की अभिव्यक्ति, एक इतिहासकार द्वारा अतीत की घटनाओं का आकलन, एक रचनाकार या आलोचक की रचना या आलोचना सम्बन्धी संकेत।" वे पत्र ही धरोहर होते हैं जो सामान्य विवरण से हटकर होते हैं और वे ही चर्चा के विषय बनते हैं।

यद्यपि आज इलेक्ट्रानिक माध्यमों के विकास के कारण पत्र लेखन प्रायः कम हो गया है उसका स्थान ह्वाट्सएप या मैसेंजर ने ले लिया है तथापि अभी भी पत्र लिखे जाते हैं। पत्र बीसवीं शताब्दी के अन्त तक पत्र दो व्यक्तियों के बीच संचार का

सर्वोत्कृष्ट माध्यम था। जहाँ तक साहित्यकारों का सम्बन्ध है कभी-कभी जो कुछ वह अपनी रचना में नहीं व्यक्त नहीं कर पाता, उसे अपने आत्मीय को लिखे पत्र में व्यक्त कर देता है। इसलिए फ्रान्सिस बेकन ने विद्वज्जनों के पत्रों को मनुष्य के समस्त कथनों से श्रेष्ठ माना है। पूरी दुनिया में पत्र लेखन की परम्परा रही है। भारतवर्ष में भी पत्र लिखे गये होंगे पर बहुत पुराने पत्रों के प्रामाणिक रूप उपलब्ध नहीं हैं पश्चिम में पत्रों को सुरक्षित रखने की परम्परा रही है, भारत में कम और हिन्दी में तो और भी कम, इसलिए पत्रों को पुस्तकाकार प्रकाशित करने की परम्परा बीसवीं शताब्दी में ही आरम्भ हुई। हिन्दी का पहला पत्र साहित्य 1904 ई. में मुंशीराम ने प्रकाशित कराया था। इसके बाद सभी बड़े कवियों-लेखकों के पत्र प्रकाशित हुए हालाँकि सभी पत्रों को सुरक्षित कर प्रकाशित करने का दावा नहीं किया जा सकता। पर कुछ पत्र संकलनों के नाम लिए जा सकते हैं—धीरेन्द्र वर्मा—यूरोप के पत्र, किशोरीदास वाजपेयी—साहित्यकारों के पत्र, अमृतराय—चिट्ठी पत्री, वृन्दावन लाल वर्मा—बनारसी दास चतुर्वेदी के पत्र, जानकीवल्लभ शास्त्री—निराला के पत्र, नेमिचन्द्र जैन—पाया पत्र तुम्हारा, नरेन्द्र कोहली—नागार्जुन के पत्र, रामविलास शर्मा—मित्र-संवाद, तीन महारथियों के पत्र,आपस की बातें, कवियों : के पत्र, जयदेव तनेजा—राकेश और परिवेश : पत्रों में, पुष्पा भारती : धर्मवीर भारती के पत्र, एक साहित्यिक के प्रेम पत्र, ढाई आखर प्रेम के, कमलेश अवस्थी—हमको लिख्यो है कहा, विवेकी राय—पत्रों की छाँव में, इसी क्रम में 'एक पत्ते पर' प्रख्यात रचनाकार आलोचक चिन्तक डॉ. रमेशचन्द्र शाह के नाम हिन्दी के स्थापित रचनाकारों आलोचकों, दर्शन तत्त्व वेत्ताओं के पत्रों का संकलन है और इस प्रकार यह हिन्दी गद्य विधा की एक महत्त्वपूर्ण उपलब्धि के रूप में हमारे समक्ष है। इसमें रमेशचन्द्र शाह को लिखे गये अज्ञेय, जैनेन्द्र, निर्मल वर्मा, श्रीराम वर्मा,मलयज,विद्यानिवास मिश्र, अशोक सेकसरिया, नामवर सिंह, अशोक वाजपेयी, श्रीपतराय, हजारीप्रसाद द्विवेदी, यशदेव शल्य, मुकुन्द लाठ, जड़ावलाल मेहता, कृष्ण बलदेव कैद,रघुवीर सहाय, दयाकृष्ण, कुँवरनारायण कृष्णनाथ, श्रीलाल शुक्ल कुल बीस विभूतियों के पत्र संगृहीत हैं। अपनी भूमिका में डॉ. शाह आरम्भ में ही विश्वविख्यात अमेरिकी कवयित्री एमिली डिकिन्सन की एक कविता की पहली पंक्ति 'This is my letter to the world' को उद्धृत करते हुए कहते हैं कि यदि कविता भी चिट्ठी है तो फिर चिट्ठी क्या है? भले ही वह चराचर जगत् को नहीं, मात्र एक व्यक्ति विशेष को ही सम्बोधित हो (पृ. 5) भूमिका में से डॉ. शाह ने पत्र-साहित्य के सम्बन्ध में दर्शन तत्त्व वेत्ता दयाकृष्ण के इसी पत्र में उद्धृत पत्र के हवाले से एक पत्ते की बात कही है कि पत्र में विचार तरंगें होती हैं जिसका प्रेरक स्वयं सम्बोध्य व्यक्ति ही होता है। इसका तात्पर्य यह है कि पत्र कौन लिख रहा है और किसे लिख रहा है, यह महत्त्वपूर्ण है। यदि पत्र लेखक के साथ ही सम्बोध्य व्यक्ति भी विचारक, सहृदय और कल्पनाशील व्यक्ति हो तो पत्र का स्तर कुछ और ही हो जाता है, वह केवल व्यक्तिगत

हालचाल या घरेलू जिन्दगी से सम्बद्ध नहीं होता या केवल व्यक्तिगत पीड़ा की उसमें अभिव्यक्ति नहीं होती अपितु उसमें देशकाल, सामाजिक, राजनीतिक सांस्कृतिक स्थितियों की झलक भी होती है।

'एक पते पर डॉ. रमेशचन्द्र शाह द्वारा संगृहीत दूसरा पत्र संकलन है इसके पहले प्रसिद्ध साहित्यकार मलयज द्वारा शाह जी को लिखे गये पत्र-संकलन 'रंग अभी गीले हैं, पाठकों के समक्ष आ चुका है। 'एक पते पर' संग्रह में जिन रचनाकारों, विचारकों आलोचकों के पत्र हैं वे कभी अपने समय के प्रमुख हस्ताक्षर रहे हैं। इन पत्रों में डॉ. शाह के लेखन कर्म और उनके आलोचना कर्म पर महत्त्वपूर्ण टिप्पणियाँ हैं, आत्मीयता की अभिव्यक्ति है, जीवन और जगत् की सामान्य स्थितियों की चर्चा है, और अपने समय की रचनात्मक आलोचनात्मक जलवायु की पड़ताल है सन्दर्भ और संस्कृति के क्षेत्र में विदेशी चिन्तन की बढ़ रही प्रधानता से उत्पन्न विडम्बना की चिन्ता है, अपनी परम्परागत विरासत की उपेक्षा पर पीड़ा व्यक्त की गयी है, अकादमिक और साहित्यिक संस्थाओं में व्याप्त गुटबाजी से उत्पन्न खिन्नता का इजहार भी है। पत्रकारिता जगत में व्याप्त संकट का भी उल्लेख है भारतीय भाषाओं के साहित्य पर अंग्रेजी में लिखे जा रहे साहित्य से उत्पन्न वर्चस्व के द्वन्द्व की भी चर्चा है। ये पत्र सत्तर के दशक से लेकर बीसवीं शताब्दी के अन्तिम दशक के काल खण्ड का स्पर्श करते है इसलिए इन कालखण्डों की राजनीतिक स्थिति पर भी मार्मिक टिप्पणियाँ हैं।

डॉ शाह स्वातन्त्र्योत्तर भारत के उन रचनाकारों में है जिन्होंने अनेक विधाओं में सार्थक और महत्त्वपूर्ण रचनाओं के माध्यम से साहित्य जगत् को समृद्ध किया है। एक रचनाकार की सहज अभीप्सा होती है कि वह व्यापक रूप में पढ़ा जाय सहृदय पाठकों द्वारा और बौद्धिक जगत् के सिरमौर द्वारा भी। इस पुस्तक में संकलित रचनाकारों आलोचकों ने शाह जी की अनेक पत्रिकाओं में छपे आलेखों और उनके उपन्यासों कहानियों तथा आलोचना पुस्तकों पर अपना स्पष्ट मन्तव्य व्यक्त किया हैं। 'किस्सा गुलाम' डॉ. शाह का चर्चित उपन्यास रहा है उस पर अज्ञेय जैनेन्द्र अशोक सेकसरिया की टिप्पणियाँ उल्लेखनीय है। 'अज्ञेय' हालाँकि 'किस्सा गुलाम' को एक अखण्ड ईकाई के रूप में निर्मित उपन्यास के रूप में नहीं देखते फिर भी इस बात से आश्वस्त हैं कि 'किस्सा गुलाम' ने हिन्दी उपन्यास में कुछ जोड़ा है और जीवित चरित्र दिये हैं। (एक पते पर पृ. 40)। जैनेन्द्र को 'किस्सा गुलाम' की कथा पर्याप्त विश्वसनीय नहीं लगती—'किस्सा गुलाम' में दो संस्कृतियों के अनमेल को विवाह द्वारा मेल दिखाकर जो कथा बुनी गयी है वह विश्वसनीय नहीं है। (पृ. 47) उपन्यास का अन्त भी उन्हें सपाट लगता है (वही)। अशोक सेकसरिया को 'किस्सा गुलाम' एक बुद्धिजीवी के द्वन्द्व का उपन्यास प्रतीत होता है (पृ. 120) मलयज के अधिकतर पत्रोंमें डॉ. शाह के आलोचनात्मक लेखन की प्रशंसा है। डॉ. शाह के 'कल्पना' पत्रिका में प्रकाशित आलेख को पढ़कर अपने 12-9-71 के पत्र में मलयज अपने उद्गार व्यक्त करते

हैं—"आपके ऐसे लेखों के रहते किसी को यह कहने का दुस्साहस नहीं होना चाहिए कि आज की आलोचना कमजोर है (पृ. 72) मलयज स्वयं ही गम्भीर आलोचक रहे हैं इसलिए उनके कथन का अपना महत्त्व है। डॉ. शाह ने जिन विधाओं पर लेखनी चलायी है उनमें निबन्ध विधा भी है श्री लाल शुक्ल उनके निबन्ध संकलन 'शैतान के बहाने' और आडू के पेड़' के अनूठेपन की चर्चा करते हैं—"इन निबन्धों की कोटि अनूठी है, जो एकबार आपके निबंध रस का आस्वाद ले चुका है, वह (अर्थात् मैं) निश्चय ही 'कुछ और कुछ और' की पुकार लगायेगा (112) डॉ. शाह 'जनसत्ता' में पाक्षिक स्तम्भ लिखते रहे हैं। श्री लाल शुक्ल उसके बौद्धिक स्तर की तारीफ करते हुए उसे सामान्य पाठक से दूर बताते हैं (पृ. 114)। डॉ. नामवर सिंह भी डॉ. शाह के आलोचनात्मक लेखन पर सकारात्मक टिप्पणी करते हैं—'प्रसाद, निराला और पन्त की 'लहर' सम्बन्धी कविताओं का तुलनात्मक विश्लेषण अलोकप्रद है। प्रसाद की आरम्भिक कविताओं से जो उदाहरण आपने चुने हैं उनसे वस्तुतः प्रसाद पुनर्जीवित हो उठते हैं (पृ. 141) आधुनिक संवेदना के प्रख्यात कथाकार कृष्ण बलदेव वैद ने डॉ. शाह के डायरी साहित्य, उपन्यास, पत्र साहित्य पर अपनी बेबाक-राय दी है। 'अकेला मेला' की भाषा के खुलेपन अनौपचारिकता, सहजता और बेतकल्लुफी की ओर वे विशेष रूप रेखांकित करते हैं (पृ. 223) कृष्ण बलदेव वैद का एक पूरा पत्र ही डॉ. शाह के 'आप कहीं नहीं रहते 'विभूति बाबू' पर है। इसमें उन्हें उपन्यास के सशक्तम हिस्से वहीं लगे जहाँ आप पाठक का भी भूल जाते हैं अपने अध्यापक और लेखक को भी भूल जाते हैं और विभूति बाबू के मर्म पर केन्द्रित रहते हैं (पृ. 227)।

पत्र भले ही कोई किसी को लिखता हो पर वह अपने युग को भी वाणी देता है, युग की विसंगतियों और प्रश्नों को भी रेखांकित करता है। इस संकलन में जिन लेखकों के पत्र हैं उन्होंने अपनी रचना यात्रा के क्रम में विविध खट्टे-मीठे अनुभव प्राप्त किये थे वे भी सब पत्रों में अभिव्यक्त हुए हैं। हमारे साहित्य जगत् का यह बहुत बड़ा दुर्भाग्य यह रहा है कि वह स्वतन्त्रता प्राप्ति के बाद विचार धारा के आधार पर मोर्चे बन्दी का शिकार हुआ, इसने भले ही किसी के अहं को तृप्त किया हो, पर सामान्य पाठक को भ्रमित किया और अन्ततः साहित्य और समाज को अपूरणीय क्षति पहुँचायी। इस साहित्यिक मोर्चाबन्दी के शिकार अज्ञेय सबसे अधिक हुए हैं। अज्ञेय अपने एक पत्र में लिखते हैं कि इस समय दलबद्ध आलोचना का दौर चल रहा है (पृ. 10)। इस मोर्चेबन्दी की एक धुरी को नामवर सिंह सँभाल रहे थे और उसमें अशोक वाजपेयी भी शरीक थे और मजे की बात यह है कि नामवर सिंह और अशोक वाजपेयी का भी एक-दूसरे के पसन्द के व्यक्ति या सलाहकार नहीं थे, पर उनमें समानता यह थी कि दोनों अज्ञेय के विरोधी थे इसीलिए अशोक वाजपेयी की कल्पना और उस समय के मुख्यमन्त्री अर्जुन सिंह के बूते जिस भारत भवन का निर्माण हुआ था उसके लिए अज्ञेय लिखते हैं कि भारत भवन एक ऐसा संस्थान है जिसमें समस्त सांस्कृतिक व्यापार

एक संगठन की मोनोपोली बन रहा गया है (पृ. 18)। अज्ञेय अपनी उपेक्षा से आहत भी होते हैं। 'भारत भवन' से निकलनेवाली पत्रिका 'पूर्वग्रह' का पूर्वग्रही रूप खलता है (पृ. 27)। निर्मल वर्मा भी अशोक वाजपेयी पर एक मनोरंजक टिप्पणी करते हैं—"अशोक जी से दो तीन बार मुलाकात हुई थी परन्तु जबसे लौटा हूँ उनसे गम्भीर विषय पर बातचीत करने का मन नहीं होता (पृ. 64)। डॉ. शाह भी साहित्य में व्याप्त 'मोर्चाबन्दी' की भर्त्सना करते हैं। मलयज को लिखे एक पत्र में डॉ. शाह लिखते हैं कि जो जितने जोर से 'स्टैण्ड' 'स्टैण्ड चीखता है मुझे उसमें इस मानसिक पराधीनता का अव्यक्त आर्त्तनाद सुनायी देता है (पृ. 87)। अशोक सेकसरिया भी साहित्य और कला जगत् में व्याप्त विकृति की चर्चा करते हुए प्रकारान्तर से 'भारत भवन' को इसके लिए उत्तरदायी मानते हैं- भारत भवन मुझे लगता है, इस तरह की विकृति को बल देता है। मैं एक बार भोपाल गया था तो वहाँ जो देखा वह इतना कृत्रिम और आत्ममुग्धता वाला था कि ऊब-सी होने लगी।" (पृ. 124) साहित्य में व्याप्त दलबन्दी का ही एक उदाहरण यह भी है कि अशोक वाजपेयी अपने एक पत्र में डॉ. शाह को अज्ञेय द्वारा सम्पादित 'नया 'प्रतीक'' से किनाराकशी करने की सलाह दे डालते हैं (पृ. 150) एक दूसरे पत्र में लिखते हैं—'नया 'प्रतीक' से आपका सम्बन्ध है। यो भी वह खेमापरक है और उससे व्यर्थ की बदनामी और गलतफहमी भर ही रही है इसलिए आपको इस बारे में पुनर्विचार करना चाहिए (पृ. 156)।

ध्यातव्य है कि डॉ. शाह 'नया प्रतीक' के सलाहकार थे और अशोक वाजपेयी अज्ञेय के विरोधी। अशोक वाजपेयी के पत्र में नामवरसिंह से उनके खिंचाव और अशोक वाजपेयी के अहं की प्रतिध्वनि भी साफ सुनी जा सकती है—"इतना पत्र लिखकर पटना चला गया था। वहाँ काफी जमावड़ा था करीब पचास से ज्यादा युवा लेखक। लेकिन कुल मिलाकर निजी सम्पर्क से अधिक कुछ हुआ ही नहीं। सारे सम्मेलन का केन्द्र नामवर सिंह बने रहे। (पृ. 150)। 'नामवर सिंह जी से सालों में कोई पत्राचार नहीं हो रहा है। मेरे प्रति उनकी जो उदासीनता है उसे ध्यान में रखते हुए मैं भी उन्हें कष्ट देना उचित नहीं समझता। अब जरूरत भी कुछ नहीं लगती (पृ. 153)। अशोक वाजपेयी खेमे बन्दी की धुरी रहे हैं इसका पता यशदेव शल्य के पत्र से भी लगता है—मैंने पाया है साहित्यकार कलाकार प्रायः सभी पूर्वग्रह ग्रस्त अखाड़ेबाज होते है। अशोक जी भी हैं (पृ. 182)। डॉ. विद्यानिवास मिश्र के पत्रों से भी तत्कालीन साहित्यिक समाज में व्याप्त मोर्चेबन्दी शिवरिबद्धता का संकेत मिलता है। विद्यानिवास मिश्र को भी तथाकथित प्रगतिशीलों ने अस्पृश्य खाते में डाल दिया था। पर मिश्र जी को इस बात का सन्तोष है कि शाह जी भी एक ऐसे सुविज्ञ पाठक हैं जो उनकी रचनाओं में रुचि लेते हैं (पृ. 94) विद्यानिवास जी समवयस्कों की उदासीनता की चर्चा करते हुए लिखते हैं कि समवयस्क पाठक इतने रूढ़ हो चुके हैं कि ज्योंहि उनके विचारों को धक्का लगता है वे किताब ही बन्द कर देते हैं (पृ. 102)

स्वातन्त्र्योत्तर हिन्दी साहित्य की दुनिया जब विचारधारा से आक्रांत हुई तो सर्वाधिक विरोध अज्ञेय का हुआ जो खेमेबाजी के विरोध में खड़े थे। इस विरोध से अज्ञेय का गलत मूल्यांकन हुआ। इसने मलयज जैसे संजीदा लेखक को भी प्रभावित किया। ऐसा नहीं होता तो मलयज प्रयोगधर्मी और मानवीय संवेदना के धनी रचनाकार अज्ञेय के लिए यह नहीं लिखते कि अज्ञेय अपनी जिस दुनिया में रहते हैं वह एक बन्द दुनिया है और मैं पूरी ताकत से इस दुनिया का नागरिक बनने से इन्कार करता हूँ (पृ. 81) रघुवीर सहायक भी स्वीकार करते हैं कि हिन्दी आलोचना संसार में अज्ञेय को लेकर या तो ईर्ष्या या भक्ति दिखाने के लिए कितने ही आलोचक तैयार बैठे रहते हैं (पृ. 232)। अज्ञेय के प्रति विरोध का स्वरूप क्या था इसकी एक झलक अज्ञेय के ही 7.6.1972 के पत्र में मिलती है। अज्ञेय जोधपुर विश्वविद्यालय में तुलनात्मक साहित्य के प्रोफेसर नियुक्त हुए थे, और अपनी कल्पना के अनुरूप विभाग बनाना चाहते थे पर उन्हें भी वहाँ विरोध का सामना करना पड़ा (पृ. 10)। जबकि अज्ञेय नये सृजन धर्मी रचनाकार को लेकर चिन्तित रहते थे और निरन्तर उनसे संवाद करना चाहते थे। इसके लिए अज्ञेय ने निरन्तर लेखक शिविर आयोजित किये।

डॉ. शाह के साहित्यिक मित्रों का दायरा बहुत बड़ा था पर उनमें कुछ ऐसे रचनाकार थे जो अपने समय के बौद्धिक समुदाय में व्याप्त आत्महीनता को स्थिति से क्षुब्ध थे। उनका मानना था कि भारत को विदेशी प्रत्ययों के आधार पर अपने वाङ्मय का अनुशीलन नहीं करना चाहिए। ये रचनाकार भारत के महत्त्वपूर्ण विरासत के प्रति भारतीयों के अज्ञान से भी क्षुब्ध दिखायी देते हैं। इस दृष्टि से यह संकलन अपने समय के बौद्धिक जगत् में व्याप्त धुन्ध से हमारा साक्षात्कार कराता है। सबसे बड़ी विडम्बना यह थी कि आजादी मिलने के बाद भी सांस्कृतिक पराधीनता से मुक्ति नहीं मिली स्वतन्त्रता प्राप्ति के बाद एलिट किस्म के बुद्धिजीवी भारत में अंग्रेजी में लिखे जानेवाले साहित्य को भारतीय साहित्य का प्रतिनिधि मानने लगे और अज्ञेय इसका विरोध करते हैं—मैं साग्रह यह मानता हूँ कि भारतीय साहित्य भारतीय भाषाओं में है और 'इण्डो एंग्लियन' लिटरेचर केवल एक नकली फूल है (पृ. 31) निर्मल वर्मा प्रख्यात दार्शनिक जड़ाव लाल मेहता की पुस्तक में 'हिन्दू ट्रेडिशन' लेख को अत्यन्त प्रासांगिक बताते हुए टिप्पणी करते हैं कि हमारे बुद्धिजीवियों में अपनी परम्परा के प्रति अज्ञान इतना भरा है कि डॉ. मेहता के इस निबन्ध को पढ़ते हुए मुझे लगा कि यह उनके लिए पढ़ना अनिवार्य कर देना चाहिए (पृ. 64)। अशोक सेकसरिया भी यह अनुभव करते हैं कि भारतीय बौद्धिक या भारतीय लेखक कही आधुनिक सभ्यता के सामने प्रश्न नहीं करते। जो करते हैं उन्हें पुरानपन्थी कह दिया जाता है जबकि एक भारतीय बौद्धिक या लेखक का यही दायित्व है (पृ. 134)

मुकुन्दलाठ अपने 13.10.1990 के एक पत्र में इस बात पर पीड़ा व्यक्त करते हैं कि हमें अपने पारिभाषिक शब्द भी पराये लगने लगे हैं। वे विशेषतया तीन शब्दों

की ओर संकेत करते हैं नीति, धर्म और व्यवहार। वे इस विडम्बना की ओर ध्यान दिलाते हैं कि ये शब्द अब हमारे सोचने की धुरी पर नहीं हैं हमने विलायती मॉडल की गाड़ी ले ली है (पृ. 194)। अपनी परम्परा के प्रति उदासीनता की ओर प्रख्यात दर्शन तत्त्ववेत्ता जड़ावलाल मेहता भी संकेत करते हैं। वे डॉ. शाह को लिखे 7-8-1985 के एक पत्र में इस बात पर क्षोभ प्रकट करते हैं कि शंकराचार्य पर राजाराम मोहन राय से लेकर आज तक भारत में अंग्रेजी या हिन्दी में या अन्य भारतीय भाषाओं में एक भी प्रामाणिक ग्रन्थ नहीं लिखा गया है। जो कुछ भी काम हुआ है वह जर्मन विद्वानों द्वारा हुआ है और उसका ज्ञान भी हमारे विश्वविद्यालयों में नहीं के बराबर है। (पृ. 201) 'महाभारत' भारत का अद्वितीय ग्रन्थ है उसे पंचम वेद की भी संज्ञा दी गयी है। श्रीमद्भगवद्गीता महाभारत का ही अंश है, वह नीति, धर्म, संस्कृति का अमूल्य ग्रन्थ है। डॉ. मेहता क्षोभ प्रकट करते हैं कि यदि महाभारत हमारे लिए इतनी बहुमूल्य चीज है तो इसके लिए भारत के विश्वविद्यालयों में कोई पीठ क्यों नहीं है (पृ. 205)। डॉ. मेहता विश्वविद्यालयों में दर्शन के क्षेत्र में समर्पित कार्यक्षमतावाला व्यक्ति नहीं देखते (पृ. 202)

यह संकलन अपने समय की राजनैतिक उथल-पुथल और उससे प्रभावित संवेदनशील चिन्तक का गवाह भी है। इसमें उस दौर की राजनीति की चर्चा है जब पहली बार केन्द्र से कांग्रेस पार्टी अपदस्थ हुई थी और जनता पार्टी की सरकार बनी थी पर वह प्रयोग भी विफल हुआ था।

9.10.1980 के एक पत्र में निर्मल वर्मा देश की राजनीतिक स्थिति पर चिन्ता प्रकट करते हैं और स्थिति को निराशाजनक बताते हैं—"देश की राजनैतिक स्थिति कुछ इतनी डिप्रेसिंग है कि न अपने रोल न अपने देशवासियों की हालत के बारे में कुछ समझ में आता है (पृ. 154)। जनता पार्टी की जीत से उन परिवर्तनकामी लोगों में उत्साह का संचार हुआ था जो कांग्रेस की तानाशाही प्रवृत्ति से क्षुब्ध थे। पर जनता पार्टी बिखर गयी और फिर से लोकसभा चुनाव की स्थिति उत्पन्न हो गयी। इससे स्वतन्त्रचेत्ता बुद्धिजीवियों को निराशा हुई। इस निराशा की अभिव्यक्ति निर्मल वर्मा के पत्र में भी है—"शायद आनेवाले चुनावों का काला अपशकुन या मेरे भीतर एक विषाक्त-सी जड़ता या शायद बाँझपन का बोझ है जो मुझे गहन विरक्ति में डाल देता है मैं कभी-कभी सोचता हूँ पचास वर्ष बाद जब कोई नया लेखक हमारे इन दिनों के बारे में सोचेगा तो शायद उसे 'ग्रेट डिप्रेशन' से अधिक कोई दूसरा उपयुक्त शब्द नहीं सूझेगा (पृ. 62)। जैनेन्द्र के 23.7.1979 के पत्र में पूरे युग की चिन्ता व्यक्त है। जैनेन्द्र अहिंसा के समर्थक थे और चारो ओर हिंसा पर बढ़ते भरोसे को देखकर वे चिन्तित थे (पृ. 86)

इस संकलन के कतिपय पत्रों में कुछ ऐसे बिंन्दुओं की ओर संकेत किया गया है जो आज भी उतने ही ज्वलन्त हैं। निर्मल वर्मा अपने 19.7.2004 के एक पत्र में

दिल्ली से प्रकाशित डॉ. शाह के नायपॉल पर आधारित लेख की चर्चा करते हैं और नायपॉल के निष्कर्षों से अपनी सहमति जताते हैं कि अरब के बाहर जिन देशों के लोग पिछली शताब्दियों में मुसलमान बने हैं उनके चारित्रिक शिजो फ्रेनिया (विखण्डित मानसिकता) के बारे में नायपॉल ने बहुत सटीक और मौलिक बातें कही हैं विशेषकर उन मुसलमानों की स्थिति काफी विडम्बनामय है जो रहते एक धार्मिक समुदाय के बीच में (जैसे भारत में) और अपनी आस्था का स्रोत कहीं सीमा पार अरब देशों में पाते हैं (पृ. 581)

शाह जी के लिखे गये पत्रों में उनके लेखन की चर्चा तो है ही साथ ही उनकी जीवनसंगिनी और अपने समय की समर्थ लेखिका ज्योत्स्ना मिलन के लेखन पर भी सकारात्मक टिप्पणियाँ हैं। प्रायः सभी पत्र लेखकों ने ज्योत्स्ना जी के व्यवहार कुशल स्नेहिल व्यक्तित्व की चर्चा की है साथ ही उनके लेखन की प्रशंसा भी है। यशदेव शल्य कृष्णा सोवती और तेजी ग्रोवर जैसी लेखिकाओं के रहते ज्योत्स्ना जी को मिली प्रतिष्ठा पर अपनी प्रसन्नता व्यक्त करते हैं—ज्योत्स्ना जी को वह प्रतिष्ठा मिली जिसकी वह सचमुच अधिकारिणी हैं यह जानकर प्रसन्नता हुई (पृ. 179) कृष्णबलदेव वैद के एक पत्र में ज्योत्स्ना जी के निधन पर समवेदना प्रकट की गयी है ज्योत्स्ना को अभी कई साल और यहीं रहना चाहिए था लेकिन ''लाई हयात आये कजा ले चली चले। अपनी खुशी न आये न अपनी खुशी चलें।'' ज्योत्स्ना का सबसे बड़ा गुण उसका सहज भोलापन था (पृ. 225)

इस प्रकार इस संकलन के पत्रों में आत्मीय सन्दर्भों की झलक है, युग सन्दर्भों का उल्लेख है, तत्कालीन राजनीति की विडम्बना पूर्ण स्थिति का चित्रण है और विभिन्न लेखकों पर टिप्पणियाँ हैं। ये टिप्पणियाँ व्यक्तिगत पूर्वाग्रह से युक्त भी हैं, उन्मुक्त भी हैं विचारधारा के प्रभाव में कही भी गयी हैं। पर ये टिप्पणियाँ ऐसी हैं जो पत्रों के माध्यम से ही व्यक्त की जा सकती हैं। इन सन्दर्भों में यह पत्र संकलन अपने युग को उस समय के लेखकों की मनःस्थिति को पूरी तरह व्यक्त करता है। इस संकलन में जिन लेखकों के पत्र संगृहीत हैं वे अपने समय के सशक्त हस्ताक्षर रहे हैं। इस दृष्टि से यह संकलन महत्त्वपूर्ण दस्तावेज बन गया है।

निर्मल वर्मा का साहित्य चिन्तन

निर्मल वर्मा स्वतन्त्रता प्राप्ति के बाद के उन विरल रचनाकारों में हैं जिन्होंने अपने विलक्षण गद्य के माध्यम से अनुभूति और अभिव्यक्ति की एक नयी दुनिया का अन्वेषण किया। "निर्मल जी ने अपने गद्य के माध्यम से स्थूल यथार्थ की सीमा पार करने की कोशिश की है, तात्कालिक वर्तमान का अतिक्रमण करना चाहा है।" निर्मल का गद्य एक विशिष्ट गद्य है, वे अपने समय के श्रेष्ठ गद्य लेखक हैं। उन्होंने अपने अनुभवसम्पन्न एवं विचार सम्पन्न गद्य से हिन्दी साहित्य को अविस्मरणीय रूप से समृद्ध किया है। उनके निबन्ध, संस्मरण, यात्रावृत्त, उपन्यास, कहानियाँ, डायरी, रिपोर्ताज आदि गद्य विधाएँ अपने क्षेत्र के प्रतिमान हैं। रमेशचन्द्र शाह निर्मल वर्मा के गद्य के विरल वैशिष्ट्य की ओर संकेत करते हुए सही टिप्पणी करते हैं कि निर्मल जी का गद्य अपनी रागोत्तीर्ण रागदीप्ति के कारण तो अपने समकालीनों और परवर्तियों के बीच अलग से पहचाना जाता ही है, इसके साथ-ही-साथ जो एक-हमारे वर्तमान परिवेश की अति विरल विशेषता उन्हें इस संकटापन्न समय का एक विश्वसनीय साक्षी बनाती है, वह उनकी स्पष्टवादिता अर्थात् अपनी लेखक—बिरादरी के लिए भी काफी असुविधाजनक सच बोल सकने का नैतिक साहस है। ('समय संवादी' सूर्य प्रकाशन मन्दिर, बीकानेर, संस्करण 2005, पृ. 134)।

निर्मल वर्मा के उपन्यास, उनकी कहानियाँ, उनके यात्रा संस्मरण, उनकी डायरी अपनी विशिष्ट पहचान रखते हैं। निर्मल की रचनाओं की व्याख्या आलाचकों ने अलग-अलग तरह से की है। उन्हें अकेलेपन का, अकेलेपन के भय का रचनाकार कहा गया है, पर जैसा कि नन्दकिशोर आचार्य लिखते हैं निर्मल वर्मा का गद्य अकेलेपन से मुक्ति की तलाश का गद्य है। अन्य को नष्ट कर अपने को स्थापित करना वस्तुतः अकेलेपन को न्योता देना है। इसका समाधान निर्मल अहं के हनन में ढूढ़ते हैं। इसी से वह रास्ता निकलता है, जो अकेलेपन से मुक्ति और सम्पूर्ण से संलग्नता की ओर ले जाता है। निर्मल जिस हल का प्रस्ताव करते हैं वह समकालीन भारतीय चित्त के द्विविभाजन को पाटने का रास्ता ही नहीं बताता बल्कि यूरोपीय सभ्यता के द्विविभाजन को पाटने और भारत यूरोप संवाद की नयी सम्भावना का संकेत करता है। अहं के हनन का यह प्रयास निर्मल के अनुसार आधुनिक भारत में रामकृष्ण परमहंस से शुरू होता है और बाद में

इसका प्रतिनिधित्व महात्मा गाँधी करते हैं (बहुवचन 15, पृ. 57)। प्रेम कुमार को दिये गये अपने साक्षात्कार में अकेलेपन, प्रेम, निर्वासन, उदासी, प्रतीक्षा, करुणा और मृत्यु के सन्दर्भ रचना में बार-बार आने को निर्मल स्वाभाविक मानते हैं क्योंकि उनके अनुसार ये शाश्वत प्रश्न हैं। वे जोर देकर कहते हैं कि 'प्रेम' मृत्यु, सम्बन्ध-विश्रृंखलता सम्बन्धों की उपस्थिति, अभाव जैसे प्रश्नों से हम छुटकारा नहीं पा सकते। निर्मल वर्मा की दृष्टि में महत्त्वपूर्ण बात यह है कि लेखक इनको नये सम्बन्धों में उजागर कर पाता है या नहीं। प्रेम, मृत्यु जैसे प्रश्न परम्परागत हैं पर लेखक परम्परा की नकल नहीं करता, उसके भीतर रहते हुए उसमें अपने समय की परिस्थितियों के अनुकूल नया अर्थ ढूँढता है। देखना यह चाहिए कि लेखक ने ऐसा किया है या नहीं। (संसार में निर्मल वर्मा, सम्पा, गगन गिल, रे माधव पब्लिकेशन्स, सी 94, सेक्टर 63 नोएडा, संस्करण 2006, पृ. 206)। निर्मल वर्मा के उपन्यास और कहानियों में असुख, दूरी और अलगाव के भाव हैं। वस्तुतः ये भाव मानवीय स्थिति में बहुत ही गहरे जमें हैं, जिन्हें वे अपनी रचनाओं में रूपायित करते हैं। इसलिए ये अस्वाभाविक या आरोपित नहीं हैं। 'लाल टीन की छत' अकेलेपन से मुक्ति का उपन्यास है, 'एक चिथड़ा सुख में मानवीय सम्बन्धों की पहचान की चेष्टा दिखायी देती है। 'रात का रिपोर्टर' में आपात्काल की त्रासदी का चित्रण है। यह वह समय था जब व्यक्ति और समाज के भीतर गहरा सन्त्रास समाया हुआ था। इसी सन्त्रास का व्यापक प्रभाव उपन्यास में चित्रित है। निर्मल की कहानियाँ भी मनुष्य की गहन आन्तरिक समस्या को उठाती हैं। नामवर सिंह ने निर्मल वर्मा की कहानियों को 'विरासत के फार्मूलों से मुक्त होकर जीवन का सीधे साक्षात्कार करनेवाली और जीवन की जटिलताओं में प्रवेश कर सच्चाई का पता लगानेवाली कहानियाँ कहा है (कहानी : नयी कहानी, लोक भारती प्रकाशन, इलाहाबाद, संस्करण 1989, पृ. 52)।

निर्मल वर्मा के लेखन का एक महत्त्वपूर्ण हिस्सा है उनका निबन्ध साहित्य। उनके अधिकांश निबन्ध चिन्तनपरक हैं। गोविन्द मिश्र की दृष्टि में निर्मल वर्मा का श्रेष्ठ उनके लेखों में उतरा है ('माध्यम' हिन्दी साहित्य सम्मेलन, प्रयाग में जनवरी—मार्च, 2006, पृ. 9) निर्मल वर्मा ने विभिन्न लोगों को दिये अपने साक्षात्कारों में निबन्ध लिखने के कारणों पर विस्तार से प्रकाश डाला है। सुकान्त दीपक, सुशील सिद्धार्थ और प्रेमकुमार के साथ बातचीत में उन कारणों का उल्लेख किया है, जिन्होंने उनके भीतर निबन्ध लेखन की प्रेरणा उत्पन्न की। निर्मल वर्मा ने निबन्ध को अपने लेखन का महत्त्वपूर्ण और अनिवार्य हिस्सा माना है। वे उन्हें कथा साहित्य का पूरक बताते हैं (सुकान्त दीपक से बातचीत, संसार में निर्मल वर्मा, पृ. 56) "जब समाज, साहित्य या संस्कृति के कुछ प्रश्न मुझे परेशान करते हैं और मुझे लगता है कि उनके बारे में स्पष्ट चिन्तन की जरूरत है ताकि वैचारिक कुहासे से बाहर आया जा सके तो निबन्ध लिखने की आन्तरिक विवशता महसूस होती है। इस तरह की प्रश्नाकुलता जो निजी घेरे से बाहर

जाकर समूचे समाज की चिन्ता बनकर मुझे व्यक्तिगत तौर पर परेशान करने लगती है जैसे धर्म और धर्मनिरपेक्षता का प्रश्न (वही, पृ. 111)। प्रेम कुमार को दिये साक्षात्कार में निर्मल जी ने विस्तार से अपने निबन्ध लेखन पर प्रकाश डाला है—"एक सीमा पर हमेशा मुझे यह महसूस हुआ कि अनेक ऐसी बातें' समस्याएँ, प्रश्न मुझे परेशान करते हैं, जिनका देश व जाति की नियति तथा अस्मिता से सीधा-सीधा सम्बन्ध होता है। भारतीय दृष्टि और भारतीयता की समझ के बारे में गलतफहमी जो औपनिवेशिक सत्ता की देन थी, अतीत और परम्परा का वह महत्त्व जिसे आधुनिकता के आन्दोलन ने कहीं पीछे ठेल दिया था, प्रगतिशील आन्दोलन की सीमाएँ उनकी भ्रान्तियाँ—ये सब ऐसे प्रश्न थे, जिन्हें मैं कहानियों या उपन्यासों में वस्तुपरकता के साथ प्रकट नहीं कर सकता था। इसके लिए एक नयी विधा चुनने की बाध्यता मेरे सामने आयी—मुझे लगा चिन्तनपरक निबन्धो को अपनाना उचित होगा। इसलिए मैं अपने लेखन के इस चिन्तन पक्ष को उतना ही महत्त्वपूर्ण मानता हूँ जितना कि तथाकथित सृजनात्मक पक्ष को।" (वही, पृ. 197)

निर्मल वर्मा के निबन्ध एवं उनके द्वारा दिये गये साक्षात्कार वैचारिक ऊर्जा के अक्षय स्रोत हैं। निर्मल जी ने कला, साहित्य, संस्कृति, समाज, भाषा जैसे विषयों पर अपने विचार बहुत ही स्पष्ट एवं निर्भ्रान्त ढंग से व्यक्त किये हैं। उनमें पश्चिम की तार्किकता और भारत की विश्वासमूलक आस्था का अद्‌भुत सामंजस्य है। निर्मल वर्मा ने भारतीय परम्परा, भारतीय संस्कृति भारतीय जीवन पद्धति की बहुत ही विशद व्याख्या की है। उन्होंने उन कारणों की भी गहन एवं वस्तुपरक पड़ताल की है, जिनसे भारतीय शिक्षित समुदाय आत्महीनता का शिकार हुआ। उन्होनें उन कारणों की भी सार्थक तलाश की है जिनसे आजादी के बाद भारतीय समाज विभ्रम का शिकार हुआ, भारत में सामाजिक सांस्कृतिक विसंगति आयी, उसमें विभेद की सृष्टि हुई। निर्मल जी ने वामपन्थी विचार की संकीर्णता को ही नहीं, उसके मानवतावाद की छलना को भी उजागर किया। निर्मल जी ने कला और साहित्य के सरोकारों के सन्दर्भ में साहित्य की प्रासंगिकता, लेखक की स्वतन्त्रता और स्वधर्म, साहित्य की सम्प्रेषणीयता के सन्दर्भ में महत्त्वपूर्ण विमर्श प्रस्तुत किये।

निर्मल वर्मा की यह एक दुर्लभ विशेषता है कि वे किसी भी प्रश्न पर गहराई से विचार करते हैं और उसे दार्शनिक ऊँचाई तक ले जाते हैं। साहित्य एवं मनुष्य के सम्बन्ध में निर्मल वर्मा द्वारा किया गया विवेचन ऐसा ही है। निर्मल जी के अनुसार साहित्य यद्यपि मनुष्य की किसी भी भौतिक आकांक्षा की पूर्ति का साधन नहीं बनता, फिर भी मनुष्य साहित्य की सृष्टि इसलिए करता है क्योंकि साहित्य मनुष्य के भीतर मनुष्यत्व को पाने की आकांक्षा जगाता है ('मनुष्यत्व से साक्षात्कार' दूसरे शब्दों में, पृ. 11)। निर्मल का यह कथन ध्यातव्य है—"साहित्य वह घर है—बिना दीवारों का घर—जहाँ वह पहली बार अपने मनुष्यत्व से साक्षात्कार करता है। वहाँ उसे मनुष्यता

के अखण्डित सत्य से साक्षात्कार होता है (वही पृ. 12)। निर्मल साहित्य को ऐसा उन्मुक्त क्षेत्र मानते हैं जहाँ मनुष्य को अपने 'पूर्ण' होने का बोध होता है (वही पृ. 16)। साहित्य को स्थूल प्रयोजनीयता से जोड़नेवालों के लिए निर्मल वर्मा की यह टिप्पणी एक उचित सबक है। वस्तुतः सामाजिकता का अत्यधिक दबाव रचना को विपन्न बनाता है। निर्मल यह अनुभव करते हैं कि बाह्य जगत् की अपूर्व विराटता को मनुष्य के सामाजिक सम्बन्ध तक संकुचित करना और समय के कालबोध को 'वर्तमान' तक सीमित रखना लेखक के समूचे परिवेश के वैविध्य और समृद्धि को विपन्न बनाना है (वही, पृ. 26)। साहित्य का यह स्वरूप समसामयिकता से मुक्त कर उसे शाश्वत बनाता है। निर्मल जी का यह मानना है कि कला का सत्य इतिहास के खूँटों से नहीं बँधा होता, न ही वह सामाजिक परिवर्तनों द्वारा परिभाषित किया जा सकता है।

साहित्य और दर्शन के सम्बन्ध में यह सामान्य टिप्पणी की जाती है कि साहित्य अनुभूति का क्षेत्र है और दर्शन चिन्तन-विचार का। निर्मल जी इस वर्गीकरण को खारिज करते हैं। उनका मानना है कि इससे कलात्मक कृति कमजोर हो जाती है। हालाँकि वे यह मानते हैं कि विचार उसी रूप में कला में प्रविष्ट नहीं होता जैसा कि दर्शन-चिन्तन में वह होता है साहित्य में उसकी छाया अत्यन्त परोक्ष व सूक्ष्म ढंग से पड़ती है। वहाँ वह किसी सिद्धान्त को साबित करने के लिए नहीं प्रवेश करता, बल्कि किसी अनुभव को एक अप्रत्याशित दिशा में मोड़ सकने में जरूर योगदान देता है (संसार में निर्मल वर्मा, पृ. 209)

अज्ञेय और निर्मल वर्मा स्वतन्त्रता प्राप्ति के बाद के ऐसे रचनाकार है, जिन्होंने साहित्य की स्वायत्तता, साहित्यकार की स्वतन्त्रता पर सर्वाधिक बल दिया है और साहित्य की प्रासंगिकता जैसे मुद्दे पर गम्भीर विमर्श प्रस्तुत किया है। दोनों साहित्यकारों ने साहित्य को किसी विचारधारा का गुलाम बनाने का विरोध किया है। पर इसका तात्पर्य यह नहीं हैं कि वे साहित्यकार को दायित्व से मुक्त करते हैं। यू.आर. अनन्तमूर्ति के साथ अपनी बातचीत में निर्मल वर्मा एक महत्त्वपूर्ण बात कहते हैं कि 'लेखक को सन्तुलन बनाये रखते हुए तलवार की धार पर चलना होता है—वह न लोकप्रियता की ओर झुक सकता है, न ही असंयम की ओर और इस सन्तुलन को साधे-साधे ही उसे प्रचलित नैतिकता या आचार संहिता की शर्तों पर नहीं, अपनी ही शर्तों पर जुड़ने का प्रयास भी करना होता है'' (वही, पृ. 89)। लेखक की स्वतन्त्रता निर्मल जी की दृष्टि में उसका अधिकार ही नहीं बल्कि दायित्व भी है अपनी भाषा के प्रति, जो उसे परम्परा से मिली है, जिससे रचना के द्वारा वह अपनी स्वतन्त्रता को रूपायित करता है। (लेखक की स्वतन्त्रता : आज के सन्दर्भ में। दूसरे शब्दों में, पृ. 73)। आज के इस व्यावसायिक युग में जहाँ पूरे समाज में मूल्य मूढ़ता व्याप्त हो निर्मल की दृष्टि में वहाँ लेखक की स्वतन्त्रता की चरितार्थता इस बात में है कि वह भाषा को अवमूल्यित होने से बचाये ताकि उनकी सच्चाई को पूरी पवित्रता और प्रामाणिकता

के साथ सम्प्रेषित कर सके (लेखक की स्वतन्त्रता और स्वधर्म भारत और यूरोप : प्रतिश्रुति के क्षेत्र पृ. 112) निर्मल वर्मा बार-बार इस बात को रेखांकित करते हैं कि स्वतन्त्रता अनायास उपलब्ध चीज नहीं है, लेखक को उसे आयत करना पड़ता है, उसका रक्षण करना पड़ता है। निर्मल के शब्दों में 'हम उसे तुष्ट भाव से स्वीकार नहीं कर सकते। वह उस पौधे की तरह है, जिसे बराबर अपनी सतर्कता और चौकसी से सींचना पड़ता है। जरा-सी आँख हटते ही वह मुरझाने लगता है (लेखक की स्वतन्त्रता : आज के सन्दर्भ में। दूसरे शब्दों में' पृ. 65) निर्मल वर्मा स्वतन्त्रता प्राप्ति के बाद जीवन मूल्यों में आयी गिरावट पर गम्भीर चिन्ता व्यक्त करते हैं। वे विशेष रूप से राजनीति में उत्पन्न नैतिक मूल्यों के क्षरण पर खेद व्यक्त करते हैं और इस सन्दर्भ में लेखक के गुरुतर दायित्व पर प्रकाश डालते हैं—"हमने अपने समय में देखा है कि राजनीति में लोकतन्त्र, समाजवाद जैसे अनेक सुन्दर शब्दों को निर्ममता को भ्रष्ट किया गया है। एक कलाकार पर दायित्व होता है कि शब्दों पर जो कलुष जमा है, जो झूठ इकट्‌ठा हो गया है, उसे हटाकर उसे पूरी सच्चाई और प्रामाणिकता के साथ इस्तेमाल कर सके (सुशील सिद्धार्थ से बातचीत/संसार में निर्मल वर्मा, पृ. 105) आज के इस व्यावसायिक युग में शब्दों का अवमूल्यन सर्वाधिक हुआ है, भाषा को भ्रष्ट किया गया है। लेखक का यह दायित्व है कि वह शब्दों को उनकी पूरी गरिमा के साथ अनुभव की सम्पूर्ण सच्चाई के साथ प्रस्तुत करे, भाषा की प्रामाणिकता की रक्षा करें अनुभव को सच्चाई के साथ अधिक-से-अधिक लोगों तक पहुँचाने की कोशिश करे। दरअसल जैसा कि निर्मल वर्मा लिखते हैं स्वतन्त्रता का मूल्य संकट काल में पहचाना जाता है। भक्तिकाल इसका उदाहरण है। राजतन्त्र की एकाधिकारवादी सत्ता के आतंक का दृढ़तापूर्वक सामना सन्त और भक्त कवियों ने किया था। कुम्भनदास की 'सन्तन को कहा सीकरी सो काम' और तुलसी की 'को भरिहै हरि के रितए रितए पुनि को हरि जो भरिहै' 'नाक रसातल भूतल में रघुनायक एक सहायक मेरे' पंक्तियाँ इसका प्रमाण हैं। पर विडम्बना यह है कि प्रगतिशीलता के अपार दावे एवं उसका प्रचार करनेवाले, अपने को जनता के प्रति 'प्रतिबद्ध' बतानेवाले हिन्दी के लेखक आपातकाल में सत्ता के आगे झुक गये। प्रतिबद्ध लेखकों की नकली क्रान्तिकारिता की सीवन उधेड़ते हुए निर्मल लिखते हैं—"आपातकाल के दौरान सत्ता के आगे घुटने टेकने में हिन्दी के 'प्रतिबद्ध' लेखक सबसे आगे थे। अगर पिछले अनेक वर्षों में सोवियत सत्ता द्वारा लेखकों पर पाबन्दी को हमारे मार्क्सवादी आलोचक सही मानते आये थे तो अपने देश में उसी टाइप की तानाशाही को स्वीकार करने में भला क्या आपत्ति हो सकती है?" (लेखक की स्वतन्त्रता और स्वधर्म/भारत और यूरोप : प्रतिश्रुति के क्षेत्र, पृ. 110)। यह मार्क्सवादी बुद्धिजीवियों, लेखकों की पूरी चिन्तन प्रक्रिया, उनके खोखलेपन पर एक कठोर टिप्पणी है। निर्मल वर्मा बुद्धिजीवियों द्वारा आपातकाल के समर्थन किये जाने को उचित ही एक गम्भीर दायित्वहीनता मानते हैं। उनका यह आरोप सही है कि

इन बुद्धिजीवियों में शब्द और कर्म के बीच बहुत बड़ा फासला था—"हमारे बुद्धिजीवियों में दायित्वबोध अद्भुत रूप से गैरहाजिर था, जब आपातकाल की घोषणा के बाद उन्होंने बदली हुई परिस्थितियों में अपने आपको तुरन्त ही आसानी से ढाल लिया। बुद्धिजीवियों ने शब्दों की आजादी छीने जाने की सही तकलीफ महसूस नहीं की सिर्फ इसलिए क्योंकि यह वर्ग स्वयं शब्द को उसके नैतिक अर्थ से वंचित करने के लिए पूरी तौर पर जिम्मेदार रहा है (अहिंसा और आजादी : आदमी के स्वयं आदमी होने की शर्त/आदि, अन्त और आरम्भ, पृ. 215)।

साहित्य की प्रयोजनीयता एवं प्रासंगिकता का प्रश्न आलोचकों के बीच महत्त्वपूर्ण मुद्दे के रूप में छाया रहा है। मार्क्सवादी रचनाकार एवं आलोचक साहित्य की प्रासंगिकता को समसामयिकता एवं तात्कालिकता से जोड़कर देखने के अभ्यस्त रहे हैं। वस्तुतः केवल युग-सन्दर्भ से साहित्य को सम्पृक्त करना उसके दायरे को छोटा करना है। निर्मल साहित्य को सार्वभौमिक सत्य से जोड़कर देखने पर बल देते हैं—"अपने युग के प्रति लेखक की प्रासंगिकता इससे सिद्ध नहीं होती कि वह किन तात्कालिक विचारधाराओं को अपनी रचनाओं में व्यक्त करता है, किन दलित दलों के हितों का डंका बजाता है, बल्कि इसमें निहित होती है कि किस हद तक वह अपने भीतर की दमित वर्जनाओं से मुक्ति पाकर जीवन के उन सार्वभौमिक सत्यों को उजागर कर सके जो हर समय और समाज के सन्दर्भ में प्रासंगिक होते हैं (साहित्य के प्रासंगिक प्रश्न/आदि अन्त और आरम्भ, संस्करण, 2001, पृ. 126)। दुनिया की शेष भौतिक चीजों से साहित्य की तुलना नहीं की जा सकती। निर्मल वर्मा का कथन इस सन्दर्भ में ध्यातव्य है—"दुनिया की बाकी चीजें हमारी तात्कालिक जरूरतों और इच्छाओं की पूर्ति करती है—एक कलाकृति कभी ऐसा दावा नहीं करती। कोई कहानी या कविता किसी तात्कालिक उद्देश्य को प्राप्त करने का साधन नहीं है (कला की प्रासंगिकता/भारत और यूरोप : प्रतिश्रुति का क्षेत्र, पृ. 88)। साहित्य की प्रासंगिकता का सवाल रचनाकार के लिखने के प्रयोजन से जुड़ा होता है। क्या लेखक लिखते समय केवल समय विशेष समाज विशेष, उद्देश्य विशेष को ध्यान में रखता है या उसका अतिक्रमण भी करता है? निर्मल जी की मान्यता है कि साहित्यकार जब लिखता है, तो यह नहीं सोचता कि वह अपने सुख या समाज के लिए लिख रहा है अपितु वह अपने भीतर की दुनिया को एक स्पष्टता देने का प्रयास करता है। उसमें एक तर्क पिरोना चाहता है, जो ऊपर से एकदम अराजक और तर्कहीन जान पड़ता है। और जब वह यह कर पाता है, चाहे कहानी के माध्यम से करे या कविता के माध्यम से तो न केवल उसे सन्तोष मिलता है अपितु वह चीज केवल उसकी सम्पत्ति बनकर नहीं रह जाती, सार्वजनिक हो जाती है। रामचरितमानस का उदाहरण देते हुए निर्मल इस तथ्य की ओर संकेत करते हैं कि तुलसीदास ने अपने मन की शान्ति, सन्तोष और आनन्द के लिए मानस की रचना की थी, हालाँकि उसी रचना ने सम्पूर्ण हिन्दू समाज को

आलोकित किया। (विनीता गुप्ता से बातचीत/संसार में निर्मल वर्मा, पृ. 80)।

रचना के साथ जुड़ा एक सवाल यह भी है कि लेखक का परिवेश के साथ किस तरह का सम्बन्ध बनता है और वह अभिव्यक्ति के लिए प्रतीक और बिम्ब कहाँ से चुनता है? स्वतन्त्रता प्राप्ति के बाद आलोचकों के एक खास वर्ग द्वारा हिन्दू प्रतीकों के इस्तेमाल पर रचनाकार को हिन्दूवादी साम्प्रदायिक कहा जाने लगा। निर्मल वर्मा इसे निरी जाहिली मानते हैं। उनकी दृष्टि में ऐसी बातें करना आलोचनात्मक विपन्नता का प्रतीक है। जब यूरोप के साहित्य में बाइबिल और यूनानी पौराणिक ग्रन्थों से लिए गये रूपकों एवं प्रतीकों को नस्लीय दृष्टि से नहीं देखा जाता तो भारतीय या हिन्दू प्रतीकों के इस्तेमाल पर प्रश्न उठाना नितान्त अनुचित है। निर्मल जी का यह कहना एकदम संगत है कि लेखक लिखता है अपने संस्कार को अभिव्यक्त करने के लिए। चूँकि वह किसी खास परिवेश खास परम्परा से आया है, स्वाभाविक रूप से उस संस्कृति परिवेश की छाया उस पर पड़ेगी ही। यह इसलिए भी जरूरी है, क्योंकि अपनी रचना में वह हर तरह के रूपक और प्रतीकों का इस्तेमाल करता है। ये रूपक और प्रतीक उसे अपने ही धर्मशास्त्रों से, अपने ही महाकाव्यों और परम्परागत कृतियों से प्राप्त होते हैं, जो इस निधि का लाभ नहीं उठाता, वह बेहद विपन्न लेखक है (वही, पृ. 80)।

स्वतन्त्रता संघर्ष के दौरान साहित्यकारों, सामाजिक-राजनीतिक विचारकों तथा संस्कृतिकर्मियों के लिए राजनीतिक स्वतन्त्रता के साथ ही सांस्कृतिक स्वाधीनता का प्रश्न भी अत्यन्त महत्त्वपूर्ण था। भारतेन्दु हरिश्चन्द्र, मैथिलीशरण गुप्त, प्रसाद, निराला, साहित्य के माध्यम से भारतीयों में स्वत्वबोध जागृत कर रहे थे। यह स्वाभिमान और आत्मविश्वास के लिए आवश्यक था क्योंकि आत्मविश्वास का आधार स्वाभिमान होता है और स्वाभिमान का आधार स्वत्वबोध। भारतेन्दु की कामना 'स्वत्व निज भारत गहै' इस सन्दर्भ में महत्त्वपूर्ण है, आचार्य रामचन्द्र शुक्ल ने 'स्वरूप की स्वतन्त्र सत्ता' पद का प्रयोग इसी सन्दर्भ में किया था। राजनीति और संस्कृति के क्षेत्र में महर्षि अरविन्द ने 'अपने केन्द्र और आधार को मजबूत करने को उद्धार का एकमात्र उपाय बताकर स्वत्वबोध—जागृति का ही प्रयत्न किया था। अपनी भाषा, अपनी संस्कृति, अपनी स्मृति और परम्परा अपने परिवेश के प्रति लगाव इस स्वत्वबोध के महत्त्वपूर्ण कारक हैं। स्वतन्त्रता-संघर्ष के समय रचनाकारों ने इन पक्षों पर बल दिया। पर विडम्बना यह है कि स्वतन्त्रता प्राप्ति के बाद पश्चिमोन्मुखता की प्रवृत्ति इतनी तेजी से बढ़ी कि स्वत्वबोध को बचाये रखने की भावना ही लुप्त हो गयी। इसे ही निर्मल वर्मा ने सांस्कृतिक उन्मूलन की संज्ञा दी है। निर्मल वर्मा का यह कहना एकदम उचित है कि कोई राष्ट्र जब अपनी सांस्कृतिक जड़ों से उन्मूलित होने लगता है तो भले ही ऊपर से सशक्त और स्वस्थ दिखायी दे, भीतर से मुरझाने लगता है। (मेरे लिए भारतीय होने का अर्थ/आदि, अन्त और आरम्भ, पृ. 13) निर्मल वर्मा की दृष्टि में विकास के पश्चिमी मॉडल को अपनाये जाने से ऐसी स्थिति उत्पन्न हुई। निर्मल के अनुसार यह

मानसिक गुलामी थी जिसने हमें अपनी जातीय मनीषा और मर्यादाओं से उन्मूलित किया (भारतीय जीवन की निराशाएँ/भारत और यूरोप : प्रतिश्रुति के क्षेत्र, पृ. 09)। स्वतन्त्रता प्राप्ति के बाद विकास की अन्धी दौड़ के नाम पर मनुष्य और प्रकृति के बीच के सहज सम्बन्ध को खण्डित किया गया, हम अपने अतीत से कट गये, जबकि यह एक खुला तथ्य है कि अतीत का स्मरण आत्मस्मरण है, आत्म स्मरण जीवन है और आत्म विस्मृति मृत्यु। निर्मल वर्मा एक भयानक सच्चाई की ओर संकेत करते हैं कि 'हमारी पीढ़ी एक आत्म उन्मूलित पीढ़ी है। वे इस बात पर क्षोभ प्रकट करते हैं कि हम अपने मिथक की समृद्ध प्रासंगिकता के अर्थपूर्ण मूल्यांकन से भी नहीं गुजरे। आधुनिक साहित्य लेखन का जिक्र करते हुए निर्मल कहते हैं कि वास्तव में लगभग निन्यानबें प्रतिशत भारतीय लेखन में अतीत का यान्त्रिक उपयोग तक नहीं हुआ है। जैसे कि हम पौराणिक अतीत के बिना ही जी रहे हैं। वर्तमान का उस समृद्ध विरासत से कोई सम्बन्ध प्रतीत नहीं होता। मैं समझता हूँ यह महान् वंचना है। (सुकृता पाल के साथ वार्त्ता/ संसार में निर्मल वर्मा, पृ. 45)। यदि स्वतन्त्र भारत की शिक्षापद्धति, शासन व्यवस्था, औद्योगिक स्वरूप का मूल्यांकन करें तो निर्मल वर्मा की यह बात सही लगती है कि राजनीतिक रूप से स्वाधीन होने के बाद भी वैचारिक रूप से हम पराधीन ही हैं। स्वाभिमान और स्वत्वबोध के साथ भाषा का अनिवार्य सम्बन्ध है। हिन्दी स्वाधीनता-संघर्ष की केन्द्रीय भाषा थी। जातीय चेतना जागृत करने में हिन्दी की महत्त्वपूर्ण भूमिका थी। स्वतन्त्रता प्राप्ति के बाद हिन्दी को शासन, प्रशासन, शिक्षा, न्याय की भाषा बनाया जाना चाहिए था, पर दुर्भाग्यवश ऐसा नहीं हो पाया। इसका मुख्य कारण है जातीय चेतना की लौ का धीरे-धीरे मन्द पड़ता जाना। निर्मल वर्मा इस स्थिति का गहराई से मूल्यांकन करते हैं। वे पचास-पचपन वर्ष बाद भी अंग्रेजी पर निर्भरता को लज्जास्पद मानते है—'पचास पचपन वर्ष बाद भी हम भारतीय भाषाओं के भीतर उतनी स्वावलम्बी चेतना क्यों नहीं पैदा कर सके कि सृजन, चिन्तन, संचार, दफ्तर आदि के कामों के लिए सीधे-सीधे अंग्रेजी पर निर्भर न करके वह सब स्वयं सम्पन्न कर पा सकने की स्थिति में होते? यह सबसे बड़ा संकट है भारतीय संस्कृति के लिए और लज्जास्पद बात है। जहाँ चीन, जापान, वियतनाम जैसे देश भी अपनी भाषाओं के साथ संवाद कर पाते हैं, वहाँ आज भी हम अपने को अंग्रेजी पर निर्भर पाते हैं। वर्ष में केवल एक दिन हम हिन्दी दिवस मनाकर अपनी जिम्मेदारी से छुटकारा पा लेते हैं, जबकि तकाजा यह है कि हम हर दिन अपनी भाषा में काम करने में समर्थ सकें ताकि हर दिन हिन्दी दिन मनाया जा सके। (प्रेमकुमार से बातचीत/संसार में निर्मल वर्मा, पृ. 205)।

निर्मल वर्मा भाषा के मुद्दे को इतनी गम्भीरता से इसलिए उठाना चाहते हैं क्योंकि भाषा केवल अपनी भावनाओं को दूसरे तक प्रकट करने का साधन नहीं है, भाषा एक ऐसा अस्त्र है जो हमें समूचे जीवन को, समूचे इतिहस को, जो कुछ भी गया—गुजरा है, जो बीता है, उसे जोड़ने में सहयोग देती है (राहुल देव से बातचीत/ वही, पृ. 170)

निर्मल वर्मा द्वारा भाषा के मुद्दे पर अधिक बल देना इसलिए भी संगत है क्योंकि अपनी भाषा के माध्यम से कोई भी देश अपनी सांस्कृतिक पहचान स्थापित करता है। तवलीन सिंह को दिये अपने साक्षात्कार में निर्मल वर्मा हिन्दी के केन्द्रीय महत्त्व को स्वीकार करते है। उनके अनुसार हिन्दी केवल हिन्दी भाषियों की बोली ही नहीं थी, वह राष्ट्रीय चेतना, राष्ट्रीय एकता की प्रतीक थी। वे आजादी के तत्काल बाद हिन्दी को राष्ट्रभाषा के रूप में न लागू किये जाने के लिए संविधान निर्माताओं और विशेष रूप से नेहरू को दोषी मानते हैं। उनके अनुसार यदि सरकार ने हिन्दी को राष्ट्रभाषा बना दिया होता तो धीरे-धीरे वे उपाय भी बन जाते जिनसे हिन्दी अंग्रेजी की जगह ले लेती (वही, पृ. 164-65)। निर्मल भारत के तत्कालीन नीति निर्धारकों को इस बात के लिए कठघरे में खड़ा करते हैं कि उन्होंने पश्चिमी पद्धति को आँख मूँदकर स्वीकार कर लिया और अपने विकास, सोच विचार की अपनी पद्धति के अनुकूल संस्थान विकसित करने का प्रयास ही नहीं किया (वही)। यह एक दुःखद सच्चाई है कि स्वतन्त्रता प्राप्ति के साठ वर्ष बाद भी अंग्रेजी का प्रभुत्व राजनीति पर, सांस्कृतिक मनोदशा पर, सोच पर और चिन्तन पर बढ़ा है। आज जो स्थान हिन्दी को मिलना चाहिए था, उस स्थान पर अंग्रेजी विराजमान है। यह आत्महीनता की पराकाष्ठा है और भारत के बुद्धिजीवी इस आत्महीनता को वरदान मान बैठे हैं। यह सबसे बड़ी विडम्बना है। निर्मल हिन्दी भाषा के प्रति इस दृष्टिकोण की भर्त्सना करते हैं—"यह कहते हुए दुःख होता है कि जिस भाषा में हमारे साहित्य का सृजन होता है, जिसके माध्यम से एक साहित्यिक कृति अपना वैशिष्टय प्राप्त करती है, हममें से अधिकांश अपनी उसी हिन्दी भाषा के प्रति उदासीन और असावधान रहते हैं। (संसार में निर्मल वर्मा, पृ. 207) निर्मल वर्मा उन बुद्धिजीवियों को आड़े हाथों लेते हैं जो भाषा के बारे में सोचना कलावादी विलास मानते हैं। निर्मल वर्मा की दृढ़ मान्यता है कि भाषा में एक सृजनात्मक कृति की समस्त चालक शक्तियाँ निहित होती हैं, जिनके प्रति उदासीन होने का मतलब है स्वयं कला के प्रति उदासीन होना। साहित्य-भाषा सिर्फ एक माध्यम नहीं है, माध्यम होने पर भी वह एक स्वायत्त शक्ति रखती है (वही)। एक विडम्बना यह भी है कि भारत के लोग विशेष कर तथाकथित पढ़े-लिखे लोग अंग्रेजी को ही एकमात्र अन्तरराष्ट्रीय भाषा मान बैठे हैं और अंग्रेजी की खिड़की से ही पूरी दुनिया को देखने के आदी हो चुके हैं, अंग्रेजी के माध्यम से ही विश्व साहित्य को जानने के अभ्यस्त हैं। निर्मल वर्मा इस प्रवृत्ति को घातक एवं अनर्थकारी मानते हैं और इस बात पर बल देते हैं कि हम जितना शीघ्र विश्व साहित्य को अंग्रेजी के झरोखे में देखने का प्रयास छोड़ देंगे उतना ही अच्छा होगा (वही पृ. 21)

इस प्रकार निर्मल वर्मा के लेखन से एक बात स्पष्ट हो जाती है कि उन्होंने न केवल हिन्दी की विभिन्न विधाओं को समृद्ध किया अपितु अपने वैचारिक दृष्टिकोण से सम्पूर्ण भारतीय लेखन में अपनी विशिष्ट पहचान बनायी। यह कहना अतिशयोक्तिपूर्ण नहीं

होगा कि 'निर्मल जी ने एक भारतीय बुद्धिजीवी की सामाजिक भूमिका को सीमान्त तक जाकर निभाया'। एक बुद्धिजीवी के लिए निर्मल जी की जो व्यापक अवधारणा है कि 'बुद्धिजीवी वह है जो विचार के माध्यम से सत्य का अन्वेषण करता है' उसे उन्होंने चरितार्थ किया। उनकी बुद्धिजीवी के बारे में जो आकांक्षा है कि 'एक बुद्धिजीवी को बुद्धि का परजीवी न रहकर सम्पूर्ण चेतना का वाहक बनना होगा वह स्वयं उनके व्यक्तित्व में दिखायी देता है। वे ऐसे बुद्धिजीवी नहीं थे जो बुद्धि का व्यवसाय करते थे, अपितु उनके चिन्तन एवं जीवन में एकात्म था। वे जो कहते थे और जो लिखते थे, उसे जीते भी थे। उन्होंने बहुत ही दृढ़तापूर्वक अपनी असहमतियाँ दर्ज करायीं। उन्होंने कभी भी समझौतावादी रुख नहीं अपनाया। उनका यह व्यक्तित्व आचार्य रामचन्द्र शुक्ल की याद दिलाता है, जिन्होंने अपने समय में भाषा साहित्य और संस्कृति के विषय में दृढ़तापूर्वक अपने विचार रखे और किसी तरह के राजनीतिक समीकरण की परवाह नहीं की। आज जब निर्मल वर्मा हमारे बीच नहीं हैं, तो हमारा यह दायित्व है कि हम उनके समस्त लेखन का पुनः मूल्यांकन करें विशेष कर उनके वैचारिक लेखन के महत्त्व का आकलन करें, उसकी दिशा को समझें, उसमें निहित सन्देश को आत्मसात् करें। ऐसा कर हम उस आत्म विश्वास को प्राप्त कर सकेंगे, जिसे हमने स्वतन्त्रता प्राप्ति के बाद खो दिया। हम शायद पुनः उस मौलिक चिन्तन की प्रक्रिया का विकास कर पायेंगे, जिसका सूत्रपात एक समय गाँधी, अरविन्द, आचार्य शुक्ल, प्रसाद आदि के लेखन में प्रगल्भता के साथ किया गया था। अपनी परम्परा से पुनः जुड़ना औपनिवेशिक दासता के दोषों से मुक्त होना और निर्मल वर्मा के शब्दों में 'आत्मनिर्वासन की स्थिति' से उबरना अत्यन्त आवश्यक है। निर्मल वर्मा का लेखन इस दिशा में हमारे लिए प्रेरणा स्रोत का कार्य कर सकता है।

शोषण के विरुद्ध सार्थक हस्तक्षेप

कथा साहित्य के क्षेत्र में श्रवण कुमार गोस्वामी कोई अपरिचित नाम नहीं है। श्री गोस्वामी के अबतक जंगल तंत्रम (1979), सेतु (1981), भारत बनाम इण्डिया, (1983), राहु केतु (1984), मेरे मरने के बाद ,(1985), चक्रव्यूह (1988), आदमखोर, (1992), एक टुकड़ा सच (1992) जैसे नौ उपन्यास प्रकाशित हो चुके हैं। इन उपन्यासों में स्वतन्त्रता प्राप्ति के बाद के भारतीय जीवन के यथार्थ का मार्मिक अंकन हुआ है। विभिन्न रूपको और फंतासियों का सहारा लेकर उपन्यासकार ने आजादी के बाद समाज में आये कदाचार, कुत्सा, अनाचार, एवं पाखण्ड को सामने लाने की कोशिश की है। स्वतन्त्रता आन्दोलन के समय के आदर्श, संकल्प किस प्रकार तार-तार हो गये, प्रजातान्त्रिक व्यवस्था की धज्जियाँ उड़ायी गयीं, प्रशासन किस प्रकार खोखलेपन का शिकार हुआ, सामाजिक जीवन किस प्रकार पाखण्ड के आगे नतमस्तक हुआ, इन सबको बड़ी ही तीव्रता के साथ व्यंग्यात्मक ढंग से प्रत्यक्ष करने में श्रवणकुमार गोस्वामी ने सफलता प्राप्त की है। 'हस्तक्षेप' श्रीगोस्वामी का महत्त्वपूर्ण उपन्यास है। इसमें हर प्रकार की प्रतिकूलताओं को झेलते हुए प्राकृतिक परिवेश से तादाम्य स्थापित करके निश्छल जीवन जीनेवाले आदिवासी विशेषण से सम्बोधित किये जानेवाले लोगों के जीवन को आधार बनाया गया है। सतपुड़ा, बुन्देलखण्ड, बघेलखण्ड एवं महादेव की पहाड़ियों को अपना आश्रय स्थल एवं कर्म स्थल बनाकर प्राकृतिक परिवेश के बीच जीवन-यापन करनेवाले ये लोग तथाकथित आधुनिकता से दूर अपनी संस्कृति को सुरक्षित रख सके हैं। स्वतन्त्रता प्राप्ति के बाद संविधान में उन्हें संरक्षण मिला और सरकार की ओर से विकास की मुख्यधारा में लाने के लिए विशेष प्रयास हुए। इनके विकास के लिए आयोग बने। पर विकास के नाम पर जो लूट मची और इससे विचौलियों की जो बन आयी, उसका मार्मिक चित्रण उपन्यासकार ने किया है। विडम्बना यह है कि इन आदिवासियों का शोषण केवल बाहरी तत्त्वों द्वारा नहीं अपितु आदिवासियों के नेता कहे जानेवाले लोगों द्वारा भी हो रहा है।

इन आदिवासियों को शोषण से मुक्ति दिलाने, उनके भीतर आत्मसम्मान की भावना जागृत करने के लिए संघर्ष हेतु आगे आती है रंगपुर विश्वविद्यालय के हिन्दी

विभाग की प्राध्यापिका और आदिवासी महिला छात्रावास की नव नियुक्त अधीक्षक और आदिवासी डॉ. महुआ चक्रवर्ती, किन्तु उसे पग-पग पर जिस प्रकार कठिनाइयों का सामना करना पड़ता है और अन्ततः उसे नैतिकता, ईमानदारी का जीवन जीने एवं भ्रष्टाचार के विरुद्ध संघर्ष करने की कितनी बडी कीमत चुकानी पड़ती है यह स्वतन्त्रता प्राप्ति के बाद के प्रजातान्त्रिक भारत के स्याह पक्ष का ज्वलन्त उदाहरण है।

इस उपन्यास का मुख्य प्रतिपाद्य है आदिवासी कही जानेवाली जाति के विकास के नाम पर किये जानेवाले व्यापार का एक्सपोजर। विश्वविद्यालय के प्रोफेसर चौधरी आदिवासी संस्कृति के प्रसार के नामपर विदेश यात्रा करते हैं और अर्थ और यश का उपार्जन करते हैं। आदिवासियों की सांस्कृतिक समृद्धि, उनकी कलात्मक परिष्कृति को व्यापार की वस्तु बनानेवाले दूसरे व्यक्ति हैं उमाशंकर उर्फ नेता जी जो रहमत अली के साथ मिलकर विश्वविद्यालय में मानवशास्त्र के प्राध्यापक सरल निश्छल तथा कला एवं संस्कृति के प्रति निष्ठावान् युवक करमा भगत के सहारे आदिवासी सांस्कृतिक विकास परिषद् का गठन कर अपने स्वार्थ की पूर्ति करते हैं। तीसरे हैं आदिवासी विधायक जिन्होंने **आदिवासी भूमि मुक्ति मोर्चा** का गठन किया है और इस संस्था की आड़ में वे आदिवासियों का भावनात्मक तथा गैर आदिवासियों का आर्थिक शोषण करते हैं। इन्होंने इस कार्य में सहयोग के लिए असामाजिक तत्त्वों को संरक्षण दे रखा है। इनके शोषण के विरुद्ध सार्थक हस्तक्षेप करते हैं महुआ चक्रवर्ती और करमा भगत और इनके पीछे प्रेरणाशक्ति के रूप में खड़ी है बिरसी भगत। उपन्यास क़ी पूरी कथा दो स्तरों पर चलती है— एक महुआ चक्रवर्ती को केन्द्र में रखकर और दूसरी करमा भगत को केन्द्र बिन्दु बनाकर। महुआ चक्रवर्ती रंगपुर विश्वविद्यालय में हिन्दी की प्राध्यापिका और आदिवासी महिला छात्रावास की नवनियुक्त अधीक्षक हैं। आदिवासी महिला छात्रावास आमछा के नाम से लोगों में जाना जाता है जिसमें स्नातकोत्तर कक्षाओं में अध्ययनरत छात्राएँ रहती हैं। कला और संस्कृति के नाम पर शहर के असामाजिक तत्त्वों के द्वारा इन छात्राओं का दैहिक शोषण होता है। इन असामाजिक तत्त्वों को स्थानीय आदिवासी विधायक का पूर्ण संरक्षण प्राप्त है। डॉ. महुआ चक्रवर्ती इन तत्त्वों के बीच सशक्त प्रतिरोध बनकर खड़ा होतो है। वह छात्राओं से आत्मीय सम्बन्ध बनाती है, उनका विश्वास अर्जित करती है और उनके भीतर निहित आत्मशक्ति को जागृत करती है। पर इन सबकी उसे भारी कीमत चुकानी पड़ती है। राजनीतिक संरक्षण प्राप्त असामाजिक तत्त्व उसे शारीरिक एवं मानसिक रूप से प्रताड़ित करने एवं उसका आत्मबल तोड़ देने के लिए उसके साथ बलात्कार करते हैं। बलात्कारी गिरफ्तार होते हैं। अदालती कार्यवाही में महुआ को यन्त्रणादायक अश्लील प्रश्नों का सामना करना पड़ता है, पर वह इससे विचलित नहीं होती अपितु इन स्थितियों का दृढ़तापूर्वक सामना करती है और अन्ततः दोषियों को सजा दिलाने में सफल होती है। लेकिन उसे समाज के बौद्धिक कहे जानेवाले वर्ग का समर्थन नहीं मिल पाता है। हिन्दी विभाग के

अध्यापक और विश्वविद्यालय के कुलपति विधायक के षड्यन्त्र मे भागीदार बनकर महुआ के विरुद्ध हो जाते हैं जिससे अन्ततः उसे विश्वविद्यालय से त्यागपत्र देना पड़ता है। उसे अभूतपूर्व समर्थन मिलता है बिरसी भगत एवं करमा भगत से। इसी प्रकार वह परिस्थितियों से हार नहीं मानती और शोषण की शिकार स्त्रियों की सहायता के लिए अपने को समर्पित कर देती है।

महुआ चक्रवर्ती को केन्द्र में रखकर बुनी गयी कथा के समानान्तर उसके साथ चलनेवाली कथा का ताना-बाना करमा भगत के इर्द-गिर्द बुना गया है। करमा भगत रंगपुर विश्वविद्यालय में मानवशास्त्र का अध्यापक है। वह निश्छल एवं निष्ठावान् युवक है। पर उसकी निष्कपटता एवं निष्ठा का आश्रय लेकर उमाशंकर उर्फ नेता जी और रहमत अली आदिवासी संस्कृति के विकास के नाम पर आर्थिक लूट का घिनौना खेल खेलते हैं। 'आदिवासी सांस्कृतिक विकास परिषद्' वह मुखौटा है, जिसकी आड़ में सारा व्यापार चलता है। 'विष कुम्भम पयोमुखम्' चरित्रवाले समाज में किस प्रकार तेजी से सफलता प्राप्त करते जा रहे हैं इसके उदाहरण हैं तथाकथित नेता जी। करमा भगत पूरी तरह उनकी गिरफ्त में आ जाता यदि समय पर महुआ चक्रवर्ती और बिरसी भगत द्वारा सचेत न कर दिया जाता। अन्ततः वह परिषद् से अपने को अलग कर लेता है और महुआ चक्रवर्ती के संघर्ष-पथ का पथिक हो जाता है। उपन्यास का अन्त एक सकारात्मक संकेत के साथ होता है। लेखक का यह विश्वास समीचीन है कि समाज मे अभी भी कुछ लोग हैं, जो अनेक धाराओं के बीच से मार्ग निकाल लेते हैं। महुआ चक्रवर्ती एवं करमा भगत को केन्द्र में रखकर विकसित होनेवाली कथा अलग-अलग चलती है, पर करमा भगत एवं महुआ लक्ष्य एक है और वह है आदिवासियों के स्वाभिमान की रक्षा एवं उनका वास्तविक विकास।

स्वतन्त्रता प्राप्ति के बाद आदिवासियों की समस्याओं को लेकर लिखे जानेवाले उपन्यासों की शृंखला में श्रवणकुमार गोस्वामी का यह महत्त्वपूर्ण उपन्यास है। स्वतन्त्रता प्राप्ति के बाद देश में विकास के लिए जो योजनाएँ बनीं, उनमें वनवासी क्षेत्र पर विशेष ध्यान दिया गया, पर विडम्बना यह हुई कि विकास के नामपर केवल आर्थिक लूट मची। श्रवणकुमार गोस्वामी ने वनवासी परिवेश का गहराई से अध्ययन किया है; झारखण्ड का परिवेश गोस्वामी जी की आत्मा में रचाबसा है। इसलिए उस परिवेश के सच को वे पूरी प्रखरता के साथ व्यक्त करने में सफल रहे हैं। स्वातन्त्र्योत्तर उपन्यासों में एक धारा ऐसे उपन्यासों की रही है, जिनमें अंचल विशेष की संस्कृति, रीति-रिवाज, जीवन-पद्धति को उसकी समग्रता में मूर्त करने का प्रयास किया गया है। इसमें फणीवश्वनाथ रेणु ने पूर्णिया, नागार्जुन मिथिला, राही मासूम रजा एवं विवेकी राय-ने गाजीपुर, शिव प्रसाद सिंह काशी, रामदास मिश्र गोरखपुर, गुलशेर खाँ शानी बस्तर, बदीउज्जमाँ गया और संजीव ने झरिया जैसे क्षेत्रों को अपने उपन्यास का विषय बनाया है। इसी क्रम में श्रवण कुमार गोस्वामी के इस उपन्यास में राँची के आसपास की

धड़कन महसूस की जा सकती है। यह इस बात का प्रमाण है कि स्वतन्त्रता प्राप्ति के बाद कथा-साहित्य में विस्तार हुआ है, इसमें वैविध्य आया है और अभिव्यक्ति में प्रामाणिकता और विश्वसनीयता आयी है।

श्रवणकुमार गोस्वामी के इस उपन्यास में तीन चरित्र महत्त्वपूर्ण हैं— डॉ. महुआ चक्रवर्ती, करमा भगत और बिरसी भगत। महुआ के रूप में उपन्यासकार ने एक सकारात्मक एवं गतिशील चरित्र का आविष्कार किया है, जिसमें चट्टानी दृढ़ता है, आस्था है, और जो स्त्री को वस्तु के रूप में इस्तेमाल होनेवाली छवि को तोड़ती है। वह पलायन नहीं संघर्ष में विश्वास रखती है। विश्वविद्यालय की नौकरी से त्याग-पत्र देना पलायन नहीं बल्कि एक बड़े मूल्य के लिए अपने को समर्पित करना है। वह मैत्रेयी पुष्पा, प्रभा खेतान और अलका सरावगी द्वारा स्त्री विमर्श के सन्दर्भ में रचे गये चरित्रों से भिन्न है, वह स्त्री के सशक्तिकरण का प्रतिनिधित्व करती है। वह स्त्री स्वतन्त्रता का नारा नहीं लगाती, वह शोर नहीं मचाती, वह देह प्रदर्शन को ही स्त्री स्वातन्त्र्य का चरम नहीं मानती, बल्कि वह यथार्थ में स्त्री शक्ति, स्त्री अस्मिता का प्रतिनिधित्व करती है। वह स्त्री जाति में आयी वैचारिक दृढ़ता का प्रमाण प्रस्तुत करती है। बलात्कार जैसी नृशंस और यन्त्रणादायक घटना भी उसको तोड़ नहीं पाती और वह संघर्ष के लिए नये ढंग से अपने को तैयार करती है। डॉ. महुआ स्त्री-चरित्र के रूप में उपन्यासकार की एक उपलब्धि है, वह इक्कीसवीं शताब्दी की स्त्री जाति के लिए आशा की किरण है। करमा भगत का चरित्र अपेक्षाकृत कमजोर है। वह यथार्थवादी चरित्र नहीं बन पाया है। इस चरित्र के निर्माण में लेखक स्वाभाविकता की सीमा लाँघ गया है। आदर्शवादी चरित्र का निर्माण करना गलत नहीं है, पर जो आदर्श जीवन जीते हैं, वे निहायत मासूम होते हैं और इस दुनिया के इन्सान नहीं होते या वे दुनिया में चल रहे षडयन्त्रकारी गतिविधियों को समझ नहीं पाते, यह कहना युक्तिमुक्त नहीं प्रतीत होता। आज का सीधा कहा जानेवाला इन्सान भी लोगों की चालाकियाँ समझता है, भले ही वह उनसे लड़ पाने में अपने को असमर्थ महसूस करे। ऐसा नहीं कि वह कथनी-करनी के भीतर की फाँक को लक्षित नहीं कर सके। इसलिए लेखक की निर्मिति में पूर्णतया विश्वसनीयता नहीं आ पाती है। करमा भगत अध्यापक हैं, वह विश्वविद्यालय की सेवा में है, वह अपने आसपास के व्यक्ति के चरित्र को पहचानता है, पर वह नेता जी और रहमत अली की धूर्तता को पहचानने में आरभ में समर्थ नहीं हो पाता, वह अपनी माँ बिरसी भगत और महुआ चक्रवती द्वारा सचेत किये जाने के बाद भी नेता जी और रहमत अली के षडयन्त्र को नहीं जमझ पाता, यह बहुत विश्वसनीय नहीं प्रतीत होता। बिरसी भगत के चरित्र चित्रण में लेखक ने यथार्थवादी दृष्टि का परिचय दिया है। समाज में कुछ ऐसे चरित्र अवश्य होते हैं, जो परिस्थितियों से संघर्ष करते-करते अन्तर्मुखी हो जाते हैं, पर जिनमें स्वाभिमान और दृढ़ता तथा संयम का अद्‌भुत समन्वय होता है। बिरसी भगत के चरित्र

में अनुकरणीय संयम और सन्तुलन है उसकी दृष्टि पैनी है; जिन्दगी के कटु अनुभव ने उसके व्यक्तित्व को गहराई प्रदान की है।

उपन्यास जीवनगाथा है, जीवन को समग्रता में देखने का उपक्रम है, यह लेखक के 'विजन' के प्रकटीकरण का माध्यम भी है। कथा रचते हुए रचनाकार जीवन के विविध सन्दर्भों को भी देखते हुए चलता है। इस उपन्यास में भी जीवन के विविध सन्दर्भ उद्घाटित हुए हैं। कथायात्रा के साथ उपन्यासकार ने देश की सामाजिक, राजनीतिक, एवं आर्थिक स्थिति पर सटीक टिप्पणियाँ की हैं। स्वतंन्त्रता प्राप्ति के बाद गाँधी जी के विचारों का उत्तराधिकार संभालने का दावा करनेवाली कांग्रेस पार्टी में किस प्रकार क्षरण आया, किस प्रकार वंशवाद को बढ़ावा मिला, इसका व्यंग्यात्मक चित्रण लेखक ने किया है—"यह महात्मा गाँधी की ही कृपा का फल है कि नेहरू वंश के लोग तीन पीढ़ियों तक प्रधानमन्त्री बनते चले गये। इतना पुख्ता इन्तजाम कहाँ कोई बाप कर पाता है अपने बाल बच्चों और चेलों के लिए (पृ. 30)।" स्वातन्त्र्योत्तर भारत की एक त्रासदी यह भी रही है कि केवल राजनीति कर्मी ही येन-केन-प्रकारेण सत्ता प्रप्ति और अर्थ प्राप्ति में नहीं लगे हैं, बुद्धिजीवी कहे जानेवाले लोग और समाज सेवा करने का दम भरनेवाले लोग भी अपनी स्वार्थ सिद्धि में लगे हुए हैं। इसके प्रत्यक्ष उदाहरण हैं स्वयं सेवी संगठन के माध्यम से कार्य करनेवाले लोग। पर्यावरण, संस्कृति, शिक्षा, समाजसेवा के नाम पर असंख्य स्वयं सेवी संगठन कार्यरत हैं, जिनका एकमात्र उद्देश्य है देश-विदेश से अनुदान प्राप्त करना। डॉ. चौधरी इसके प्रतीक हैं—"डॉ. चौधरी की सारी दुनिया में कितनी शोहरत है। साल में तीन चार बार तो वह इसी संसकिरती के नाम विदेश यातरा कर ही लेते हैं (पृ. 32)" "डॉ. सक्सेना ने आदिवासी महिलाओं की गरीबी बेची। उन्होंने आदिवासी युवतियों की नग्न छातियाँ बेचीं। उन्होंने आदिवासी किशोरियों के उभरते वक्ष बेचे (पृ.168)।"

राजनीति का अपराधीकरण आज एक बहुत बड़ी समस्या है। इसने भारत के प्रजातान्त्रिक मूल्यों को खोखला कर दिया है। लेखक की दृष्टि से वह ओझल नहीं रह सका है। भारतीय राजनीति के अपराधीकरण के उदाहरण बिहार और झारखण्ड में कुछ अधिक ही मिलते हैं—इन दिनों तो प्रत्येक विधायक एवं सांसद को अपनी सेना भी रखनी पड़ती है। सेना को बन्दूक, राइफल, पिस्तौल और बम से लैस रहना पड़ता है। इन्हें नये-से-नये अस्त्र-शस्त्र खरीदकर देने की आवश्यकता होती है। (पृ. 77) लेखक आदिवासी क्षेत्र से जुड़ा है। इसलिए उसकी जमीनी सच्चाई से परिचित है। लेखक की यह पीड़ा सही है कि मानव विज्ञान (एन्थ्रोपोलॉजी) जैसे एक विषय का आविष्कार कर तथाकथित सभ्य समाज ने आदिवासियों का वास्तविक कल्याण न कर उन्हें अजायबघर की वस्तु बना दिया। (पृ. 126)।"

रचानाकर केवल सर्जक नहीं होता, विश्लेषक भी होता है, उसे समाजशास्त्री की भी भूमिका निभानी पड़ती है। आदिवासी समाज की कुछ दुर्बलताएँ हैं, जो उनके

विकास के मार्ग में सबसे बड़ा रोड़ा है। लेखक की दृष्टि में आदिवासियों का सबसे बड़ा शत्रु है— शराब, हँड़िया, होडोंग (पृ. 145)।'' इन दुर्बलताओं से मुक्त हुए बिना आदिवासी समाज का विकास सम्भव नहीं। प्रेमचन्द ने भी अपने उपन्यासों में दलित वर्ग की कमजोरियों को रेखांकित करते हुए उनसे मुक्ति का आह्वान् किया है। इसी क्रम में लेखक ने समाज के सभ्य कहे जानेवाले लोगों की दूषित मनोवृत्ति का भी पोस्टमार्टम किया है। आज भी समाज पुरुषवादी मनोवृत्तियों से परिचालित है, जहाँ पुरुष से किसी प्रकार की अपेक्षा नहीं की जाती स्त्री से सारी अपेक्षाएँ की जाती हैं। इस समाज में बलात्कार स्त्री के लिए सबसे यन्त्राणादायक घटना होती है जिसमें उसकी कोई गलती नहीं होती फिर भी सबसे अधिक सजा वही भोगती है। वह मानसिक यन्त्रणा से गुजरती है, सामाजिक अवमानना का शिकार होती है। यदि वह न्यायालय की शरण में जाती है तो उसे वहाँ अश्लीलतम स्थिति का सामना करना पड़ता है, वकील नामका प्राणी दुः शासन की तरह भाषा के बाहुबल से उसकी आत्मा का चीर हरण करता है और न्यायाधीश नाम का प्राणी धृतराष्ट्र की तरह निर्विकार भाव से बैठा रहता है। लेखक की दृष्टि में यह विचित्र स्थिति है कि इस समाज के हवनकुण्ड में केवल नारी के ही हाथ जलते हैं (पृ. 262)।'' इस सन्दर्भ में लेखक संचार माध्यमों की भूमिका पर भी प्रश्नचिह्न लगाता है। बलात्कार जैसी जघन्य घटना भी समाचार-पत्रों के लिए एक उत्पाद बन जाती है जिसे वे पाठकों को बेचते हैं— ''उस खबर को साक्षात्कार के रूप में 'खबरनामा' ने इस ढंग से छापा था मानों महुआ भी एक नया उत्पाद थी इस उत्पादन को बड़े आकर्षक ढंग से विज्ञापित किया गया था (पृ. 232)।''

शिक्षा संस्थान एक ऐसी जगह है, जहाँ संस्कार के निर्माण और चेतना के परिष्कार के अवसर अधिक उपलब्ध होते हैं पर ये संस्थान किस प्रकार अपनी भूमिका खो चुके हैं और समाज से कट गये हैं, इसका अनुभव एक शिक्षक से अधिक और कौन कर सकता है। शिक्षा केन्द्रों के व्यावसायिक केन्द्रों में बदलने का तीखा अनुभव लेखक को है। स्वातन्त्र्योत्तर भारत में बुद्धिजीवियों का सर्वाधिक पतन हुआ है। वह विद्यानुरागी न रहकर पद और पैसे का लोभी हो गया है, उसमें सामाजिक दायित्व बोध का अभाव है, वह ईर्ष्या-द्रेष से परिचालित है। उसकी इन प्रवृत्तियों ने उसके व्यक्तित्व का इतना क्षरण किया है कि वह समाज में घृणा का पात्र भी बना है। शिक्षा संस्थानों में राजनीतिक हस्तक्षेप और शिक्षकों में आयी मूल्यहीनता रचनाकार की चिन्ता के विषय बने हैं। लेखक ने कुछ ऐसी बिन्दुओं की ओर भी पाठकों का ध्यान आकृष्ट किया है, जो लगती बहुत छोटी हैं, पर जिन्होंने हमारे सामाजिक जीवन को पंगु बनाया है। देश का समस्त प्रशासनिक ढाँचा हमने पश्चिम से लिया या कहा जाय अंग्रेजों द्वारा प्रवर्तित ढाँचे को हमने ज्यों-का-त्यों स्वीकार कर लिया, पर कार्य संस्कृति की ओर हमारा ध्यान नहीं गया। अनुशासनप्रियता, नियमबद्धता, समयनिष्ठता और श्रमनिष्ठता को हमने

बिल्कुल भुला दिया लेखक ने इस कभी की ओर भी संकेत किया है। (पृ. 29,56)।

आदिवासी समाज की एक बड़ी त्रासदी रही है धर्मान्तरण की। उनकी विपन्नता और अशिक्षा दूर करने के नाम पर ईसाई मिशनरियाँ, विद्यालयों, सेवाकेन्द्रों और अस्पतालों का जाल फैलाकर धर्मान्तरण को बढ़ावा देती हैं—"शिक्षित होने के लिए अमर का धर्मान्तरण क्यों आवश्यक है? यह तो अजीब शर्त है। धर्मान्तरण के बाद अमर क्यों फादर के स्कूल के योग्य हो जायेगा? और अब वह फादर के द्वारा क्यों नहीं योग्य माना जा रहा है? बपतिस्मा के बाद आखिर अमर में क्या अन्तर आ जायगा (पृ. 253)।"

रचनाएँ केवल लेखक की अनुभूतिमयता, कल्पनाशीलता का परिचय नहीं देतीं अपितु ज्ञान के विस्तार का और दृष्टिकोण का भी प्रमाण प्रस्तुत करती हैं। भारतवर्ष के बुद्धिजीवियों की एक बड़ी समस्या रही है आत्महीनता की। लगभग दो सौ वर्षों के औपनिवेशिक शासन ने उसकी स्मृति को धुँधला कर दिया, उसके भीतर परम्परा के प्रति निषेध का भाव पैदा किया। पाश्चात्य दृष्टि से प्रभावित होने का परिणाम है कि हम अपने इतिहास और संस्कृति को भी विदेशी आँखों से देखने के अभ्यस्त हो गये हैं। उपन्यास के एक पात्र का यह कथन कि वह आर्य है और तू अनार्य है' (पृ. 145) लेखक के विदेशी चिन्तन से प्रभावित होने का प्रमाण है। दरअसल भारतीय बुद्धिजीवी और साहित्यकार कहे जानेवाले लोगों का एक बड़ा वर्ग इस कदर आत्महीनता का शिकार है कि उसे अपनी जमीन से जुड़ी कोई भी उपलब्धि वैशिष्ट्यपूर्ण नहीं लगती। वह केवल यूरोपीय चिन्तन में ही समस्त विद्या का उत्स देखने का अभ्यस्त हो गया है। उपन्यासकार द्वारा प्रयुक्त यह व्यंग्यात्मक वाक्य— "इधर एक नया गणित निकला है वैदिक गणित (पृ. 52)" इसी ओर संकेत करता है। जबकि वैदिक गणित वेदों के सूत्रों के आधार पर विकसित है और पहली बार जगन्नाथपुरी के शंकराचार्य स्व. भारतीकृष्ण तीर्थ ने व्यवस्थित रूप से वैदिक गणित पर पुस्तक लिखी थी, जिसे विदेशों में तो मान्यता मिली, किन्तु भारत के मैकाले और मार्क्स के मानस पुत्रों ने महत्त्व नहीं दिया। यह दुःखद किन्तु सत्य है।

जहाँ तक उपन्यास की भाषा का प्रश्न है, एक अंचल विशेष की कथा होने के कारण उपन्यास की भाषा में स्थानीयता का पुट अधिक है। अंचल विशेष की संस्कृति, रीतिरिवाज, जीवन पद्धति को मूर्त करने के लिए आंचलिक भाषा का जिस प्रकार सर्जनात्मक इस्तेमाल रेणु ने किया है और उससे कथन में जो सौन्दर्य आया है, उसमें जो सजीवता आयी है उस प्रकार का सौन्दर्य उत्पन्न करने में बाद के रचनाकारों को सफलता नहीं मिली। इसका सबसे बड़ा कारण यह है कि जिस प्रकार अंचल रेणु की आत्मा में रचा बसा है, वैसा अन्यत्र नहीं है। इसलिए जो स्वाभाविकता और सहजता रेणु में है, वैसी सहजता अन्य रचनाकारों में नहीं है। श्रवणकुमार गोस्वामी की भाषा, वाक्य विन्यास, शब्द प्रयोग में प्रयास की झलक मिलती है, स्वाभाविकता की नहीं

जो रेणु जैसे रचनाकारों में दिखायी देती है। रेणु ने शब्दों के ग्रामीण रूपों के प्रयोग से जो सर्जनात्मकता उत्पन्न की, वह अद्भुत है। श्रवणकुमार गोस्वामी का प्रयोग अनुकरण प्रतीत होता है। कहीं-कहीं शब्दों के प्रचलित रूप भी सही नहीं हैं। झारखण्ड में बोलचाल में 'गोभी' को 'कोबी' कहा जाता है। 'गोबी' '(पृ. 62) नहीं। इसी प्रकार झारखण्ड में उच्चरित शब्द है 'चुहाड' 'चूहाड़' नहीं (पृ. 160) कोशगत शब्द है 'चूहड़ा'। लेखक ने प्रयोग धर्मिता के उत्साह में ऐसी भूलें कर दी हैं जो अति सामान्य हैं—"यह पता लगाना जरूरी है कि आखिर यह डेविड मिंज किस खेत की मूली है।' यहाँ मुहावरे का प्रयोग गलत है। जब किसी की अवमानना करनी हो तो प्रश्नवाचक लहजे में निषेध अर्थ व्यंजित करते हुए कहा जाता है— 'आप किस खेत की मूली हैं?" यहाँ व्यंग्य और वक्रोक्ति की प्रधानता होती है, जो श्रीगोस्वामी के प्रयोग में नहीं है।

पर इन त्रुटियों के बाद भी उपन्यास कथ्य को सम्प्रेषित करने में सफल रहा है। उपन्यास पठनीय भी है। लेखक के इस निष्कर्ष से सहमत हुआ जा सकता है कि समाज में मूल्यहीनता और भ्रष्टाचार की जड़ में राजनीति, समाजसेवा और प्रशासनिक क्षेत्र में कुण्डली मारे लोग बैठे हैं। उनका सामना करने के लिए दृढ़ता,धैर्य और संघर्षशीलता की आवश्यकता है। लेखक को आदिवासी संस्कृति के संरक्षण के नाम किये जानेवाले व्यापार को एक्सपोज करने में सफलता मिली है।

उजली हँसी की वापसी

हिन्दी कथा साहित्य में डॉ. रामदेव शुक्ल महत्त्वपूर्ण नाम है। छह उपन्यासों और पत्रपत्रिकाओं में प्रकाशित शताधिक कहानियों के माध्यम से अपनी पहचान बना चुके शुक्ल जी ग्रामीण परिवेश के यथार्थ को अपने चिरपरिचित तल्ख अन्दाज में व्यक्त करने में सिद्ध हस्त हैं। 'उजली हँसी की वापसी' काफी विलम्ब से प्रकाशित उनका पहला कहानी संग्रह है, जिसमें कुल तेईस कहानियाँ संकलित हैं। बीसवीं शताब्दी के अन्तिम दशक में जहाँ एक ओर साहित्य में बढ़ती व्यावसायिकता के कारण देह परोसनेवाला कथा साहित्य विपुलता के साथ आया है तथा अतिउत्साह में बिना किसी विजन के अतिक्रान्ति धर्मी कहानियाँ लिखी गयी हैं, दलित-विमर्श और स्त्री-विमर्श के नाम पर नकारात्मक लेखन की बाढ़-सी आयी है, जिस प्रकार से भारतीय जीवन-पद्धति यथा—परिवार, समाज की उपेक्षा की गयी है, वहाँ भारतीय ग्रामीण परिवेश को आधार बनाकर जीवन में संवेदना और ऊष्मा का संचार करनेवाली शुक्ल जी की ये कहानियाँ भविष्य के प्रति आश्वस्ति की सूचना देती हैं। शुक्ल जी ने ग्रामीण यथार्थ को बड़ी सूक्ष्मता से पकड़ा है, उसके अन्तर्विरोधों को निकट से देखा है, उसके भीतर के सकारात्मक और नकारात्मक पक्ष को परखा है और अपनी सशक्त शिल्प के सहारे उसे व्यक्त किया है। यह सच है कि आजादी के पचास वर्षों बाद भी आज गाँव जहाँ-का-तहाँ है, बल्कि उसकी स्थिति और भी बदतर हुई है। गाँवों का आधारभूत विकास तो हुआ नहीं, विकास के नाम पर नगरीय सभ्यता का उच्छिष्ट उसे जरूर मिला जिससे अनेक प्रकार की विकृतियाँ आयीं, सह अस्तित्व, उल्लासमय वातावरण, सहयोग—सब नष्ट हो गया। प्रजातान्त्रिक व्यवस्था का लाभ तो नहीं मिला, पर ईर्ष्या-द्वेष, कलह का बीजारोपण जरूर हुआ और वह बीज आज वृक्ष का रूप ले चुका है। प्राचीन नवीन मान्यताओं का टकराव भी है, शहरों के जीवन मूल्य बदले, पर कई रूपों में गाँवों में परिवर्तन नहीं हुए। इससे अजीब स्थिति उत्पन्न हुई। गाँव आज एक संक्रमण की स्थिति से गुजर रहा है। शुक्ल जी ने संक्रमण के इस यथार्थ को अपनी कहानियों में शब्दबद्ध किया है। वस्तुतः शुक्ल जी ग्रामीण परिवेश से सक्रिय रूप से जुड़े हुए हैं, वे उन रचनाकारों में से नहीं हैं जो रहते तो महानगरों में हैं' और गाँव केवल उनकी स्मृति में

रहता है। शुक्ल जी का चित्रण द्रष्टा भाव का नहीं अपितु भोक्ता भाव का है।

इस संग्रह की कुल तेईस कहानियों में कुछ राजनीतिक व्यवस्था का अन्त्य परीक्षण करती हैं। 'एक सवाल की कैद', 'सुराजी', 'उसका पानी', 'वह पाँच साला' तथा 'मालिक' ऐसी ही कहानियाँ हैं। इन कहानियों में आज की राजनीति में व्याप्त भ्रष्टाचार, अपराध, अवसरवादिता, पदलोलुपता, सत्ता प्राप्ति के लिए किसी भी सीमा तक समझौता करने की प्रवृत्ति, राष्ट्रीयता का अभाव, संकीर्ण स्वार्थ के लिए देशहित को तिलांजलि देने की प्रवृत्ति का साक्षात्कार कराया गया है। राजनीति का अपराधीकरण आज की प्रजातान्त्रिक व्यवस्था का सबसे गहरा संकट है। इससे प्रजातान्त्रिक व्यवस्था को ही ग्रहण लग गया है। 'एक सवाल की कैद, के तिवारी जी एक स्वतन्त्रता संग्राम सेनानी का आशीर्वाद प्राप्त कर राजनीति में पदार्पण करते हैं। पहले वे चोरी डकैती के माध्यम से अपनी जीविका चलाते थे। लेखक यह सिद्ध करना चाहता है कि उस चौर कर्म और इस राजनीति में अब कोई फर्क नहीं रह गया है। राजनीति सेवा का माध्यम नहीं बल्कि शुद्ध व्यवसाय हो गयी है। यद्यपि इस कहानी का उपसंहार अस्वाभाविक और अयथार्थवादी है, पर इससे सन्देश पर कोई अन्तर नहीं पड़ता। तिवारी जी का लड़का किट्टू अपने पिता के कर्मों से क्षुब्ध है और लेखक के संकेत के अनुसार वह नक्सलवादी हो गया है। पर गरीबों में धन बाँटने का उसका सुझाव एक भावुक समाधान है, जो कहानी को कमजोर करता है।

'सुराजी' कहानी उस बूढ़े स्वतन्त्रता संग्राम सेनानी की पीड़ा की गाथा है, जिसने स्वतन्त्रता को लेकर एक सपना देखा था, स्वराज्य और सुराज्य के प्रति उनमें गहरी निष्ठा थी। सत्तर वर्ष के बूढ़े सुराजी गाँव की बदहाल स्थिति से अत्यन्त दुःखी हैं। वे उन लोगों से दुःखी हैं, जो गलत ढंग से स्वतन्त्रता संग्राम सेनानी बने हैं। उन्हें लगता है, आज भी भारत माता बन्दिनी है, उसके पैरों में वही बेड़ियाँ हैं—"सुराजी को पुराने गीतों की धुनें अब भी बहुत याद आती हैं। बन्दिनी भारत माता की तस्वीर में अब उन्हें अपना चेहरा नज़र आता है। वे अपने को समझाते हैं कि भारतमाता बन्दिनी कहाँ है? लेकिन जाने क्या हो गया है उनके मन को? वहाँ वही पुरानी वाली तस्वीर उभरती है। होठों पर शब्दहीन रूदन और पुराने गीतों की धुनें उमड़ती रहती हैं। (पृ. 33)

'उसका पानी' कहानी आज की चुनावी राजनीति में अन्तर्निहित सडाँध पर से ढक्कन हटाने का कार्य करती है। आज का समाज ढोंग की चरमसीमा में जी रहा है। शुक्ल जी उसी ढोंग पर प्रहार करते हैं। अपने को क्रान्तिकारी कहनेवाली तथाकथित सवर्ण जातियाँ अपना वर्चस्व बनाये रखने के लिए किस सीमा तक जा सकती हैं इसका भी पोस्टमार्टम यह कहानी करती है। कथानक कुल इतना ही है कि मिश्र जी दलित वर्ग का वोट लेने के लिए उसी गाँव के शुक्ल जी के साथ दलितों के नेता रामखेलावन के घर जाते हैं और अत्यन्त आत्मीयता प्रदर्शित करते हुए दलित वर्ग के यहाँ पानी पीने का नाटक करते हैं मानों उन्होंने जाति प्रथा छूआछूत और ऊँचे-नीचे के गाँव को

कोसों दूर फेंक दिया है। एक घूँट पानी पीकर वे विजयी मुद्रा में वहाँ से प्रस्थान करते हैं। यहाँ लेखक दलित वर्ग में आयी चेतना का भी अंकन करता है। दलित वर्ग का मुखिया उन बर्तनों को आग में तपाकर पवित्र करने का आदेश देता है मानों बर्तन मिश्र जी के पानी पीने से अशुद्ध हो गये हों। सवर्णों के पाखण्ड के प्रति दलित वर्ग की गहरी वितृष्णा का इस कहानी में मार्मिक अंकन है। 'वह पाँच साला' कहानी भी प्रजातान्त्रिक व्यवस्था और विशेषकर चुनावी राजनीति में व्याप्त घोर अवसरवाद का बड़े ही नाटकीय ढंग से साक्षात्कार कराती है। चुनाव जीतने के बाद राजनेता जनता से कट जाते हैं, भोली जनता बार-बार विश्वास करती और बार-बार ठगी जाती है। जनता को अपनी शक्ति का एहसास नहीं है। आज की राजनीति दिशा-निर्देश नहीं करती, वह जनता को भ्रमित करती है। नेता हर बार नया वादा करता है और वे वादे कभी पूरे नहीं होते। राजनीति केवल सत्ता और अधिकार प्राप्ति का माध्यम है, उसमें किसी भी प्रकार के कर्त्तव्य बोध का पूर्णतया अभाव है। इस यथार्थ का चित्रण यह कहानी व्यंग्यात्मक ढंग से करती है।

शुक्ल जी को आजादी के बाद राजनीति में आयी मूल्यहीनता पर सबसे अधिक गुस्सा है। सत्ता प्राप्ति के लिए 'मालिक' कहानी के पात्र ददुआ प्यारेलाल शर्मा का परिचय देते समय उसकी जाति बदल देते हैं वोट के लिए सब तरह का पाखण्ड करते हैं हरिजनों के बीच संवेदनशीलता का, अपनत्व का नाटक करते हैं। उन्हीं के साथ रहकर प्यारेलाल भी विधायक हो जाते हैं। पर प्यारेलाल जब सत्ता का स्वाद लेना चाहते हैं, तो ददुआ को कठिनाई होती है। आज का सवर्ण वर्ग येन-केन-प्रकारेण शीर्ष पर रहना चाहता है और इस कारण उसे किसी भी तरह के छल का सहारा लेने में कोई संकोच नहीं है।

संग्रह की कुछ अन्य कहानियाँ सामाजिक जीवन में व्याप्त पाखण्ड एवं अमानवीय पक्ष को प्रस्तुत करती हैं। इन कहानियों में 'धरम पर आँच' 'बड़ा आदमी' 'तीसरी आँख का अँधेरा' प्रमुख हैं। 'धरम पर आँच' कहानी समाज विशेषकर ब्राह्मण समाज में व्याप्त पाखण्ड के रेशे-रेशे को अधेड़ कर रख देती हैं। धर्म का सूक्ष्म मानवीय और कल्याणकारी पक्ष समाज से कैसे गायब हो गया है और स्थूल कर्मकाण्ड का लिजलिजा रूप विद्यमान् है, इसका उदाहरण है यह कहानी। कहानी के नायक (या खलनायक?) गोबरी दुबे और ननकुआ का धर्म इस बात पर नहीं जाता कि वे दूसरों के खेत की फसल उखाड़ लाते हैं अथवा किसी के घर चोरी करवा देते हैं। मांस खाने यहाँ तक कि मुसलमान के यहाँ मांस खाने पर भी उनका धर्म नहीं जाता। वे माँस खा सकते हैं, पर बकरे का, भैंसे का नहीं; पक्षी का मांस खा सकते हैं पर मुर्गे का नहीं क्योंकि भैंसा और मुर्गा धर्म द्वारा प्रतिबन्धित हैं। पर संकट तब उठ खड़ा होता है जब मीरखाँ की लड़की की शादी में गोबरी दुबे द्वारा दबाव डालकर दावत लेने पर मीर खां के लड़के शमशुल के साजिश के वे शिकार होते हैं जिसमें पूरी 'बभन टोली' को भैंसे का मांस

खिला दिया जाता है। बात खुलने पर बभन टोली के लोग गुस्से से भर जाते हैं। लेखक टिप्पणी करता है—"ननकुआ का गुस्सा कण्ट्रोल से बाहर हो रहा है। धरम की रक्षा का सवाल जो खड़ा हो गया है।" (पृ. ८०)

'बड़ा आदमी' उपभोक्ता संस्कृति के प्रसार और उससे भारतीय समाज में हो रहे अवमूल्यन से उत्पन्न पीड़ा की कहानी है। आज नैतिक मूल्य हाशिये पर ढकेल दिये गये हैं और जीवन के केन्द्र में केवल अर्थ आ गया है, बडप्पन का मापक यन्त्र केवल अर्थ है व्यक्तित्व या जीवन मूल्य नहीं। सारी शक्ति धन में सिमट गयी है, चाहे वह किसी भी रास्ते से आया हुआ धन हो। इस बदले हुए मूल्य ने समाज में विघटन की स्थिति उत्पन्न कर दी है। 'बड़ा आदमी' की संवेदना यही है। 'तीसरी आँख का अँधेरा' भी समाज में व्याप्त स्वार्थ और संकीर्णता का साक्षात्कार कराती है। शिक्षा मनुष्य की तीसरी आँख है, जो अज्ञान रूपी अन्धकार को नष्ट करती है, शिक्षा जड़ता को दूर करने का, चेतना के प्रसार का शोषण मुक्त समाज के निर्माण का, कुल मिलाकर मनुष्य की मुक्ति का माध्यम है, पर आज की विद्या जिसका पर्याय सूचनात्मक ज्ञान भी हो गया है वह हमको बाँध रही है, वह मोह, तृष्णा, ईर्ष्या, द्वेष, घृणा और लोभ को बढ़ा रही है। कहानी के मुख्य चरित्र शेखर पण्डित को यही कष्ट है कि उनके पिता से शिक्षा का जो उत्तराधिकार उन्हें मिला था, वे अपने बच्चों तक नहीं पहुँचा सके। बच्चों ने जो आधुनिक शिक्षा ग्रहण की उसने उन्हें स्वार्थी और आत्मकेन्द्रित बनाया है। आशा की एक किरण यही है कि शेखर पण्डित अपने पुराने आदर्श को जीवित रखे हुए हैं। पिता की स्मृति से उनका संकल्प और भी दृढ़ होता है। अध्यापन की सरकारी सेवा से निवृत्त होने के बाद गाँव में शिक्षा के प्रसार का प्रयत्न करते हैं और थोड़े-बहुत विरोध के बावजूद अपने कर्त्तव्य पथ पर डटे हुए हैं।

'केंचुआ' कहानी विश्वविद्यालय में व्याप्त अराजकता, उसमें बढ़ते राजनीतिक हस्तक्षेप और रीढ़ विहीन मध्यवर्ग पर तीखी टिप्पणी है। आज की व्यवस्था कितनी खोखली है और इस व्यवस्था में कर्म को पूजा मानकर ईमानदारीपूर्वक स्वाभिमान के साथ अपने कर्त्तव्य का निर्वाह करनेवाला व्यक्ति अपने को कितना अलग, कितना असहाय पाता है, इसकी अनुभूति इस कहानी को पढ़कर होती है। आज व्यवस्था का कोई भी घटक इससे अछूता नहीं है। राजनीति, अफसरशाही कहीं भी इसके उदाहरण मिल जाते हैं। सन् साठ के बाद शिक्षा क्षेत्र में राजनीति का प्रवेश हुआ विभिन्न राजनीतिक दलों ने शिक्षा केन्द्रों को प्रशिक्षण स्थल के रूप में चुना। राजनीति के अपराधीकरण से स्थिति और भी बिगड़ी। विश्वविद्यालयों को अपराधियों की शरण-स्थली बनाने की प्रक्रिया आरम्भ हुई। इससे प्रवेश, अध्ययन-अध्यापन और परीक्षा जैसी प्रक्रियाएँ प्रभावित हुईं। ऐसी स्थिति में सबसे अधिक पीड़ा झेलनी पड़ी स्वाभिमानी और ईमानदार अध्यापक को। उसे अपने स्वाभिमान से समझौता करने के लिए विवश होना पड़ा। लेखक की पीड़ा इन पंक्तियों में दृष्टव्य है—"कक्षा में विद्यार्थी का थूकना

सचमुच शिक्षा के मुँह पर थूकना है, व्यवस्था के मुँह पर ही नहीं मनुष्यता के नाम पर थूक देना है।'' (पृ. 64)

'उजली हँसी की वापसी' एक अत्यन्त मार्मिक कहानी है, जिसका शीर्षक ही संकलन का शीर्षक बना है। यह तिब्बती शरणार्थियों के संघर्ष, श्रम एवं उनके शोषण पर आधारित है। यह तिब्बतियों के संकल्प की भी कहानी है। चीनी आक्रमण से तिब्बत की संस्कृति और परम्परा को काफी क्षति पहुँची। अपनी संस्कृति को बचाने का संकल्प लिए तिब्बती दलाईलामा के नेतृत्व में भारतवर्ष शरणार्थी बनकर आये। हिमाचल प्रदेश को उन्होंने केन्द्र बनाया, पर वे पूरे भारतवर्ष में फैल गये। अपनी कला और श्रम के बलपर जीविका का निर्वाह करने लगे। वे शोषण के भी शिकार हुए। लगता है जैसे मनुष्य और मनुष्य के बीच शोषण का ही रिश्ता है और पीड़ित मनुष्य हमेशा शोषण के शिकार होते हैं। डॉ. शुक्ल ने शोषण से उत्पन्न पीड़ा का इस कहानी में मार्मिक चित्रण किया है। यह कहानी तिब्बतियों का सौन्दर्य बोध उनकी निश्छलता का जीवन्त अनुभव कराती है। इस कहानी का सबसे महत्त्वपूर्ण पक्ष है उस तिब्बती युवक का गहरा आशावाद—वह विश्वास कि वह तिब्बत को वापस लेगा, हिमालय के उस भाग को, जो उसके हाथ में निकल गया है।

इस प्रकार इस संकलन की प्रायः सभी कहानियाँ अपने कथा एवं शिल्प में सहज और यथार्थपरक हैं। एक कमी कभी-कभी खंटकती है। शुक्ल जी अपनी कहानियों में कहानीकार की तरह नहीं बल्कि समाजशास्त्री, राजनीति विज्ञानी, विचारक और आलोचक की तरह दीखने लगते हैं। उनका व्यंग्यकार व्यक्तित्व हमेशा अपनी उपस्थिति का एहसास कराता रहता है। कहानी में 'नरेशन' महत्त्वपूर्ण नहीं रहता बल्कि विवेचन विश्लेषण और व्याख्या प्रधान हो जाती है। इसी से कहानियों की सहजता प्रभावित होती है। पर कुल मिलाकर ये जीवन से जोड़नेवाली कहानियाँ हैं, संघर्ष से रास्ता निकालनेवाली हैं, जीवन के प्रति विश्वास जगाने-वाली हैं। इन कहानियों की सबसे बड़ी विशेषता यह है कि ये दलित और स्त्री, विमर्श के फार्मूले और अति क्रान्तिकारिता से मुक्त हैं।

रामचन्द्र शुक्ल की समीक्षा–दृष्टि एवं केशवदास

हिन्दी आलोचना के क्षेत्र में आचार्य रामचन्द्र शुक्ल अत्यन्त महत्त्वपूर्ण नाम है। इस क्षेत्र में वे युग-प्रवर्तक का कार्य कर चुके हैं। आचार्य शुक्ल के पूर्व हिन्दी आलोचना अपने व्यवस्थित रूप में नहीं थी, रस का नाम गिना देना, अलंकार तथा नायिका-भेद बता देना आलोचना का उद्‌देश्य समझा जाता था। शुक्ल जी ने पहली बार 'वाह-वाह' या 'कलम तोड़ दी' शैली से हिन्दी-समीक्षा को मुक्त कर अतयंत मौलिक और विकसित आधार प्रदान किया। सैद्धान्तिक और व्यावहारिक आलोचना के क्षेत्रों में उन्होंने मानदण्ड स्थापित किये। प्राचीन भारतीय आलोचना से पूरी तरह परिचित होते हुए उन्होंने रस और साधारणीकरण जैसे सिद्धान्तों की पुनर्व्याख्या की, अपने समय के रचनात्मक साहित्य के अनुरूप उन्होंने भावुकता जैसे मूल्यों की चर्चा की, रसानुभूति की कोटियाँ बतलायीं। उन्होंने आलम्बनत्व धर्म का साधारणीकरण जैसा सिद्धान्त प्रतिपादित किया। पाश्चात्य आलोचना के घनिष्ठ परिचय से उन्होंने वे सन्दर्भ खोज निकाले, जिनको आधार बनाकर कुछ समान मतों की तुलना की जा सकती है। वक्रोक्ति और अभिव्यंजनावाद की तुलना इसी का एक उदाहरण है।

व्यावहारिक आलोचना के क्षेत्र में तुलसीदास, सूरदास, मलिक मोहम्मद जायसी जैसे महाकवियों की विस्तृत समीक्षा लिख कर आलोचना का मार्ग प्रशस्त किया। इसके अतिरिक्त हिन्दी साहित्य के इतिहास में बिहारी, घनानन्द तथा केशवदास पर लिखी गयी उनकी टिप्पणियाँ उनके समर्थ आलोचनात्मक विवेक से परिचय कराती हैं। अनुमान किया जा सकता है कि शुक्ल जी के आलोचना-सिद्धान्त तुलसी के काव्य से विकसित हुए। तुलसीदास प्रबन्धकार कवि हैं, इसलिए शुक्ल जी ने प्रबन्ध-रचना को अधिक महत्त्व दिया है। प्रबन्धकार कवि का मूल्यांकन करने के लिए उन्होंने नये तर्क दिये। कथा के मार्मिक स्थलों की पहचान ऐसा ही नया सूत्र है, जिसके आधार पर काव्यों को परखा जा सकता है। काव्य के लोकमंगल की माँग शुक्ल जी को भारतीय काव्य परम्परा से जोड़ती है। बिम्बवाद जैसे सिद्धान्तों की भी चर्चा उन्होंने की, जिसकी ओर हिन्दी-आलोचकों का ध्यान नहीं गया था। इस प्रकार हिन्दी-आलोचना को उन्होंने काफी समृद्ध किया।

अपने हिन्दी साहित्य के इतिहास में—तथा कहीं-कहीं—अन्य कवियों की समीक्षा करते हुए उन्होंने केशव के काव्य पर विचार किया है। केशव के काव्य पर विचार करते हुए उन पर जो आक्षेप शुक्ल जी ने लगाये हैं, उनसे केशवदास, उनके समर्थकों के तमाम प्रयत्नों के बावजूद आज तक मुक्त नहीं हो पाये हैं।

केशव के काव्य की समीक्षा करते हुए आचार्य शुक्ल ने पहला प्रहार उनकी संवेदनशीलता पर यह कह कर दिया है कि "केशव को कवि-हृदय नहीं मिला था। उनमें वह सहृदयता और भावुकता न थीं, जो एक कवि में होनी चाहिए।" (हिन्दी साहित्य का इतिहास, पृ. 201)। शुक्ल जी की कसौटी पर खरा उतरने के लिए जिन बातों की आवश्यकता है, उसका उल्लेख उन्होंने अपने ग्रन्थ 'रस मीमांसा' में किया है—"संवेदनशीलता मुख के लावण्य, वनस्थली की सुषमा, नदी या शैल तट की रमणीयता, कुसुम विकास की प्रफुल्लता, ग्राम दृश्यों की सरस माधुरी को देखकर मुग्ध होना, किसी प्राणी के कष्ट व्यंजक रूप और चेष्टा पर करुणार्द्र होना, किसी पर निष्ठुर अत्याचार होते देख क्रोध से तिलमिला उठना—अर्थात् व्यक्त प्रकृति के समस्त रूपों के साथ रागात्मक सम्बन्ध स्थापित करने में है। (पृ. 261)

शुक्ल जी को शिकायत है कि परिस्थितिगत औचित्य का केशव ने ध्यान कहीं भी नहीं रखा है, परिस्थितियों के साथ रागात्मक सम्बन्ध स्थापना का तो प्रश्न ही नहीं है।

केशव पर दूसरा आक्षेप है कि प्रबन्ध पटुता उनमें कुछ भी न थी।' प्रबन्ध काव्य के लिए तीन बातें अनिवार्य हैं—सम्बन्ध-निर्वाह, कथा के गम्भीर और मार्मिक स्थलों की पहचान और दृश्यों की स्थानगत विशेषता। (हिन्दी साहित्य का इतिहास पृ. 202) शुक्ल जी ने इन तीनों प्रतिमानों पर केशव को अयोग्य ठहरा दिया है। उनके अनुसार सम्बन्ध-निर्वाह की क्षमता के अभाव के कारण 'रामचन्द्रिका' अलग-अलग लिखे हुए वर्णनों की संग्रह-सी जान पड़ती है (वही पृ. 202) मार्मिक स्थलों की उन्होंने उपेक्षा की है तथा दृश्यों की स्थानगत विशेषता उनके काव्य में ढूँढ़ना व्यर्थ है। चारों ओर फैली हुई प्रकृति के नाना रूपों के साथ केशव के हृदय का सामंजस्य कुछ भी न था। (हिन्दी साहित्य का इतिहास पृ. 203)

शुक्ल जी की दृष्टि में केशव की रचना को सबसे अधिक विकृत और अरुचिकर करनेवाली वस्तु है आलंकारिक चमत्कार की प्रवृत्ति, जिसके कारण न तो भावों की प्रकृत व्यंजन के लिए जगह बचती है, न सच्चे हृदयग्राही वस्तु-वर्णन के लिए (हिन्दी साहित्य का इतिहास पृ. 204) चमत्कारवाद को शुक्ल जी काव्य का बहुत बड़ा दोष मानते हैं। 'भ्रमरगीत सार' की भूमिका में 'निखरत अंक श्यामसुन्दर के बार-बार लावति छाती' में अंक और श्याम के श्लेष में सूर की प्रशंसा करते हुए केशव पर टिप्पणी करते हैं—यदि केशव की पद्धति पर सूर चलते तो शब्द-साम्य को लेकर 'कृष्ण' और 'पत्री' की तुलना पर जोर देते—कहते कि पत्री मानों कृष्ण ही है, क्योंकि वह भी श्याम

है और उसके भी अंक (वक्षस्थल) है। (भ्रमर-गीतसार, भूमिका, पृ. 40-41)

डॉ रामविलास शर्मा ने लिखा है कि शुक्ल जी काव्यकला के पक्ष में हैं—कलाबाजी के नहीं। चमत्कारवादी कवियों के शब्दों के खिलवाड़ को वह काव्यकला नहीं मानते, उसे उन्होंने कालाबाजी की संज्ञा दी है। (आचार्य रामचन्द्र शुक्ल और हिन्दी आलोचना पृ. 125)

शुक्ल जी ने केशव की भाषा की भी आलोचना की है। उसमें पद न्यूनता, वाक्य न्यूनता, फालतू शब्दों के प्रयोग आदि के दोष दिखलाये हैं (हिन्दी साहित्य का इतिहास, पृ. 205) शुक्ल जी की मान्यता है कि केशव के काव्य की दुरूहता का कारण 'मौलिक उद्भावनाओं की गम्भीरता या जटिलता नहीं है। उनकी दुरूहता का मुख्य कारण उनकी भाषा का ऊबड़-खाबड़पन है, उसमें वाक्य-रचना आदि के साधारण नियमों का उल्लंघन है। (वही, पृ. 201-02) इतना ही नहीं 'रामचन्द्रिका' में 'प्रसन्नराघव', 'हनुमन्नाटक, 'अनर्घराघव', 'कादम्बरी', और 'नैषधचरित' की बहुत-सी उक्तियों का अनुवाद करके रख दिया है। कहीं-कहीं अनुवाद अच्छा न होने के कारण उक्ति विकृत हो गयी है (वही, पृ. 202)

आचार्य शुक्ल ने केशव की काव्यगत त्रुटियों की चर्चा करते हुए उसके कारणों पर भी प्रकाश डाला है। मार्मिक स्थलों की उपेक्षा का कारण एक-दूसरे को सन्देह की दृष्टि से देखनेवाले नीतिकुशल दरबारियों के बीच केशव का होना बताया गया है (वही, पृ. 203)। प्राकृतिक दृश्यों में केशव की अनुरक्ति इसलिए नहीं थी कि भवभूति के बाद वर्णन रूढ़ हो गया। (वही, पृ. 203)। इसके अतिरिक्त केशव की दृष्टि जीवन के गम्भीर और मार्मिक पक्ष पर न होकर राज-दरबार में रहने के कारण राजसी ठाट-बाट, नगरों की सजावट और चहल-पहल आदि की ओर ही था।

ऐसा नहीं है कि केशव के दोषों की ही चर्चा शुक्ल जी को अभीष्ट रही हो, उन्होंने केशव की सफलता की भी चर्चा की है। केशव के संवाद शुक्ल जी को प्रभावित करने में समर्थ रहे हैं। यहाँ उन्होंने केशव को अपने प्रिय कवि गोस्वामी तुलसीदास से भी अधिक सफल बताया है—"रामचन्द्रिका में केशव को सबसे अधिक सफलता हुई है संवादों में। इन संवादों में पात्रों के अनुकूल क्रोध, उत्साह आदि की व्यंजना भी सुन्दर है (जैसे—लक्ष्मण, राम, परशुराम-संवाद तथा लवकुश के प्रसंग के संवाद) तथा वाक्पटुता और राजनीति के दाँवपेंच का आभास भी प्रभावपूर्ण है। उनका रावण-अंगद-संवाद तुलसी के संवाद से कहीं अधिक उपयुक्त और सुन्दर है। (हिन्दी साहित्य का इतिहास, पृ. 204)

इसके अतिरिक्त 'रसिकप्रिया' की सरस कल्पना, पद-विन्यास, वाग्वैदग्ध्य, सरसता एवं 'रतन बावनी' में वीर रस की अभिव्यक्ति की सराहना भी शुक्ल जी करते हैं।

शुक्ल जी के बाद केशव की काव्य की समीक्षा करनेवालों में आचार्य चन्द्रबली पाण्डेय (केशवदास), पं कृष्णशंकर शुक्ल (केशव की काव्य-कला) डॉ. हीरालाल दीक्षित (आचार्य केशवदास), पं. विश्वनाथ प्रसाद मिश्र (हिन्दी साहित्य का अतीत, दूसरा भाग), डॉ. विजयपाल सिंह, श्री किरणचन्द्र शर्मा के नाम उल्लेखनीय हैं। पर इन आलोचकों ने या तो शुक्ल जी के मतों की व्याख्या का समर्थन किया है या फिर विरोध, स्वतन्त्र समीक्षा दृष्टि विकसित करते हुए केशव के काव्य के परीक्षण का प्रयास इन आलोचकों ने नहीं किया है।

पं. कृष्णशंकर शुक्ल ने अपनी पुस्तक 'केशव की काव्यकला' में केशव की संवेदनशीलता, भाषा, आचार्यत्व आदि पर विस्तार से विचार किया है। पर यह भी शुक्ल जी के मतों की व्याख्या ही लगती है। हाँ, इतना अवश्य है कि सहृदयता के प्रसंग 'रामचन्द्रिका' से ढूँढ़-ढूँढ़कर निकाले गये हैं। पं. कृष्णशंकर शुक्ल ने सहृदयता के प्रसंगों को केशव द्वारा चलता कर दिये जाने के कारणों की चर्चा करते हुए लिखा है, 'केशवदास दरबार से जुड़े थे और दरबारियों में काव्योचित वैसी सहानुभूति नहीं रही होगी, जैसी कि अपेक्षित है। केशव को ऐसे ही लोगों को प्रसन्न करने के लिए काव्य-रचना करनी पड़ी।, (केशव की काव्यकला, पृ. 15) दूसरी बात यह भी है कि यद्यपि केशव संस्कृत साहित्य के पण्डित थे, पर जिस संस्कृत साहित्य का उन पर अत्यन्त गम्भीर प्रभाव पड़ा, वह पिछले काल का था। संस्कृत साहित्य के वे पतन के दिन थे, भावों की वह गम्भीरता हृदय की वह विशालत है जो संस्कृत के पहले के कवियों में मिलती थी, वह इन पिछले कवियों में नहीं रह गयीं थी। भाव-गम्भीरता के स्थान पर शाब्दिक चमत्कार तथा अलंकार योजना के वैचित्र्य को महत्त्व दिया जाने लगा था (वही पृ. 16)

आचार्य विश्वनाथप्रसाद मिश्र अपने ग्रन्थ 'हिन्दी साहित्य का अतीत' (द्वितीय भाग) में केशव के काव्य पर विचार करते हुए लिखते हैं—'आचार्य रामचन्द्र शुक्ल ने उन्हें हृदयहीन क्या लिख दिया, वे बेचारे रसिकों, सहृदयों, कवियो सब की मण्डली से खारिज किये जाने लगे। केशव परम्परा से इतने अभिभूत थे कि अपने हृदय का उपयोग उस अवसर पर नहीं कर पाते थे, जिस अवसर पर शुक्ल जी के विचार से उसका योग अनिवार्य रूप से होना चाहिए। प्रकृति के प्रति उनके हृदय में वह राग नहीं था, जो होना कवि के लिए अपेक्षित है। पर यह तो हिन्दी के सभी कवियों के लिए है। केवल केशव ही प्रकृति से उदासीन नहीं सारा मध्यकालीन काव्य उदासीन है। (हिन्दी साहित्य का अतीत भाग-2 पृ. 71

आगे भी मिश्र जी ने प्रबन्ध-काव्य के रूप में 'रामचन्द्रिका' की असफलता के लिए तत्कालीन सामन्ती व्यवस्था को दोष दिया है—''प्रबन्ध के लिए कथा का क्रमबद्ध रूप और अवसर के अनुकूल विस्तार-संकोच अपेक्षित होता है। 'रामचन्द्रिका' में इसका ध्यान नहीं रखा गया है। केशवदास वस्तुतः दरबारी जीव थे। इसी से जितनी बातें

दरबार के अनुकूल थीं, उन्हीं का वर्णन विस्तार से उन्होंने किया। पाण्डित्य का प्रदर्शन भी इनमें प्रधान था, जो 'रामचन्द्रिका' के स्थान-स्थान पर लक्षित होता है।'(वही, पृ. 73)

मिश्र जी ने केशव की प्रदर्शन-प्रियता तथा चमत्कारवाद की निन्दा की है और इस प्रकार शुक्ल जी के कथन को पुष्ट ही किया है—"सच बात तो यह है कि वे चमत्कारवादी जीव थे। स्थान-स्थान पर चमत्कार दिखलाना ही इनका लक्ष्य था। चमक-दमक के चक्कर में अधिक रहने से ही प्रबन्ध-काव्य के अन्य आवश्यक गुणों का ध्यान इन्हें विशेष नहीं था। अतः यह कहने में कोई संकोच नहीं कि केशव में भाव-पक्ष प्रधान नहीं। रचना में कला-पक्ष की प्रधानता इनकी व्यक्तिगत अभिरुचि मात्र नहीं थी। ये संस्कृत के पण्डित थे। इन्होंने जिन-जिन ग्रन्थों को आदर्श बनाया, वे चमत्कारपूर्ण उक्तियों से लदे हुए थे। उत्प्रेक्षा, श्लेष, विरोधाभास, परिसंख्या आदि अलंकारों की जैसी भरमार 'रामचन्द्रिका' में दिखलायी पड़ती है, वैसी उसके आदर्श ग्रन्थ वाण की 'कादम्बरी' में भी। अन्तर इतना ही है कि कादम्बरीकार ने जिन-जिन दृश्यों, स्थानों आदि का वर्णन किया है, उनकी विशेषताओं का ध्यान भी बराबर रखा है, पर इन्होंने चमत्कार के फेर में उनका ध्यान बहुधा छोड़ दिया है।" (वही, पृ. 74)

केशव के सम्बन्ध में लिखी गयी समीक्षाओं से एक बात स्पष्ट हो जाती है कि बाद के आलोचकों की आलोचना भी शुक्ल जी के चिन्तनक्रम में ही है। डॉ. विजयपाल सिंह आदि कुछ शोधकर्त्ताओं ने शुक्ल जी का जो विरोध किया, वह बहुत सार्थक नहीं कहा जा सकता।

वस्तुतः आचार्य शुक्ल की समीक्षा-दृष्टि पर गोस्वामी तुलसीदास का स्पष्ट प्रभाव है और यही कारण है कि जिनके काव्यादर्श तुलसीदास के काव्यादर्श से मेल खाते नहीं दिखायी पड़े आचार्य शुक्ल उन्हें खारिज करते चले गये। शुक्ल जी ने जब केशव के काव्य पर विचार किया तो इस बात को महत्त्व नहीं दिया कि केशव की जीवन-दृष्टि, मान्यताएँ, परिवेश, साहित्यिक मूल्य तुलसीदास के निकट है या नहीं। केशवदास और तुलसीदास की जीवन-पद्धति तथा मान्यताओं में बड़ा अन्तर था। एक दरबारी तो दूसरा निःस्पृह त्यागी सन्त; एक ने राजाश्रय स्वीकार किया था तो दूसरा 'प्राकृत जन' के गुणगान में वाणी का अपमान समझता था। केशवदास ने प्राकृत जन के गुण-गान में वाणी का अपमान नहीं समझा। 'वीरसिंह देव चरित' तथा 'जहाँगीर जस चन्द्रिका' इसके प्रमाण हैं। जहाँगीर की प्रशंसा केशव ने उसी प्रकार की, जिस प्रकार,'रामचन्द्रिका' में दसरथ की—

बिधि के समान हैं बिमानीकृत राजहंस,
बिबिध बिबुधयुत मेरु सों अचल है।
दीपति दीपति अति सातों दीप दीपयतु
दूसरो दिलीप सो सुदच्छिना को बल है।

सागर उजागर सो बहुत वाहिनी को पति,
छनदान प्रिय किधौं सूरज अमल हैं।
सब बिधि समरथ सोहै साहि जहाँगीर,
तिहूँपुर जाको जस गंगा को सो जल है।

(जहाँगीर जस चन्द्रिका, पृ. 110)

ठीक यही छन्द 'रामचान्द्रिका' में थोड़े से अन्तर के साथ आया है। वहाँ 'सब बिधि समरथ राजैं राजा दसरथ भगीरथ पथगामी गंगा कै सो जल है,। (रामचन्द्रिका, पृ. 110)

इतना ही नहीं, राजा इन्द्रजीत की दरबारी गायिका राय प्रवीण को उमा, रमा, शारदा कहने में भी केशव को आपत्ति नहीं है—

राय प्रवीन कि सारदा, सुचि रुचि रंजित अंक।
वीणा पुस्तक धारिणी राजहंस सुत संग (कवि प्रिया, पृ. 1/59)

× × ×

वृषभवाहिनी, अंक उर बासुकि लसत प्रबीन।
सिव संग सोहै सर्वदा, सिवा कि राय प्रवीन । (वही 1/70)

इस प्रकार केशवदास की दृष्टि तुलसीदास से स्पष्टतः भिन्न थी। सही कारण है कि जिस भक्ति एवं श्रद्धापूर्ण हृदय से रामकथा का वर्णन तुलसीदास ने किया है, उसी भावना से केशवदास ने नहीं किया है। इसका तो प्रमाण यही है कि विरही राम की उपमा केशवदास चोर तथा 'उल्लू' से देते हैं। फिर उन्होंने रामचन्द्र की चन्द्रिका का वर्णन अपने काव्य का उद्देश्य बताया है—

रामचन्द्र की चन्द्रिका बरनत हौं बहुछन्द (रामचन्द्रिका 1(21))

अतएव केशव के काव्य का मूल्यांकन करते समय इन बातों पर भी ध्यान देना आवश्यक है। यदि भक्तिग्रन्थ का प्रबन्ध-काव्य के रूप में 'रामचन्द्रिका' के मूल्यांकन का आग्रह आचार्य शुक्ल के मन में नहीं होता तो केशव की इतनी खिचाई शुक्ल जी ने नहीं की होती। केशव ने रामचन्द्रिका के लिए जिन आधार ग्रन्थों को चुना, वे 'प्रसन्नराघव' 'हनुमन्नाटक' आदि थे। अतएव यदि प्रबन्ध-काव्य के रूप में 'रामचन्द्रिका' का मूल्यांकन न कर काव्य-नाटक के रूप में किया जाय तो जो दोष उस पर लगाये जाते हैं, वे ही गुण के रूप में दिखायी लगने लगेंगे। मसलन, अलग से नाम रखना उसकी नाटकीयता में सहायक होगा और छन्दों का अजायबघर भी 'रामचन्द्रिका' नहीं रह जायगी। नाट्यशास्त्र में वर्णित प्रायः सम्पूर्ण स्थिति तथा विशेषताएँ 'रामचन्द्रिका' में मिल जायगी। डॉ. रामदेव शुक्ल ने अपनी पुस्तक 'केशव काव्य-संग्रह' में इसी सम्भावना पर विचार करते हुए लिखा है—"रामचन्द्रिका के नाटकीय स्वरूप के प्रति केशवदास सतर्क थे, इसका सबसे बड़ा प्रमाण यह है कि प्रत्येक घटना और पात्र की प्रस्तुति केशवदास श्रव्य काव्य के रूप में न करके नाटक के रूप में ही करते हैं।

तुलसीदास जहाँ मानवीय भावनाओं की अभिव्यक्ति करते हैं, वहाँ केशव केवल बाह्य कार्य व्यापार (ऐक्शन) पर ज्यादा ध्यान देते हैं। इस बात को 'रामचन्द्रिका' में आदि से अन्त तक लक्ष्य किया जा सकता है। (केशव काव्यसंग्रह, पृ. 13)

'रामचन्द्रिका' के अतिरिक्त 'वीरसिंह देव चरित', 'जहाँगीर जस चन्द्रिका' और 'विज्ञानगीता' का मूल्यांकन भी काव्य नाटक के रूप में करना चाहिए। इन तीनों ग्रन्थों में नाटकीयता विद्यमान है।

'रसिकप्रिया' एवं 'कविप्रिया' की चर्चा करते हएु आचार्य शुक्ल ने मौलिक न होने का आरोप लगाया है—'केशव ने अलंकारों पर 'कविप्रिया' और रस पर 'रसिकप्रिया' लिखी। इन ग्रन्थों में केशव का अपना विवेचन कहीं नहीं दिखायी पड़ता। सारी सामग्री कई संस्कृत ग्रन्थों से ली हुई मिलती है। नामों में अवश्य कहीं-कहीं थोड़ा हेर-फेर मिलता है, जिससे गड़बड़ी के सिवा और कुछ नहीं हुआ है (हिन्दी साहित्य का इतिहास पृ. 144) यहाँ यह ध्यान रखना चाहिए कि इन दोनों ग्रन्थों की रचना का उद्देश्य अपनी मौलिकता या आचार्यत्व प्रदर्शित करना कभी नहीं रहा है। 'रसिकप्रिया' की रचना का उद्देश्य केशवदास बताते हुए लिखते हैं—

अति रति-गति कर करि विविध विवेक विकास।
रसिकन को रसिकप्रिया, कीनी केसवदास ॥ **(रसिक प्रिया, पृ. 1/12)**

इतना ही नहीं, ग्रन्थ की फलश्रुति में कहा गया है—

बाढ़ै रति मति अति परै, जानै सब रस रीति।
स्वारथ परमारथ लहै, रसिकप्रिया की प्रीति ॥ **(वही 16(16)**

इससे स्पष्ट है कि 'रसिकप्रिया' की रचना सरस कविकर्म की शिक्षा देने के लिए हुई है, मौलिकता- प्रदर्शन के लिए नहीं। यही बात 'कविप्रिया' के सम्बन्ध में भी है। उसकी भी रचना कवि होने की आशंका रखनेवाले को कविकर्म सिखाना है। (कवि प्रिया पृ. 3(1)।

इसके अतिरिक्त वीर काव्य की परम्परा में केशवदास के काव्य पर विचार किया जा सकता है। 'रतनबावनी' 'वीरसिंह देव चरित', 'जहाँगीर जस चन्द्रिका, इस सन्दर्भ में महत्त्वपूर्ण है। साथ-ही-साथ मध्यकालीन दरबारी संस्कृति का सच्चा प्रतिबिम्ब केशवदास के काव्य में मिलता है। (केशव काव्य संग्रह, पृ. 19)

इस प्रकार केशव के काव्य की समीक्षा करते समय पूर्वाग्रह रहित दृष्टि से विचार करें तो निष्कर्ष कुछ दूसरे हो सकते हैं। इसमें सन्देह नहीं कि आचार्य शुक्ल को अलग से केशव के काव्य पर विस्तार से विचार करने का अवसर मिला होता तो निश्चय ही उनके निर्णय में अन्तर आता।

राधाचरण गोस्वामी का कृतित्व

राधाचरण गोस्वामी भारतेन्दु मण्डल के अत्यन्त प्रतिभाशाली एवं क्रान्तिकारी रचनाकार ये, जिन्होंने निबन्ध, ,नाटक, पत्रकारिता के क्षेत्र में कीर्तिमान स्थापित किये। रामविलास जी का मानना है कि विचारों की प्रगतिशीलता में यह अपने युग के अन्य सभी लेखकों से सम्भवतः आगे थे (भारतेन्दु युग और हिन्दी भाषा की विकास परम्परा, राजकमल प्रकाशन, संस्करण, 1975, पृ. 63) यह कहा जाता है कि उन्हें क्रान्तिकारी चेतना की प्रेरणा अपने पिता गुण मंजरी दास जी से प्राप्त हुई थी।

राधाचरण गोस्वामी की भारतेन्दु हरिश्चन्द्र के प्रति बड़ी श्रद्धा थी। उन्होंने उनके विषय में लिखा है—"उनके लिखे ग्रन्थ हमको वेद वाक्यवत् प्रमाण और मान्य थे उनको मानो ईश्वर का एकादश अवतार मानते थे। हमारे सब कामों में वह आदर्श थे, उनकी एक-एक बात हमारे लिये उदाहरण थी। (उद्धृत भारतेन्दु युग और हिन्दी भाषा की विकास परम्परा, पृ. 65)।

भारतेन्दु युगीन रचनाकार एक साथ साहित्यकार, पत्रकार, सामाजिक कार्यकर्त्ता और राजनीतिक चेतना सम्पन्न व्यक्ति थे। राधाचरण गोस्वामी ऐसे ही रचनाकार थे भारतवर्ष की तत्कालीन राजनीति एवं राष्ट्रीय चेतना की नब्ज पर उनकी गहरी पकड़ थी। भारतेन्दु युगीन पुनर्जागरण की धारा में उनकी सक्रिय भूमिका थी। उन्होंने मासिक पत्र 'भारतेन्दु' में 22 मई, 1853 ई. को 'पश्चिमोत्तर और अवध में आत्म शासन' शीर्षक से निबन्ध लिखा। ऐसा करके उन्होंने अपनी सजग राजनीतिक चेतना का परिचय दिया। उन्नीसवीं शताब्दी के उत्तरार्द्ध में उन्होंने अकेले दम पर वृन्दावन को पुन र्जागरण का केन्द्र बना दिया। उनकी राजनीतिक सक्रियता का पता इस बात से भी लगता है कि उनके मन में अपने समय के राष्ट्रीय नेताओं के प्रति गहरी आदर भावना थी। अपने समय के प्रख्यात राष्ट्रचेत्ता लाला लाजपतरायका आगमन दो बार वृन्दावन में हुआ था। दोनों बार गोस्वामी जी ने उनका जबर्दस्त सत्कार किया था। वे गौड़ीय वैष्णव सम्प्रदाय के श्रेष्ठ आचार्य थे। पर उन्होंने अपने सम्प्रदाय गत अहं को परे रखकर लाला लाजपत राय की बग्घी को स्वयं खीचा था और इस प्रकार भारत के राष्ट्रीय नेताओं के प्रति अपनी श्रद्धा और उदात्तता का सार्वजनिक परिचय दिया था। यद्यपि वे कांग्रेस से जुड़े थे पर तत्कालीन क्रान्तिकारी नेताओं से उनके आत्मीय सम्बन्ध थे।

महान् क्रान्तिकारी रास बिहारी बोस और योगेश चक्रवर्ती गोस्वामी जी से मिलने उनके घर गये थे और उनका प्रेमपूर्वक स्वागत उन्होंने किया था। राधाचरण गोस्वामी राजनीतिक रूप से क्रियाशील भी थे। उनकी राजनीतिक क्रियाशीलता का पता इससे लगता है कि 1885 ई. में वे वृन्दावन नगरपालिका के सदस्य निर्वाचित हुए। 1897 ई. में तीसरीबार नगरपालिका के सदस्य निर्वाचित हुए। नगरपालिका के माध्यम से वृन्दावन की कुंज गलियों में उन्होंने छह पक्की सड़कों का निर्माण कराया। राधाचरण गोस्वामी के प्रयत्नों से ही मथुरा-वृन्दावन रेल का संचालन सम्भव हुआ। गोस्वामी जी की राजनीतिक चेतना अत्यन्त प्रखर थी। तत्कालीन प्रमुख राजनीतिक विषयों पर अपने समय की विभिन्न पत्र-पत्रिकाओं में अखिल भारतीय स्तर पर लेख लिखते रहते थे।

राधाचरण गोस्वामी में सर्व धर्म समभाव की भावना विद्यमान थी यह एक प्रकार से भारतीय परम्परागत संस्कृति का और आध्यात्मिक चेतना का ही प्रकटीकरण था राधाचरण गोस्वामी यद्यपि गौड़ीय वैष्णव सम्प्रदाय के आचार्य थे और राधाकृष्ण के उपासक थे, तथापि उनमें अन्य सम्प्रदायों के प्रति कोई दुर्भावना नहीं थी जबकि सामी मजहबी व्यवस्था में दूसरे का स्वीकार ही नहीं है। गोस्वामी जी ने लिखा है—"मैं एक कट्टर वैष्णव हिन्दू हूँ। अन्य धर्म अथवा समाज के लोगों से विरोध करना उचित नहीं समझता। बहुत से आर्य समाजी, ब्रह्म समाजी मुसलमान, ईसाई मेरे सच्चे मित्र हैं और बहुधा इनके समाजों में जाता हूँ।" वास्तव में गोस्वामा जी के जीवन दर्शन का मूल सन्देश धर्म, जाति, वर्ग और साहित्य की विविधता में एकता का समन्वय था। उन्हें संकीर्ण भावनाएँ छू तक नहीं गयी थीं।

भारतेन्दु युगीन साहित्यकारों की साामाजिक चेतना भी प्रखर थी। भारतीय समाज में व्याप्त रूढ़ियों का उन्होंने तीव्र विरोध किया, उन्होंने बाल विवाह का विरोध, विधवा विवाह तथा स्त्री शिक्षा का समर्थन किया। साथ ही विदेश यात्रा को भी स्वीकृति दी। उन्होंने अनेक विधवाओं के पुनर्विवाह स्वयं पिता बनकर कराये थे। विधवा विवाह के समर्थन में उन्होंने अनेक विचारोत्तेजक लेख लिखे, साथ ही 'विधवा विपत्ति' और 'बाल विवाह' शीर्षक उपन्यासों की रचना भी की। सामाजिक सुधार की यह चेतना प्रत्येक भारतेन्दु युगीन साहित्यकारों में थी। स्वयं भारतेन्दु हरिश्चन्द्र ने अपने हास्य व्यंग्यात्मक निबन्ध "स्वर्ग में विचार सभा का अधिवेशन' में विधवा विवाह विरोधियों को आईना दिखाया था—'विधवा गर्भ गिरावे, पण्डित जी या बाबू साहब सह लेंगे वरंच चुपचाप उपाय भी करा देंगे, पर विधवा का विवाह न हो। फूटी सहेंगे आँजी नहीं सहेंगे।" गोस्वामी जी के विषय में रामविलास जी ने स्पष्ट लिखा है—जीविका के लिए वे गोसाइयों का कार्य करते थे, पर लेखन में इसके उलट बड़े क्रान्तिकारी थे। उन्होंने विधवा विवाह और विलायत यात्रा के समर्थन में दो पुस्तकें लिखीं" भारतेन्दु युग और हिन्दी भाषा की विकास परम्परा, पृ. 65)

हिन्दी भाषा और नागरी लिपि के प्रति गोस्वामी जी का समर्पण रेखांकित करने

योग्य है। "उन्होंने 1882 ई. के शिक्षा कमीशन को हिन्दी सम्बन्धी मेमोरियल भेजे जिसमें उन्होंने इक्कीस हजार हस्ताक्षर कराये। प्रयाग में जो हिन्दी पत्र सम्पादकों की सभा स्थापित की गयी, उसके वे एक वर्ष तक मन्त्री रहे।" (वही पृ. 65)। नागरी लिपि के उनके समर्पण का श्रेष्ठ उदाहरण है डाक टिकटों और रेल टिकटों में नागरीलिपि के प्रयोग के लिए किया गया उसका प्रयास। इसके लिए उन्होंने कलकत्ता से प्रकाशित हिन्दी साप्ताहिक पत्र 'सार सुधा निधि' के 12 सितम्बर, 1881 ई. के अंक में लिखा—"रेल टिकटों में नागरी नहीं लिखी जाती है जिससे नागरी लिपि का प्रचार नहीं हो पाता। क्या रेलवे अध्यक्षों को नागरी से शत्रुता है या हमारे देशवासी नागरी जानते ही नहीं।" उन्होंने 7 अगस्त, 1881 ई. के 'सार सुधा निधि' में यह प्रश्न भी उठाया था कि राजाओं ने अपनी रियासतों में फारसी सिक्का क्यों जारी रखा है।' वस्तुतः उस समय जातीय स्वाभिमान की भावना का प्राबल्य था। राधाचरण गोस्वामी के उपर्युक्त कथन में इसकी झलक मिलती है। वस्तुतः भारतेन्दु हरिश्चन्द्र की भाँति राधाचरण गोस्वामी भी निज भाषा के प्रति अत्यधिक सजग थे। यही कारण था कि हिन्दी भाषा की उन्नति के लिए अहर्निश संलग्न रहते थे। उनकी यह दृढ़ मान्यता थी कि देशी भाषा की उन्नति के लिए सामूहिक प्रयास की आवश्यकता है। उन्होंने अलीगढ़ की भाषा वर्धिनी सभा को अपना सक्रिय समर्थन प्रदान करते हुए कहा था—"यदि हमारे देशवासियों की सहायता मिले तो इस सभा से भी हमारी देश भाषा की उन्नति होगी।"

उन्नीसवीं शताब्दी का समय खड़ी बोली हिन्दी के विकास का आरम्भिक समय है। खड़ी बोली पर ब्रजभाषा के संस्कार शेष थे। स्वयं भारतेन्दू बाबू की खड़ीबोली गद्य पर ब्रजभाषा के प्रभाव देखे जा सकते हैं। उस समय एक द्वन्द्व गद्य और पद्य की भाषा को लेकर भी था। स्वयं भारतेन्दु हरिश्चन्द्र काव्य भाषा के रूप में ब्रजभाषा के पक्षपाती थे और गद्य भाषा के रूप में खड़ीबोली का पक्ष ले रहे थे। ऐसे समय में 1887 ई. में अयोध्याप्रसाद खत्री के सम्पादन में खड़ीबोली पद्य का प्रकाशन हुआ। खत्री जी ने भाषा के इस द्वैत के विरुद्ध आन्दोलन किया। इस पर व्यापक विवाद हुआ। स्वयं गोस्वामी जी ने खड़ी बोली कविता का विरोध किया। श्रीधर पाठक खड़ी बोली के समर्थक थे। श्रीधर पाठक और राधाचरण के बीच इस प्रसंग को लेकर मनोमालिन्य भी हुआ। भाषा का यह विवाद द्विवेदी युग तक चला। पद्मसिंह शर्मा और लाला भगवान दीन भी कविता में ब्रजभाषा के समर्थक थे। इनकी मान्यता थी ब्रजभाषा में ही कविता हो सकती है। उन्होंने शृंगार रस प्रधान काव्य को ही काव्य माना था। खड़ी बोली को वे कर्कश भाषा मानते थे। भाषा के इस द्वैत के विरुद्ध आचार्य महावीरप्रसाद द्विवेदी को भी संघर्ष करना पड़ा। द्विवेदी युग में यह द्वैत समाप्त हुआ और गद्य-पद्य दोनों क्षेत्रों में खड़ी बोली प्रतिष्ठित हुई। गोस्वामी जी ने अपने जीवन काल में ही द्विवेदी युगीन कविता और छायावाद का उत्कर्ष देखा था। अन्त में खड़ी बोली के प्रति उनका विरोध

दूर हुआ। उन्होंने 1910 ई. से 1920 ई. तक वृन्दावन से प्रकाशित 'श्रीकृष्ण चैतन्य चन्द्रिका' का सम्पादन एवं प्रकाशन किया था। इस मासिक पत्र के प्रथम अंक में अर्थात् जनवरी 1910 ई. के अंक में 'श्री विष्णु प्रिया विलाप' शीर्षक कविता खड़ी बोली में लिखी थी।

राधाचरण गोस्वामी बहुमुखी प्रतिभा के साहित्यकार थे। भारतेन्दु युग के अन्य लेखको की भाँति उन्होंने निबन्ध, नाटक, उपन्यास जैसी प्रमुख विधाओं में रचना की। यह माना जाता है कि उनकी साहित्य यात्रा 1877 ई. से आरम्भ हुई। इसी वर्ष उनकी पुस्तक 'शिक्षामृत' प्रकाशित हुई। यह उनकी प्रथम पुस्तक है। उनकी मौलिक तथा अनूदित—सब मिलाकर पचहत्तर रचनाएँ बतायी जाती हैं। जहाँ तक उपन्यास विधा का प्रश्न है 'बाल विधवा' (1883-84) सर्वनाश (1883-84), अलक चन्द (अपूर्ण 1884-85), विधवा विपत्ति (1888), बीर बाला उनके मौलिक उपन्यास हैं। 'दीप निर्वाण (1878-80), बिरजा (1878), जावित्री (1888) तथा मृण्मयी उनके अनूदित उपन्यास हैं। कल्पलता (1884-85) तथा 'सौदामिनी' (1890-91), उनके लघु उपन्यास हैं। लघु उपन्यास को वे 'नवन्यास' कहते थे। राधाचरण गोस्वामी ने 'वीरबाला' जैसे ऐतिहासिक उपन्यास की रचना की इस आधार पर उन्हें प्रथम ऐतिहासिक उपन्यास लेखक माना जाना चाहिए। उन्हें प्रथम समस्यामूलक उपन्यासकार भी कहा जा सकता है क्योंकि उन्होंने अनेक सामाजिक समस्याओं को उपन्यासों का विषय बनाया। 'सुदामा नाटक' 'सती चन्द्रावली' 'अमर सिंह राठौर', 'तनमन धन श्री गुसाई जी के अर्पण' तथा 'बूढे मुँह मुहासे' उनकी मौलिक नाट्य कृतियाँ हैं। ''राधाचरण गोस्वामी भारतेन्दु युग के अत्यन्त प्रतिभाशाली नाटककार थे। विचारों की प्रगतिशीलता में वे अपने युग के अन्य सभी लेखको से सम्भवतः आगे थे।'' 'तनमन धन श्री गुसाईं जी के अर्पण' तथा 'बूढ़े मुँह मुहासे' में नाटक परम्परा का पूर्ण विकास मिलता है जिसमें हास्य और व्यंग्य के माध्यम से तत्कालीन समाज में व्याप्त कुरीतियों का प्रत्याख्यान किया गया है। 'तन मन धन श्री गुसाईं जी के अर्पण' आठ दृश्योंवाला प्रहसन है जिसमें उच्च वर्ग कहे जानेवाले समाज में व्याप्त भ्रष्टाचार, व्यभिचार और पाखण्ड का पर्दाफाश बहुत ही व्यंजक ढंग से किया गया है। वे स्वयं गोस्वामी थे किन्तु गुसाइयों के पाखण्ड के विरुद्ध वे सन्नद्ध हुए 'बूढ़े मुँह मुहासे' दो अंकों का प्रहसन है जिसमें भगवद् भक्त कहे जानेवाले जमींदार लाला नारायण दास की दैहिक लोलुपता की पोल बहुत ही व्यंग्यात्मक ढंग से खोली गयी है। उपर्युक्त दोनों नाटकों से गोस्वामी जी की प्रगतिशील चेतना का पता चलता है।

भारतेन्दु युग के लेखकों को सर्वाधिक सफलता निबन्ध लेखन में मिली। रामविलास जी का मानना है कि भारतेन्दु युग में पत्र साहित्य ने जो उन्नति की, उसमें निबन्ध रचना को विशेष प्रोत्साहन मिला। निबन्ध लिखना हिन्दी में एक नयी चीज थी। भारतेन्दु युग के निबन्ध हिन्दी की अपनी उपज थे। जितनी सफलता भारतेन्दु युग के

लेखकों को निबन्ध रचना में मिली उतनी कविता और नाटक के क्षेत्र में भी नहीं मिली। भारतेन्दु युग और हिन्दी भाषा की विकास परम्परा, पृ. 70)। वस्तुतः उस युग के लेखक जनता से संवाद करना चाहते थे और संवाद के लिए तथा जनता तक अपनी बात पहुँचाने के लिए निबन्ध विधा सहायक बनी। विभिन्न पत्र-पत्रिकाओं के माध्यम से उस युग के रचनाकारों ने निबन्ध विधा को खूब समृद्ध किया। पर उस युग का निबन्ध साहित्य पश्चिम की एसे की भाँति तटस्थ रचना नहीं है, शैली के आकर्षण के लिए वे निबन्ध नहीं लिखे गये यद्यपि कि उन निबन्धों का शैलीगत वैशिष्ट्य है। किसी समस्या के काल्पनिक समाधान के लिए भी ये निबन्ध नहीं लिखे गये। भारतेन्दु युग का निबन्ध साहित्य इम्पर्सनल या तटस्थ रचना नहीं है, अपने बारे में बात करना उनका उद्‌देश्य नहीं है; इनका स्पष्ट सामाजिक उद्‌देश्य है। राष्ट्रीय, सामाजिक तथा सांस्कृतिक जागरण को ध्यान में रखकर ये निबन्ध लिखे गये। इन निबन्धों का विषय सामाजिक है। भारतेन्दु युगीन निबन्ध साहित्य में उदार और स्वाधीन चेतना की झलक मिलती है। रामविलास जी का यह कहना युक्तिसंगत और सही है कि उस युग के निबन्धों को एक साथ पढ़ने से एक अत्यन्त उदार और स्वाधीन चेतना की छाप पाठक के हृदय पर रह जाती है। यह उदार चेतना किसी एक लेखक की अपनी नहीं है, वह बड़े-छोटे सभी लेखों में पायी जाती है। (भारतेन्दु युग और हिन्दी भाषा की विकास परम्परा, पृ. 71) भारतेन्दु युगीन निबन्धकारों में भारतेन्दु के अतिरिक्त प्रमुख निबन्धकार थे बालकृष्ण भट्‌ट और प्रतापनारायण मिश्र और राधाचरण गोस्वामी राजा शिव प्रसाद सितारे हिन्द भारतेन्दु से कुछ पहले के रचनाकार थे राधाचरण गोस्वामी के निबन्धों में 'यमलोक की यात्रा' की पर्याप्त चर्चा हुई है। यह गोस्वामी जी की अत्यन्त महत्त्वपूर्ण निबन्ध रचना है। इसकी तुलना राजा शिवप्रसाद सितारे हिन्द के 'राजा भोज का सपना' तथा भारतेन्दु के एक अद्‌भुत अपूर्व स्वप्न' और 'स्वर्ग में विचार सभा का अधिवेशन'से की जा सकती है। ये सभी निबन्ध कथात्मक शैली में लिखे गये हैं।

राधाचरण गोस्वामी के निबन्ध 'यमलोक को यात्रा' में एक स्वप्न में देखी गयी बातों का मनोरंजक वर्णन है। इन निबन्ध में भारतेन्दु युगीन सुधारवादी चेतना कार्य कर रही है। जो अंध परम्परा प्रियता, धर्म के नाम पर जो पाखण्ड समाज में व्याप्त था, अशिक्षा के कारण जो कुरीति फैली थी अन्धविश्वास का समाज में जो प्रसार था, परम्परा के नाम पर जो गलीज रूढ़ियाँ व्याप्त थीं उस पर तीखा प्रहार इस निबन्ध में किया गया है। भारतेन्दु युग नवीन सामाजिक चेतना के प्रसार का युग था; विधवा विवाह और विदेश यात्रा का समर्थन उन्हीं में से था। इस कथात्मक निबन्ध का आरम्भ एक स्वप्न से होता है। पच्चीस वर्ष की अवस्था में स्वप्न द्रष्टा की मृत्यु हो जाती है और नादिरशाह की तरह दीखनेवाले यमदूत उसे यमलोक लेने आते हैं। 'नादिर शाह' पद का प्रयोग करके लेखक अपनी मंशा स्पष्ट कर देता है। युवक को इस बात का खेद होता है कि "विधवा विवाह को प्रचलित होते देखा नहीं न विलायत जाने पर रोक उठी न जाति-

पाँति का झगड़ा मिटा।'' यहाँ हिन्दू समाज में व्याप्त कूप मण्डूकता की खबर ली गयी है। अंग्रेज सरकार द्वारा लगाये गये 'प्रेस ऐक्ट' पर भी व्यंग्य है—''न हमारे जीते जी प्रेस ऐक्ट उठा, न लाइसेन्स का मुँह काला हुआ।'' अंग्रेज सरकार ने प्रेस ऐक्ट के माध्यम से पत्र-पत्रिकाओं पर प्रतिबन्ध लगा रखा था। ऊपर की पंक्तियों में इसी से मुक्ति की कामना की गयी है। 'यमलोक की यात्रा' निबन्ध का सबसे जीवन्त और क्रान्तिकारी अंश वह है जहाँ रचनाकार ने युवक को यमराज के समक्ष खड़ा कराया है।' यमराज के प्रधान की कचहरी लगी हुई है। प्रधान जी के सिर पर मारवाड़ी पगड़ी है। माथे पर राम फटाका तिलक लगाये हैं और चारों ओर बड़ी-बड़ी बहियाँ खोले उनके गुमाश्ते लोग बैठे हैं। मानो यमराज के प्रधान की कचहरी न होकर किसी मारवाड़ी सेठ की दुकान ही हो यानी जब इहलोक में मारवाड़ी सेठ की कोठी देखो तो परलोक में यमराज की कचहरी की कल्पना कर लो।'' मारवाड़ी कोठी की तुलना यमराज की कचहरी से कर लेखक ने व्यापारी वर्ग द्वारा किये जा रहे शोषण को प्रत्यक्ष किया है। पर निबन्ध का सबसे तीक्ष्ण और व्यंग्यपूर्ण तथा कर्मकाण्ड पर प्रहार करनेवाला अंश वह है, जहाँ राधाचरण गोस्वामी ने युवक को कुत्ते की पूँछ पकड़कर बैतरणी पार करता हुआ दिखाया है। आज भी जब सनातन धर्म में मृत्यु के उपरान्त किया जानेवाला कर्मकाण्ड विद्यमान है ऐसी स्थिति में उन्नीसवीं शताब्दी में कुत्ते की पूछ पकड़कर वैतरणी पार कराने का साहस कर राधाचरण गोस्वामी ने अपने क्रान्तिकारी दृष्टिकोण का परिचय दिया था। राम विलास शर्मा सही लिखते हैं कि जो लोग समझते हैं कि प्रचार के लिए उच्च कोटि का साहित्य नहीं रचा जा सकता या हिन्दी के लिए प्रगति की परम्परा अनोखी है या हिन्दीवालों में प्रगतिशील साहित्य लिखने के लिए विदेश का मुँह ताकने के बदले अपने देश में कुछ है ही नहीं, वे एक बार 'यमलोक की यात्रा' पढ़ें तो उनकी सभी शंकाएँ दूर हो जायेंगी (भारतेन्दु युग और हिन्दी भाषा की विकास परम्परा संस्करण 1975, राजकमल प्रकाशन, नयी दिल्ली, पृ. 75) ध्यातव्य है कि शिवदान सिंह चौहान ने भारतेन्दु युगीन साहित्य को प्रचारात्मक कहा था और तथाकथित प्रगतिशीलों ने 1936 के बाद लिखे गये प्रगतिवादी साहित्य को ही प्रगतिशीलता के खाते में रखा है। रामविलास जी इसका उचित उत्तर देते हैं।

राधाचरण गोस्वामी साहित्यकार के साथ निर्भीक पत्रकार भी थे। यह भारतेन्दुयुगीन प्रायः सभी लेखकों का वैशिष्ट्य था। स्वयं भारतेन्दु हरिश्चन्द्र ने 'कवि वचन सुधा' 'हरिश्चन्द्र मैगजीन' तथा 'बालाबोधिनी' पत्रिका निकाली थी। प्रताप नारायण मिश्र 'ब्राह्मण' पत्रिका के सम्पादक थे और बालकृष्ण भट्ट ने 'हिन्दी प्रदीप' पत्रिका का सम्पादन प्रकाशन किया था। राधाचरण गोस्वामी ने वृन्दावन से 'भारतेन्दु' मासिक पत्र का सम्पादन प्रकाशन किया था। इसका पहला अंक 22 अप्रैल, 1883 ई. को निकला और यह पत्र 3 वर्ष 5 माह तक चला। गोस्वामी जी ने बाद में 1910 ई.

में 1920 ई. तक वृन्दावन में ही 'श्री कृष्ण चैतन्य चन्द्रिका' नामक धार्मिक मासिक पत्रिका का सम्पादन-प्रकाशन किया। इनके पत्रों पर भारतेन्दु हरिश्चन्द्र के 'हरिश्चन्द्र मैगजीन' का पर्याप्त प्रभाव पड़ा था।

इस प्रकार राधाचरण गोस्वामी एक बहुआयामी प्रतिभा के क्रांतद्रष्टा रचनाकार थे। भारतेन्दु युगीन चेतना की पूर्ण झलक उनकी रचनाओं में मिलती है। पण्डित बालकृष्ण भट्ट ने राधाचरण गोस्वामी को हिन्दी के साढ़े तीन लेखकों में से एक माना था। हिन्दी के साढ़े तीन सुलेखक थे—बाबू हरिश्चन्द्र, प्रताप नारायण मिश्र, राधाचरण गोस्वामी और आधा 'पीयूष प्रवाह' सम्पादक अम्बिकादत्त व्यास। इस कथन से गोस्वामी जी की महत्ता का अनुमान लगाया जा सकता है। देशहित उनके सम्पूर्ण लेखन का मूल स्वर था। प्रगतिशीलता में वे अपने युग के लेखकों से बहुत आगे थे।

भारतेन्दु मण्डल के लेखक किसी भी तरह की संकीर्णता से मुक्त थे। आत्मचेतस् का भाव भारतीय नवजागरण में प्रधान है। यही चेतना भारतीय अस्मिता सांस्कृतिक अस्मिता की पहचान है। आत्मचेतस् को समष्टि चेतस् में रूपान्तरित करना भारतेन्दु युगीन लेखकों का वैशिष्ट्य है। राधाचरण गोस्वामी इस वैशिष्ट्य से सम्पन्न रचनाकार थे।

राष्ट्रीयता की भारतीय अवधारणा

यह विडम्बना पूर्ण स्थिति का द्योतक है और पश्चिमी शिक्षा पद्धति का दुष्परिणाम भी कि स्वतन्त्रता प्राप्ति के सत्तर वर्ष बाद भी स्वतन्त्र और अपनी संस्कृति के अनुरूप हम प्रतिमान नहीं गढ़ पाये; हम पश्चिमी मानदण्डों के आधार पर ही चीजों को देखने के अभ्यस्त हो गये हैं। स्वतन्त्रता प्राप्ति के बाद वैचारिक गुलामी का प्रसार अधिक तीव्रता के साथ हुआ है। एक विशेष विचारधारा का प्रभाव बौद्धिक जगत् पर छाया रहा। अज्ञेय ने बहुत ही क्षोभ के साथ साहित्य में इसकी व्यापक अभिव्यक्ति का उल्लेख किया है—"हमारे साहित्य में तो हमें न अपनी अनास्था दीखती है, न अपनी आस्था दीखती है, न अपनी चिन्ता दीखती है। पश्चिम की चिन्ता, पश्चिम की अनास्था, पश्चिम का त्रास हमको दीखता है और उस आधार पर हम अपने को आधुनिक मानते हैं। हमारी चिन्ता क्या होनी चाहिए, इसकी भी कोई चिन्ता हमको नहीं हैं।" अज्ञेय ने इसके पीछे छिपे कारण की ओर संकेत किया है—"मुझे सभी कुछ मिला पर सब बेपेंदी का। शिक्षा मिली पर उसकी नींव भाषा नहीं मिली आजादी मिली, लेकिन उसकी नींव आत्मगौरव नहीं मिला। राष्ट्रीयता मिली लेकिन उसकी नींव ऐतिहासिक पहचान नहीं मिली। मुझे अस्तित्व मिला, पर अस्ति नहीं, अवस्था मिली, पर आस्था नहीं।" ऐसा क्यों हुआ? इसकी झलक 1928 में लिखे बंगाल के प्रसिद्ध दर्शन तत्त्व वेत्ता डॉ. कृष्णचन्द्र भट्टाचार्य के निबन्ध 'स्वराज इन आइडियाज' में मिलती है। डॉ. कृष्णचन्द्र भट्टाचार्य ने इसका प्रधान कारण गुलामी की मानसिकता को माना है। डॉ. भट्टाचार्य ने इस गुलामी वृत्ति को व्याख्यायित भी किया है—"दासता का प्रारम्भ तभी होता है जब कोई बुराई का अनुभव नहीं कर पाता है और यह और भी गहराई तक प्रविष्ट हो पाती है यदि बुराई की स्वीकृति शुभ या अच्छाई के रूप में होने लगती है।" अवांछित पश्चिमी प्रभाव को हमने शुभ और अच्छाई के रूप में स्वीकार कर लिया है। इसी स्थिति पर निर्मल वर्मा ने गहरी पीड़ा व्यक्त करते हुए लिखा है—"आजादी मिलने के बाद हमने अपनी मानसिक गुलामी का एक वृहत् शब्दकोश तैयार किया है, जहाँ अर्थों की व्यवस्था तो है, किन्तु वह व्यवस्था नहीं है—जिसके अर्थालोक में एक साधारण भारतवासी अपने जीवन की अर्थवत्ता ग्रहण करता है। इससे हमारे समाज का अहित हुआ है, वह तो आँखों के सामने है, किन्तु इससे हमारे साहित्य, चिन्तन और विचार

की दुनिया कितनी विपन्न हुई है। इसका अनुमान नहीं लगाया जा सकता।'' (दूसरे शब्दों में पृ. 108)।

हालाँकि स्वतन्त्रता संघर्ष के दिनों में अनेक चिन्तकों और विचारकों ने अपनी परम्परा का मूल्यांकन करते हुए अपने प्रतीक और प्रतिमान गढ़ने के प्रयास किये अथवा उन पर बल दिया। लोकमान्य गंगाधर तिलक, महात्मा गाँधी स्वामी विवेकानन्द, महर्षि अरविन्द, काशी प्रसाद जायसवाल तथा भारतेन्दु, मैथिलीशरण गुप्त, आचार्य शुक्ल, जयशंकर प्रसाद निराला ने भारतीय मानस में छाये धुन्ध को हटाने का प्रयास किया। डॉ. कृष्णचन्द्र भट्टाचार्य ने 1928 में वैचारिक स्वराज का महत्त्वपूर्ण सवाल उठाया था। महर्षि अरविन्द ने इस बात पर बल दिया था कि भारत को अपनी रक्षा करनी होगी और इसके लिए उसे अपने सांस्कृतिक विधि विधानों का इस प्रकार नया निर्माण करना होगा कि वे उसके प्राचीन आदर्श को अधिक तेजस्वी, अधिक घनिष्ठ एवं पूर्ण रूप से प्रकट करें (भारतीय संस्कृति के आधार, पृष्ठ-16)। महर्षि अरविन्द ने भारतीय जनता में बढ़ती अनुकरण की प्रवृत्ति की तीव्र भर्त्सना की। उनके अनुसार अनुकरण अपनी पराजय स्वीकार करने का एक अन्य प्रकार ही है—''अनुकरण आक्रान्ता के यन्त्रों और उपाय का स्थूल और अस्तव्यस्त अनुकरण कुछ काल के लिए उपयोगी हो सकता है किन्तु अपने आप में यह पराजय स्वीकार करने का एक अन्य प्रकार ही है (वही, पृ. 39) उन्होंने स्पष्ट रूप से कहा कि अपने केन्द्र और आधार को मजबूत करना उद्धार का एक मात्र उपाय है।'' जयशंकर प्रसाद ने अपनी परम्परा का मूल्यांकन करते हुए रेखांकित किया था कि हमारे ज्ञान प्रतीक दुर्बल नहीं हैं।''

प्रसिद्ध गाँधीवादी विचारक धर्मपाल ने अंग्रेजी शासन काल में धनी तथा पश्चिमी शिक्षा में दीक्षित तथा ब्रिटिश शासन से जुड़े लोगों में व्याप्त हीनता की ग्रन्थि का विश्लेषण किया है ''हमारे देश के धनी' शिक्षित व ब्रिटिश शासन से जुड़े लोग 1830 के करीब से ही यूरोपीय मान्यताओं की ओर बढ़ रहे थे...सबसे दुःखद स्थिति यह है कि हमने अपना आत्म सम्मान और साहस खो दिया है। (भारत की पहचान, पृष्ठ 9)। स्वाधीनता के बाद यूरोपीय शिक्षा पद्धति और संस्कृति में दीक्षित लोगों का ही प्रभाव शासन पर बना इसलिए साहित्य संस्कृति शिक्षा के क्षेत्र में यूरोपीय मानदण्ड ही प्रधानता पाते रहे। यही कारण है कि राष्ट्र या राष्ट्रवाद को लेकर भी पश्चिमी मानदण्ड ही राजनीति या साहित्य के क्षेत्र में प्रचलित हुए। इसी का परिणाम था कि 1909 ई. में कांग्रेस के वरिष्ठ नेता सर सुरेन्द्रनाथ बनर्जी ने कहा था कि भारत एक राष्ट्र नहीं है, उसमें अनेक राष्ट्र हैं। हम एक राष्ट्र बनने की ओर हैं। वामपन्थी विचारक गंगाधर अधिकारी का मानना था कि भारत में एक नहीं 17 राष्ट्र हैं। इसलिए वामपन्थियों को पाकिस्तान स्वीकार करने में कठिनाई नहीं हुई। अभी भी यह विचारधारा सतह पर विद्यमान है इसलिए आज भी राष्ट्र, राष्ट्रीयता या राष्ट्रवाद या राष्ट्रबोध पर विवाद होता है। आज राष्ट्रीयता को नकारनेवाले लोग भी हैं, राष्ट्रवाद को एक संकीर्ण अवधारणा,

एक हिंसक और आक्रामक अवधारणा के रूप में स्वीकार करनेवाले लोग हैं, राष्ट्र और राष्ट्रीयता की कई किस्में बतानेवाले लोग हैं तथा ऐसे भी लोग हैं जो भारतीय संस्कृति की दीर्घकालीन परम्परा को ध्यान में रखते हुए राष्ट्र एवं राष्ट्रीयता की व्याख्या करते हैं तथा राष्ट्रीयता की भावना को अनिवार्य मानते हैं।

जो लोग राष्ट्र को पश्चिम के नेशन स्टेट की अवधारणा से जोड़ते हैं, वे राष्ट्रीयता को संकुचित अवधारणा के रूप में व्याख्यायित करते हैं क्योंकि यूरोप में आधुनिक काल में जिस राष्ट्रीयता का उदय हुआ उसका स्वरूप आक्रामक था, उसका विकास ही अन्य जातियों, नस्लों और भाषाओं को नष्ट करने के बाद हुआ था। यूरोपीय अवधारणा में राष्ट्र के लिए तीन चीजें आवश्यक हैं—'मत (religion) जाति (Race) और भाषा (Language)। इसी आधार पर पूर्वी जर्मनी और पश्चिमी जर्मनी एक राष्ट्र हो गया, चेकोस्लोवाकिया चेक और स्लोवाक में बँट गया, देखते-देखते यूगोस्लाविया भी विभाजित हो गया। पर क्या हम इसे भारतवर्ष में लागू कर सकते हैं? क्या भारतीय राष्ट्र का आधार मत, भाषा और ज ति है? कुछ लोग यह भी मानते हैं कि भारत में राष्ट्रीयता का उदय आधुनिक काल में अंग्रेजों के आने के बाद हुआ। पं. जवाहर लाल नेहरू ने 1947 के अपने भाषण में तो यहाँ तक कह दिया कि हम एक राष्ट्र बन रहे हैं। ऐसा वे लोग मानते हैं जो उसके केवल राजनीतिक आयाम को देखते हैं। भारत वस्तुतः प्राचीन काल से ही एक राष्ट्र रहा है। 'हिन्दी स्वराज' में गाँधी जी ने पश्चिम की इस अवधारणा के विषय में स्पष्ट किया है—'आपको अंग्रेजों ने सिखाया है कि आप एक राष्ट्र नहीं थे और एक राष्ट्र बनने में आपको सैकड़ों बरस लगेंगे।यह बात बिल्कुल बेबुनियाद है। जब अंग्रेज हिन्दुस्तान में नहीं थे तब हम एक राष्ट्र थे, हमारा रहन-सहन एक था...एक राष्ट्र का अर्थ यह नहीं कि हमारे बीच कोई मतभेद नहीं था, लेकिन हमारे मुख्य लोग पैदल या बैलगाड़ी में हिन्दुस्तान का सफर करते थे, वे एक-दूसरे की भाषा सीखते थे और उनके बीच कोई अन्तर नहीं था। जिन दूरदर्शी पुरुषों ने सेतुबन्ध रामेश्वर, जगन्नाथ पुरी और हरिद्वार की यात्रा ठहरायी, वे मूर्ख नहीं थे। उन्होंने सोचा कुदरत ने हिन्दुस्तान को एक देश बनाया है इसलिए वह एक राष्ट्र होना चाहिए। इसलिए उन्होंने अलग-अलग स्थान तय करके लोगों को एकत्व का विचार इस तरह दिया जैसा दुनिया में और कहीं नहीं दिया गया है। (हिन्द स्वराज, पृ. 53, नवजीवन ट्रस्ट प्रकाशन, संस्करण 2018)।

यह नेशन स्टेट की अवधारणा से भिन्न है—क्योंकि इसका आधार संस्कृति है। भूमि के साथ माता पुत्र का सम्बन्ध एक ऐसा पवित्र भाव है जो हजारों वर्षों से भारतीय परम्परा में विद्यमान रहा है। 'सा नः माता भूमि वह भूमिः हमारी माता है, माता भूमिः पुत्रोऽहं पृथिव्याः (अथर्ववेद 12-1-12), वयं राष्ट्रे जागृयाम पुरोहिताः (यजुर्वेद 9/23) हम राष्ट्र को जीवन्त एवं जाग्रत बनाये रखेंगे, प्रादुर्भूतोस्मि राष्ट्रे कीर्ति वृद्धि ददातु में (ऋग्वेद) में इस राष्ट्र में पैदा हुआ हूँ। ईश्वर मेरे राष्ट्र को कीर्त्ति और वृद्धि प्रदान

करे आदि मन्त्र राष्ट्र की भारतीय सांस्कृतिक अवधारणा को ही व्यक्त करते हैं। डॉ. वासुदेवशरण अग्रवाल ने अपनी पुस्तक 'पृथिवीपुत्र' में अथर्ववेद के 'पृथिवी सूक्त' का गहरा विश्लेषण किया है। वे लिखते हैं—'पृथिवी पर बसनेवाली जनता का सम्बन्ध राष्ट्र से होता है। राष्ट्र के अन्तर्गत भूमि और जन दोनों सम्मिलित हैं। इसलिए यजुर्वेद के 'आब्रह्मन' सूक्त में एक ओर ब्रह्मवर्चस्वी ब्राह्मण, तेजस्वी राजन्य और यजमानों के वीर युवापुत्रों का आदर्श है तो दूसरी ओर उचित समय पर मेघों से जलवृष्टि एवं फलवती औषधियों के परिपाक से पृथिवी पर धनधान्य की समृद्धि की अभिलाषा है। इन दोनों के सम्मिलन से ही राष्ट्र का योगेक्षेम पूर्ण होता है। 'पृथिवी सूक्त' में राष्ट्र के आदर्श को कई प्रकार से कहा गया है। भूमि पर जन की दृढ़स्थापना, जनता में समग्रता का भाव, जन की अनमित्र (शत्रुरहित) असपत्न (शत्रुविहीन) और असम्बाध (बाधा रहित, विस्तीर्ण) स्थिति आदि जो बातें राष्ट्र वृद्धि के लिए आवश्यक हैं उनका वर्णन 'पृथवीसूक्त' में यथास्थान प्राप्त होता है। (पृथ्वीसूक्तः एक अध्ययन/पृथ्वीपुत्र,पृ.29 प्रभात प्रकाशन, नयी दिल्ली, संस्करण 2018) इसी क्रम में राष्ट्र को परिभाषित करते हुए डॉ. अग्रवाल लिखते हैं—भूमि, जन और जन की संस्कृति—इन तीनों की सम्मिलित संज्ञा राष्ट्र है। (वही, पृ. 29) अपनी इस परिभाषा का विस्तार करते हुए डॉ. अग्रवाल बताते हैं कि भूमि राष्ट्र का शरीर है, जन उसका प्राण है, और जन की संस्कृति उसका मन है। शरीर, प्राण और मन—इन तीनों के सम्मिलन से उस राष्ट्र की आत्मा का निर्माण होता है। राष्ट्र में जन्म लेकर प्रत्येक मनुष्य तीन ऋणों से ऋणवान् हो जाता है अर्थात् त्रिविध कर्त्तव्य जीवन में उसके लिए नियत हो जाते हैं। राष्ट्र के शरीर या भौतिक रूप की उन्नति देव ऋण है, क्योंकि यह भूमि इस रूप में देवों के द्वारा निर्मित हुई। जन के प्रति कर्त्तव्य पितृ ऋण है जो सुन्दर स्वस्थ प्रजा की उत्पत्ति और उसके संवर्द्धन से पूर्ण किया जाता है। राष्ट्रीय ज्ञान, धर्म के प्रति जो कर्त्तव्य है, वह ऋषि ऋण है। संस्कृति के विकास के द्वारा हम उस ऋण से उऋण होते हैं। ऋषियों के प्रति उत्तरदायित्व का अर्थ है, ज्ञान और संस्कृति के आदर्शों को अपने ही जीवन में मूर्तिमान् करने का प्रयत्न तथा यह विचार कि राष्ट्र में ज्ञान के संरक्षण एवं संचय की जो गुहाएँ हैं, उनमें मेरा अपना मन भी एक गुहा बने, इससे राष्ट्र के उत्तम रूप का तेज विकसित होता है। 'प्रसिद्ध समाजशास्त्री श्यामाचरण दुबे ने भी भारतवर्ष की सांस्कृतिक राष्ट्रीयता को रेखांकित करते हुए लिखा है कि—"भारतीय राष्ट्र की राजकीय सीमाएँ भले ही अलग रही हों भारत की सांस्कृतिक धार्मिक भूगोल एक भारतीयता की ओर ही इशारा करता है। भारत की भूमि, पर्वतों और नदियों के उल्लेख हमें बार-बार धार्मिक और साहित्यिक ग्रन्थों में मिलते हैं।" डॉ. दुबे का कथन एकदम उचित है। 'महाभारत' तथा 'श्रीमद्भागवत' में भारत की भूमि की महत्ता, उसके निवासियों का जो चित्र खींचा गया है उसमें सभी जातियों का उल्लेख है—"भारत वर्ष में आर्य और म्लेच्छ तथा इनमें मिश्रित जाति के लोग रहते हैं और वे लोग विशाल गंगा,

सिन्धु सरस्वती नदियों का पानी पीते हैं'' यह भारत की राष्ट्रीयता की वह अवधारणा है जो यूरोपीय अवधारणा से मेल नहीं रखती। श्रीमद्भागवत् में भी भारत भूमि का स्मरण पुण्य भूमि के रूप में किया गया है—'अहो भुवः सप्त समुद्रवत्या द्वीपेषु वर्षेषु अधि पुण्य मेतत।' (श्रीमदभागवत 5/6/13)

यह सांस्कृतिक एकता ही थी जिससे प्रेरणा लेकर आदि शंकराचार्य ने भारत की चारों दिशाओं में मठ की स्थापना की और देश को एक सूत्र में गूँथ दिया। इससे यह स्पष्ट है इस सम्पूर्ण भूखण्ड की धार्मिक सांस्कृतिक परम्परा एक थी और न्यूनाधिक रूप में आज भी एक है। उत्तर का व्यक्ति गंगोत्री का जल लेकर सेतुबन्ध रामेश्वर तक और दक्षिण का व्यक्ति बद्रीनाथ और केदारनाथ तक पहुँचकर अपना जीवन कृतार्थ करता है।

'विष्णुपुराण' में भारतवर्ष की जो भौगोलिक सीमा खींची गयी है, उसका स्वरूप सांस्कृतिक है—

उत्तरं यत्संमुद्रस्य हिमाद्रेश्चैव दक्षिणं।
वर्ष तद् भारतं नाम भारती यत्र सन्तति ः।। (विष्णु पुराण 2/3/1)

अर्थात् जिसके उत्तर में हिमालय और दक्षिण में समुद्र है, वह पुण्य भूमि भारत है और यहाँ रहनेवाले लोग भारतीय हैं। विष्णु पुराण में ही भारत के महत्त्व को निरूपण करते हुए कहा गया है—

गायन्ति देवाःकिल गीतकानि, धन्यास्तु ते भारतभूमि भागे।
स्वर्गापवर्गास्पिद मार्ग भूते, भवन्ति भूयः पुरुषाः सुरत्वात्।।

(विष्णपुराण 2/3/24)

अर्थात् स्वर्ग और अपवर्ग (मोक्ष) के मार्ग स्वरूप भारत भूमि को धन्य कहते हुए देवगण उसके शौर्य का गान करते हैं। यहाँ पर मनुष्य जन्म पाना देवत्वपद प्राप्त करने से भी बढ़कर है। कालिदास जब कुमार सम्भव में हिमालय का वर्णन करते हुए उसे पृथ्वी का मानदण्ड बताते हैं तो भारतवर्ष के सांस्कृतिक स्वरूप और वैशिष्ट्य को ही प्रत्यक्ष करते हैं—

अस्त्युत्तरस्यां दिशि देवतात्मा हिमालयो नाम नगाधिराजः ।
पूर्वापरौ तोयनिधिवगाह्य स्थितः पृथिव्या इव मानदण्डः ।।

(कुमार सम्भव / 1)

एक बात और भी ध्यान में रखने की है कि भारतीय संस्कृति को नदी की संस्कृति भी कहते हैं। अर्थात् भारत की राष्ट्रीयता का आधार इस भूमि पर प्रवाहित नदियों ने तैयार किया है। जब हम स्नान करते हुए पवित्र नदियों का स्मरण करते हैं तो देश की भौगोलिक और सांस्कृतिक एकता की अनुभूति होती है—

गंगे ! च यमुने ! चैव गोदावरी ! सरस्वति।
नर्मदे ! सिन्धु ! कावेरि !जलेऽस्मिन संन्निधिंकुरु।।

यह वस्तुतः 'सप्त सरिता संस्कृति' का सूचक है। इसके अतिरिक्त पंच सरोवर—विन्दु सरोवर (अहमदाबाद), नारायण सरोवर (गुजरात), पम्पा सरोवर (कर्नाटक), पुष्कर झील (राजस्थान), मानसरोवर (कैलाश पर्वत), सप्त पर्वत—हिमालय, अरावली, विन्ध्य, रैवतक, महेन्द्र, मलय और सह्याद्रि चार धाम—बद्रीनाथ, रामेश्वरम्, द्वारका, जगन्नाथपुरी, सप्त पुरियाँ—अयोध्या, मथुरा, हरिद्वार, द्वारका, कांची,अवन्तिका, द्वादश ज्योतिर्लिंग—केदारनाथ, काशीविश्वनाथ, सोमनाथ, मल्लिकार्जुन, महाकालेश्वर, ओंकारेश्वर, त्र्यम्बकेश्वर, वैद्यनाथ, नागेश्वर, भीमशंकर, रामेश्वरम, घृष्णेश्वर इस देश की राष्ट्रीयता की आधार भूमि का निर्माण करते हैं। इससे यह प्रमाणित होता है कि भारतीय सन्दर्भ में राष्ट्रीयता एक राजनैतिक नहीं अपितु भू-सांस्कृतिक अवधारणा है। राजनैतिक सत्ता के स्थान पर सांस्कृतिक सत्ता को आधार मानना ही भारतीय राष्ट्रीयता को पश्चिमी की राष्ट्रीयता की अवधारणा से अलग करता है। एकात्म मानववाद के प्रस्तोता पं. दीनदयाल उपाध्याय का भी मानना था कि भारत की अस्मिता की पहचान राजनीति से नहीं बल्कि सांस्कृतिक एकता से होती है।

राष्ट्रीयता का यह भाव अत्यन्त उदात्त एवं पवित्र है। राष्ट्र एक भूमि, एक जन और एक संस्कृति से निर्मित होता है। भारत एक राष्ट्र था और है। इसलिए भारतीय राष्ट्रबोध की यूरोपवादी या मार्क्सवादी व्याख्या नहीं हो सकती है। भारतीय राष्ट्रबोध ऋग्वेद से भी पुराना है। "इसका गठन और भावात्मक विकास, सामन्तवाद, पूँजीवाद और नवजागरण जैसे खाँचों में नहीं हुआ। अथर्ववेद में और महाभारत में अनेक पन्थों और अनेक जातियों के राष्ट्र का जैसा वर्णन है वैसा अन्यत्र नहीं है।"

राष्ट्रीयता की भारतीय अवधारणा पर जब हम बात करते हैं तो एक अद्‌भुत बात ध्यान में आती है कि समस्त भारत की ज्ञान की परम्परा एक थी—काशी, कश्मीर, तक्षशिला, नालन्दा, विक्रमशिला—एक ही ज्ञान परम्परा के अंग थे। राजनीतिक ईकाई अलग जरूर थी, पर सांस्कृतिक परम्परा एक थी—धार्मिक परम्परा एक थी—शिव राम, कृष्ण तीनों का विस्तार अखिल भारतीय रहा है इसने प्राचीन काल से ही भारत को एक राष्ट्र के रूप में गूँथकर रखा। यह राष्ट्रीयता या राष्ट्रबोध क्या है? यदि हम इसकी व्याख्या करें तो एक निश्चित भूभाग के प्रति मातृभाव, इसके विविध प्राकृतिक परिवेश से साहचर्य के कारण उत्पन्न अपनत्व का भाव, तथा उसमें निवास करनेवाले लोगों की एकता, सुरक्षा एवं समृद्धि की आकांक्षा से ही उस भावभूमि का निर्माण होता है जिसे राष्ट्रीयता की संज्ञा से अभिहित किया जाता है। राष्ट्रीयता की यह भावना किसी भी रूप में संकुचित नहीं होती और इसका निर्माण उन सांस्कृतिक मूल्यों से होता है जो उस भूभाग में निवास करनेवाले लोगों की जीवन पद्धति का हिस्सा होते हैं। इस राष्ट्रीयता का आधार अपने लोगों के प्रति विशुद्ध रागभाव होता है न कि दूसरों के प्रति अनात्म भाव। आचार्य रामचन्द्र शुक्ल ने इसे ही 'देशबद्ध मनुष्यत्व' की संज्ञा दी है। भारतीय साहित्य में सर्व खल्विदं ब्रह्म' 'वासुदेव सर्वमिति', 'आत्मवत् सर्व भूतेषु', की

सर्वत्र अभिव्यक्ति है अतः दूसरों के प्रति अनात्मभाव का प्रश्न ही नहीं उठता। यही कारण है गाँधी जी ने राष्ट्रीयता की भारतीय अवधारणा को उदात्त माना—"मेरा राष्ट्रप्रेम उग्र तो है, पर वह वर्जनशील नहीं है, उसमें किसी दूसरे राष्ट्र या व्यक्ति को नुकसान पहुँचाने का भाव नहीं है। (मेरे सपनों का भारत, पृ. 14)

गाँधी जी ने आगे जोडा—मेरे लिये देश प्रेम और मानवप्रेम में कोई भेद नहीं है दोनों एक ही हैं। मैं देशप्रेमी हूँ क्योंकि मैं मानवप्रेमी हूँ। मेरा देश प्रेम वर्जनशील नहीं है (वही, पृ. 16)। गाँधी जी का यह कहना है कि, "मेरा देश प्रेम कोई बहिष्कारशील वस्तु नहीं, बल्कि अतिशय व्यापक वस्तु है और मैं उस देश प्रेम को वर्ज्य मानता हूँ जो दूसरे राष्ट्रों को तकलीफ देकर या उनका शोषण करके अपने देश को उठाना चाहता है (वही, पृ. 18)। राष्ट्रीयता की भारतीय अवधारणा का ही विकास है। भारतीय राष्ट्रबोध के साथ यह इसलिए सम्भव हुआ क्योंकि यहाँ आस्था के आधार पर मनुष्य का विभाजन नहीं हुआ और अन्य पर आस्था रखनेवालों के प्रति घृणा का भाव नहीं उत्पन्न हुआ। भारतवर्ष में समाज का विभाजन 'मोमिन' और 'काफिर' 'विलीवर्स' और नॉन 'विलीवर्स' अथवा 'बुर्जुआ' और 'सर्वहारा' के रूप में नहीं हुआ। भारतीय राष्ट्रबोध का अधिष्ठान सांस्कृतिक है, विशुद्ध राजनीतिक नहीं। जो राष्ट्रीयता को नेशन स्टेट की अवधारणा से जोड़ते हैं और उसकी तुलना पश्चिम के राष्ट्रवाद से करते हैं वे चीजों को केवल पश्चिम के चश्में से ही देखते हैं। छायावाद के प्रसिद्ध कवि सुमित्रानन्दन ने सही लिखा है कि 'हमारा विशाल देश राष्ट्र की भावना से वैदिक युग से परिचित रहा है। पन्त जी का यह कहना भी युक्तिसंगत है कि पश्चिम का राष्ट्रवाद संकीर्ण है, भारत का व्यापक विश्वमानवतावाद की ओर उन्मुख। कुछ लोग राष्ट्रीयता को काल्पनिक अवधारणा बताते हैं। निर्मल वर्मा ने इसे औपनिवेशिक विस्मृति का सजीव उदाहरण कहा है।

कुछ लोग साहित्य का मूल गन्तव्य विश्व मानवतावाद बताते हैं और इसलिए राष्ट्रीयता को संकीर्ण अवधारणा मानते हैं। वस्तुतः वैश्विक बोध के लिए राष्ट्रबोध आवश्यक हैं। बिना राष्ट्रबोध के विश्वबोध नकली है। गाँधी जी की स्पष्ट मान्यता है कि 'राष्ट्रवादी हुए बिना कोई अन्तर राष्ट्रीयतावादी नहीं हो सकता। अन्तर राष्ट्रीयतावाद तभी सम्भव है जब राष्ट्रवाद सिद्ध हो चुके—यानी जब विभिन्न देशों के निवासी अपना संघटन कर लें और हिल मिलकर एकतापूर्वक काम करने की सामर्थ्य कर लें। राष्ट्रवाद में कोई बुराई नहीं है, बुराई तो उस संकुचितता, स्वार्थवृत्ति और बहिष्कार वृत्ति में है, जो मौजूदा राष्ट्रों के मानस में जहर की तरह मिली हुई है। हर एक राष्ट्र दूसरे की हानि करके अपना लाभ करना चाहता है और उसके नाश पर अपना निर्माण करना चाहता है। भारतीय राष्ट्रवाद ने एक नया रास्ता लिया है। वह अपना संघटन या अपने लिये आत्म प्रकाशन का पूरा अवकाश विशाल मानवजाति के लाभ के लिए उसकी सेवा के लिए ही चाहता है।" (मेरे सपनों का भारत, पृ.16)। विश्वबोध का नारा लगाने

वालों पर व्यंग्य करते हुए अज्ञेय लिखते हैं—मैं जानता हूँ कि ऐसा भी होता है कि कुछ लोग अपने को देश से यों कटा हुआ पाकर अपने को यह कहकर दिलासा दिलाते हैं कि क्या हुआ वे विश्वनागरिक हो गये हैं। पर यह दम दिलाना ही है। देश से टूटकर विश्व नागरिकता नहीं मिलती, देश से एकात्म होकर उसकी सीमा का अतिक्रमण करने से मिलती है। जैसे कोई गूँगा होकर विश्व भाषा भाषी नहीं बनता, एक भाषा में अपने को पूरी तरह सम्प्रेष्य बनाकर ही बन सकता है। "हमारे यहाँ क्रमशः अपना अतिक्रमण करने की बात की गयी है, एक बारगी छलाँग लगाने की नहीं; जो एकबारगी छलाँग लगाने की वकालत करता है, उसकी संवेदना नकली है, वह नितान्त व्यक्तिवादी है, वह छल करता है। चाणक्य का प्रसिद्ध कथन हैं—

त्यजेदेकं कुलस्यार्थे ग्रामस्यार्थे कुलं त्यजेत् ।
ग्रामं जनपदस्यार्थे आत्मार्थे पृथिवीं त्यजेत् ।।

(चाण्यक्य नीति, अध्याय-3)

इसी को उद्धृत करते हुए गाँधी जी कहते हैं—जिस तरह देश प्रेम का धर्म हमें यह सिखाता है कि व्यक्ति को परिवार के लिए, परिवार को ग्राम के लिए, ग्राम को जनपद के लिए और जनपद को प्रदेश के लिए मरना सीखना चाहिए—उसी तरह किसी देश को स्वतन्त्र इसलिए होना चाहिए कि वह आवश्यकता होने पर संसार के लिए अपना बलिदान दे सके (मेरे सपनों का भारत पृ. 16) राष्ट्रीयता की यह अवधारणा भारत में सहस्राब्दियों से विद्यमान रही। आधुनिक काल में इसी राष्ट्रीयता की भावना का विकास देश के सांस्कृतिक जागरण के साथ हुआ। पन्त जी का यह विश्लेषण इस सन्दर्भ में अत्यन्त प्रासंगिक है—

"भारतीय राष्ट्रवाद की भावना देश के सांस्कृतिक जागरण की पृष्ठभूमि में एक विशेष आदर्शवादी रूप धारण कर विकसित एवं प्रस्फुटित हुई है। वास्तव में रामकृष्ण परमहंस, स्वामी विवेकानन्द, स्वामी रामतीर्थ तथा स्वामी दयानन्द सरस्वती आदि अनेक महान् जीवन द्रष्टाओं के कारण जो एक सांस्कृतिक नवोत्थान की वृहद् प्रेरणा देश के मानस को मिली जिससे कि अपने अतीत के गौरव के प्रति लोकमन प्रबुद्ध हो सका, उसके प्रकाश में हमारी राष्ट्रीय भावना ने एक अत्यन्त व्यापक, सांस्कृतिक तथा मानवतावादी रूप ग्रहण कर लिया।... भारतीय राष्ट्र भावना वास्तव में भारतीय आदर्श प्रिय मानस में विश्व चेतना तथा लोकमंगल की भावना बनकर आधुनिक साहित्य में अभिव्यक्त हुई। राष्ट्रीयता की इस भारतीय अवधारणा के कुछ प्रमुख तत्त्व है। इसमें एक महत्त्वपूर्ण तत्त्व हैं। राष्ट्र के प्रति पूज्य भाव। यह पूज्य भाव राष्ट्र आराधान की प्रेरणा देता है और राष्ट्र के निवासियों के मन में राष्ट्र के प्रति न्योछावर होने का भाव जागृत करता है। स्वामी विवेकानन्द ने सम्पूर्ण भारतवासियों का जो आह्वान किया था उसमें इसी भाव की अभिव्यक्ति है। उन्होंने देशत्व में देवत्व की प्रतिष्ठा की है— "आगामी पचास वर्ष के लिए यह जननी जन्मभूमि भारतमाता ही मानों आराध्य देवी

बन जाय।'' निराला की कविता 'भारति जय विजय करे' इसी का प्रकटीकरण है।

राष्ट्रीयता का एक पक्ष है अतीत की स्मृति। निर्मल वर्मा लिखते हैं—''एक राष्ट्र का अतीत उसकी जीवनधारा के साथ जुड़ा रहता है, वह दिखाने का अलंकरण नहीं जीने का तत्त्व है, ढोनेवाला बोझ नहीं, प्रवाह की लय में विधा एक जीवन्त प्रतीक है, जो इतिहास के फार्मूलों द्वारा नहीं अपनी प्राणधारा के मुताबिक अपना भविष्य बनाता है। यह स्मृति देशवासियों में स्वाभिमान का भाव जगाती है, संकट की घड़ी में आत्मविश्वास उत्पन्न करती है।''

अपनी संस्कृति के प्रति गौरवबोध वस्तुतः राष्ट्रीय अस्मिता का हिस्सा है। अज्ञेय का यह कहना सही है कि संस्कृतियों का सम्बन्ध अपनी देश भूमि से होता है। आचार्य हजारीप्रसाद द्विवेदी ने भी अपने निबन्धों में भारतीय संस्कृति के उदात्त तत्त्वों को प्रत्यक्ष कर नयी पीढ़ी को उसके महत्त्व से परिचित कराया है—''स्वराज होने के बाद स्वभावतः ही हमारे नेता और विचारशील नागरिक सोचने लगे हैं कि इस देश को सच्चे अर्थों में सुखी कैसे बनाया जाय। हमारे देश के लोग पहली बार यह सब सोचने लगे हों, ऐसी बात नहीं है। हमारा इतिहास बहुत पुराना है, हमारे शास्त्रों में इस समस्या को नाना भावों और नाना पहलुओं से विचारा गया है। हम कोई नौसिखुये नहीं हैं जो रातो-रात अनजान जंगल में पहुँचाकर अरक्षित छोड़ दिये गये हों। हमारी परम्परा महिमामयी उत्तराधिकार विपुल और संस्कार उज्ज्वल है।''

रास्ट्रीयता अपने देश के प्राकृतिक परिवेश के साथ गहरे लगाव में भी व्यक्त होती है। भारतीय चिन्तन में मनुष्य के साथ प्रकृति के अंगागि भाव को स्वीकार किया गया है। इस कारण विराट् प्रकृति के साथ पूर्ण रागात्मक सम्बन्ध का चित्रण भारतीय साहित्य परम्परा में मिलता है। वाल्मीकि रामायण, महाभारत तथा कालिदास आदि की रचनाओं में प्रकृति का विशद और विस्तृत वर्णन मिलता है। प्रकृति के विभिन्न उपादान हमारी पौराणिक स्मृतियों के वाहक हैं—''भारतीय भाषाओं में यदि गंगा, सरस्वती, हिमालय, सागर और अन्तरिक्ष के बिम्ब इतनी गरमाई और गहराई से हमारी काव्यात्मक भावनाओं को झिंझोड़ते हैं तो उसका कारण यह है कि ये केवल प्रकृति के उपादन न होकर हमारी पौराणिक स्मृतियों के वाहक भी हैं जो किसी समय भारतीयों को उसके देवी देवताओं से जोड़ते थे उनके लौकिक परिवेश को एक तरह की अलौकिक पवित्रता प्रदान करते थे (निर्मल वर्मा)। वस्तुतः प्राकृतिक परिवेश के साथ सम्पृक्ति राष्ट्रीयता का ही एक रूप है। उसी प्राकृतिक परिवेश के वर्णन में लोक जीवन की धड़कन सुनायी देती है। इस लोक जीवन में वे सब तीज-त्योहार व्रत, उत्सव भी सम्मिलित हैं, जिनका सीधा सम्बन्ध मनुष्य के सामाजिक, सांस्कृतिक जीवन से है।

भाषा का राष्ट्रीयता से गहरा सम्बन्ध है। आचार्य शुक्ल ने भाषा को ही जातीय जीवन का रक्षक माना है। भाषा केवल विचारों के प्रेषण का माध्यम ही नहीं अपितु वह सभ्यता और संस्कृति का वाहक भी है। निर्मल वर्मा का यह कहना बिल्कुल सही

है कि भाषा एक राष्ट्र की अस्मिता उसकी चारित्रिक विशिष्टता को निर्धारित करती है, और उस राष्ट्र के सामूहिक अनुभव, स्मृतियाँ और संस्कार उसकी भाषा के अनूठे रूप को निर्मित करते हैं। इसलिए अपनी भाषा की अस्मिता की चिन्ता राष्ट्रीयता का ही एक पक्ष है।

इस प्रकार राष्ट्रीयता की इस भारतीय अवधारणा में किसी से किसी का विरोध नहीं है। विरोध पश्चिम की अवधारणा से उत्पन्न हुआ है। महामना मालवीय ने इसीलिए राष्ट्रीयता को महत्त्वपूर्ण भाव माना है। उनका स्पष्ट मत है कि जिस एक चीज से कोई देश उन्नति के शिखर पर पहुँच सकता है वह है राष्ट्रीयता। इसलिए जब हम राष्ट्रीयता की अवधारणा के विषय में चिन्तन करें तो इस अन्तर को ध्यान में रखें और भारतीय अवधारणा के प्रति गौरव बोध जगायें।

पं. दीनदयाल उपाध्याय का चिन्तन संसार

भारतवर्ष में ऐसे अनेक मनीषी, चिन्तक, विचारक हुए हैं जिन्होंने सम्पूर्ण मनुष्यता के कल्याण के लिए जीवन मूल्यों की रचना की और उन जीवन मूल्यों को यावज्जीवन स्वयं में चरितार्थ किया। पं. दीनदयाल उपाध्याय ऐसे ही चिन्तक विचारक थे। उन्होंने भारतीय राजनीति, भारतीय अर्थनीति, शिक्षा नीति तथा भाषा नीति को नया आयाम दिया। उनका आरम्भिक जीवन अत्यन्त संघर्षपूर्ण था पर संघर्ष ने उन्हें दृढ़ बनाया और आत्मविलोपी भी। उस संघर्ष के कारण उनके भीतर जिस व्रत के प्रति निष्ठा जागृत हुई वह व्रत था चरैवेति चरैवेति का।

1937 में वे राष्ट्रीय स्वयं सेवक संघ के सम्पर्क में आये और संघ कार्य से जुड़ते चले गये। संघ के सम्पर्क में आकर उनके भीतर भारतीय परम्परा और संस्कृति के प्रति निष्ठा दृढ़ होती चली गयी। संघ के माध्यम से ही वे राजनीति में गये। वे भारतीय जनसंघ के महामन्त्री बने और 1967 के कालीकट (केरल) अधिवेशन में भारतीय जनसंघ के राष्ट्रीय अध्यक्ष। 1968 में अत्यन्त संक्षिप्त जीवनकाल में अविस्मरणीय छाप छोड़ते हुए इस दुनिया से विदा हुए।

दीनदयाल जी राजनीतिज्ञ संस्कृति चिन्तक एवं अर्थ चिन्तक थे। उनका राजनीतिक दर्शन, संस्कृति दर्शन एवं समाज दर्शन शिक्षा दर्शन और भाषा दर्शन अत्यन्त महत्त्वपूर्ण है पर उनके चिन्तन का केन्द्र बिन्दु है एकात्म मानववाद। एकात्म मानववाद पण्डित जी का मुख्य विचार दर्शन है। यह अद्वैत दर्शन परम्परा से मेल खाता है। एकात्म मानववाद सर्वव्यापी तत्त्व की खोज करनेवाला दर्शन है। दीन दयाल जी ने पश्चिम की इस मान्यता को अस्वीकार किया है कि इस शरीर में ही सुख है और इन्द्रियों द्वारा प्राप्त सुख चरम सुख का पर्याय है। उन्होंने कहा कि मनुष्य केवल शरीर नहीं है, वह शरीर, मन, बुद्धि, आत्मा का समुच्चय है। दीनदयाल जी का कथन श्रीमद् भगवद गीता के सन्दर्भ से मेल खाता है—

इन्द्रियाणि पराण्याहुरिन्द्रियेमयः परं मनः।
मनसस्तु परा बुद्धिर्यो बुद्धेः परतस्तु सः ।। (गीता 3/42)

कठोपनिषद् में भी इसी अर्थ की अभिव्यक्ति है—

आत्मानं रथिनं विद्धि शरीरं रथमेव तु।
बुद्धिं तु सारथिं विद्धि मनः प्रग्रहमेव च।। (वल्ली 3, मन्त्र 3)

जीवात्मा रथ का स्वामी, शरीर रथ, बुद्धि सारथी, मन लगाम है तथा इन्द्रियाँ घोड़े हैं।

इसी आधार पर दीनदयाल जी ने पूरे समाज की रचना का विचार करते हुए उसे चार भागों में बाँटा—व्यष्टि, समष्टि, सृष्टि और परमेष्टि। व्यष्टि समष्टि पर अर्थात् व्यक्ति समाज पर अवलम्बित है, समष्टि अर्थात् समाज सृष्टि पर निर्भर है और सृष्टि का संचालन परमेष्टि द्वारा होता है। दीनदयाल जी का कहना था कि' "भौतिक उपकरण मानव के सुख के साधन हैं, साध्य नहीं। जिस व्यवस्था से भिन्न रुचि प्रवृत्तियों से युक्त मानव का विचार केवल एक औसत मानव से हो अथवा शरीर-मन-बुद्धि-आत्मा युक्त अनेक ऐषणाओं से प्रेरित पुरुषार्थ चतुष्टयशील सम्पूर्ण मानव के स्थान पर एकांगी मानव का ही विचार किया गया हो, वह अधूरी है। हमारा आधार एकात्म मानव है जो अनेक एकात्म समष्टियों का एक साथ प्रतिनिधित्व करने की क्षमता रखता है। मानववाद या एकात्मवाद अथवा एकात्म मानववाद के आधार पर हमें सम्पूर्ण व्यवस्था का विकास करना होगा।"

दीन दयाल जी यह मानते थे कि मनुष्य की वास्तविक प्रगति केवल शरीर की प्रगति नहीं है जिसकी बात पश्चिम करता है। मनुष्य की प्रगति शरीर, मन, बुद्धि, आत्मा की समन्वित प्रगति है। दुर्बल मनुष्य आत्मा का साक्षात्कार नहीं कर सकता। दीनदयाल जी ने इसीलिए भारतीय परम्परा में वर्णित धर्म, अर्थ, काम, मोक्ष जैसे पुरुषार्थ चतुष्टय की बात की जिसमें सब एक-दूसरे के पूरक हैं। अर्थ और काम भी पुरुषार्थ हैं पर उन्हें धर्म अर्थात् प्रेरक जीवन मूल्यों से नियन्त्रित होना चाहिए और उनका लक्ष्य मोक्ष अर्थात् लोक कल्याण होना चाहिए। दीनदयाल जी व्यक्तिगत मुक्ति के नहीं, सामूहिक मुक्ति के समर्थक थे—"मुक्ति इतनी छोटी चीज नहीं है जो समाज को छोड़कर किसी एक को एकान्त में मिल जाय। किसी प्रकार की सिद्धि भले ही प्राप्त हो जाय, तथापि वह सिद्धि तब तक बेकार है जब तक वह अपने चारों ओर फैले समाज बन्धुओं को उन्नत करने में समायोजित न हो। मुक्ति नाम की व्यक्तिगत कोई चीज नहीं है। मुक्ति भी समष्टिगत है। जब समाज मुक्त होगा ऊँचा उठेगा, उन्नत होगा तभी व्यक्ति को शान्ति मिल सकती है। इसीलिए संन्यास आश्रम में प्रवेश करनेवाले भी लोक संग्रह का दायित्व ग्रहण करते हैं। मोक्ष वैयक्तिक नहीं हो सकता समाज की इतनी अव्यवस्था के रहते हुए मोक्ष नहीं मिला सकता। बिना सामाजिक उन्नति के यह सम्भव नहीं है और मोक्ष का मार्ग भारतीय मार्ग ही हो सकता है। राम राज्य में राम अकेले परमधाम नहीं गये, अयोध्या के सभी लोग जो राम के साथ गये, पशु पक्षी सहित—सभी—

परमधाम गये। दीन दयाल जी का यह समष्टिगत दृष्टिकोण ही एकात्म मानववाद का प्रकटीकरण है। यह सामूहिक मुक्ति की कल्पना है।

दीन दयाल जी यह मानते थे कि भारत की उन्नति का मार्ग भारतीयता का ही होगा। उनका यह मानना सही था कि भारतीय दृष्टि और पश्चिमी दृष्टि में एक मूलभूत अन्तर है। भारतीय दृष्टिकोण के अनुसार सम्पूर्ण ब्रह्माण्ड अंगी है मनुष्य उसका अंग है वैसे ही जैसे प्रकृति के अन्य उपादान। यहाँ प्रकृति के साथ अंगादि सम्बन्ध की कल्पना है, प्रकृति के प्रति विजय का दंभ नहीं। भारतीय संस्कृति में मनुष्य के श्रेष्ठत्व का निरूपण अवश्य है—'नहि मानुषात् श्रेष्ठतरं कि किञ्चित, पर यहाँ मनुष्य के श्रेष्ठत्व का प्रतिपादन इस अर्थ में है कि उसे शेष सृष्टि की रक्षा का दायित्व निभाना है। जबकि पश्चिमी चिन्तन में मनुष्य की श्रेष्ठता के सिद्धान्त में समस्त प्रकृति उपभोग्य हैं और मनुष्य एक मात्र उपभोक्ता। भारत में 'तेन त्यक्तेन भुञ्जीथा' का भाव सर्वत्र है। यही कारण है कि पश्चिमी और भारतीय मानववाद में गुणात्मक अन्तर है। पश्चिम में विवेकवाद की प्रतिष्ठा है, पर वैराग्य की नहीं, वैराग्य के बिना विवेक मूल्यहीन है, अनैतिक है। भारत में जिस साधन चतुष्टय की बात कही गयी है, उसमें विवेक के साथ वैराग्य, षड्सम्पत्ति और मुमुक्षत्व की अवधारणा है। इस षड् सम्पत्ति को गीता में दैवी सम्पत्ति भी कहा गया है—शम (संयम—मानसिक स्थिरता), दम (बाह्येन्द्रियों से मन को हटाना), तितिक्षा (क्षमा-सहनशीलता), उपरति (विराग विषय भोगों से), श्रद्धा (पूज्यभाव, विश्वास), समाधान (समाधि-सन्देह निवांरण)—ये दैवी सम्पत्ति हैं।

दीनदयाल जी का मानना था कि समष्टि का विचार कर कार्य करनेवाले लोगों की शक्ति ही समूहिक संगठित शक्ति है। यह सामूहिक भाव ही राष्ट्रीयता है और यही कसौटी है जिस पर हमारी प्रत्येक कृति, प्रत्येक व्यवस्था ठीक या गलत गिनी जायेगी। राष्ट्र की अस्मिता, इसके इतिहास, संस्कृति सभ्यता का विचार सर्वोपरि है।

दीनदयाल जी की अर्थनीति में विकेन्द्रीकरण केन्द्रीय विचार है। उनका मानना है कि पश्चिमी प्रोद्योगिकी और विकेन्द्रीकरण एक साथ नहीं चल सकते। उनकी दृष्टि में विकेन्द्रीकरण की मौलिक इकाई है व्यक्ति और कुटुम्ब। वे कहते हैं कि हमें ऐसी प्रणाली अपनानी पड़ेगी जिसमें हम कुटुम्ब को इकाई बना सकें। सार्वजनिक उद्योगों के कारण अधिकाधिक शक्ति राज्य के हाथ में आती है। राज्य का प्रजातन्त्र में व्यावहारिक अर्थ होता है वह दल जिसके हाथ में शासन सूत्र हो। इस प्रकार शासकीय दल के हाथ में अधिकाधिक शक्ति आ जाती है। यह केन्द्रीकरण सदैव ही प्रजातन्त्र के लिए घातक होता है। उद्योग धन्धों को यदि सफलतापूर्वक चलाना है तो यह आवश्यक है कि उन्हें पूर्णतया आर्थिक आधार पर सार्वजनिक हितों के अधीन चलाया जाय। अतः उन्हें दिन-प्रतिदिन बदलनेवाली दलीय राजनीति से अलग रखना होगा।

दीनदयाल जी की भाषानीति एकदम स्पष्ट और भारतीय भाषाओं के संवर्द्धन के प्रति समर्पित नीति थी। दीनदयाल जी ने नेहरू सरकार की भाषा नीति पर प्रश्नचिह्न

लगाया था—"देवनागरी लिपि में लिखी गयी 26 जनवरी, 1965 से भारतीय राज्य की 'मुख्य' भाषा रहेगी। यदि जन भावनाओं का सम्मान किया गया होता तो अलग से जोड़ा गया यह 'मुख्य' शब्द नहीं होता, केवल हिन्दी ही राष्ट्र की राजभाषा होती।"

दीनदयाल जी हिन्दी के विरोधियों को दो श्रेणियों में रखते हैं—एक श्रेणी ऐसे लोगों की है जो सिर्फ हिन्दी के विरोधी नहीं बल्कि वे एक राष्ट्र, एक संस्कृति और एक देश के ही विरोधी हैं। वे भारत का एक और विभाजन चाहते हैं। इस कारण वे हिन्दी को भारतीय लोगों की भारत पर 'राजशाही' का एक माध्यम मानते हैं उनके अपने राजनीतिक उद्देश्य हैं। उनसे लड़ना और उन्हें पराजित करना आवश्यक है। दूसरे वे हैं जो अंग्रेजी में कार्य करने के अभ्यस्त हैं। दीनदयाल जी उनकी उपेक्षा करने की नीति अपनाते हैं।

दीनदयाल जी के अनुसार सभी भाषाएँ राष्ट्रीय भाषाएँ हैं। हिन्दी भाषा भारत की पहचान है, इस वजह से सभी सरकारी काम-काज के लिए उसी को अधिकारिक भाषा का सम्मान मिलना चाहिए। स्थानीय भाषाओं को राज्यों की भाषा के तौर पर इस्तेमाल किया जा सकता है।

दीनदयाल जी इस महत्त्वपूर्ण तथ्य से पूर्णतया अवगत हैं कि हिन्दी ने स्वतन्त्रता संग्राम में महत्त्वपूर्ण भूमिका निभायी है। यह हमारी स्वाधीनता की पहचान है। उनकी दृष्टि में हिन्दी प्रतिरोध की भाषा थी। दीन दयाल जी यह मानते हैं कि—भाषा किसी शून्य में नहीं पनपती न ही सरकारी फाइलों में इसका विकास सम्भव है। वह लोगों के साथ जीती है और लोग भी भाषा के जरिये ही जीवन यापन करते हैं। इसलिए आनेवाली 26 जनवरी, 1965 से हमें प्रण करना चाहिए कि हम केवल अपनी ही भाषा का इस्तेमाल करेंगे। हम सरकार के नक्शेकदम पर नहीं चलेंगे बल्कि सरकार को जनता के बनाये रास्ते पर चलना होगा। दीनदयाल जी का दृढ़ मत था कि भाषा में जनता की शक्ति निहित है। वे कहते हैं "अगर हम अपनी मातृभाषा के प्रति अपनी जिम्मेदारी सम्भालेंगे तो सरकार के पास गिरवी रखी जनता की शक्ति हमें वापस मिल जायेगी। इससे हमारे नजरिये में एक क्रान्तिकारी परिवर्तन आयेगा हम जिस जड़ता की अवस्था में है उससे हमें मुक्ति मिल जायेगी।"

दीनदयाल जी ने हिन्दी की शब्द सम्पदा पर भी विचार किया है। पारिभाषिक शब्दावली के सन्दर्भ में उन्होंने नेहरू जी की नीति का विरोध किया। उन्होंने इस बात पर बल दिया कि फारसीकृत हिन्दी या अंग्रेजी कृत हिन्दी उद्देश्य की पूर्ति नहीं कर सकेगी। उन्होंने वर्णशंकर हिन्दुस्तानी के प्रयोग को भी घातक बताया। उन्होंने 'अन्य पुरुषों के विरुद्ध आरोप हैं' कि बदले 'दीगर अश्खास (शख्स का बहुवचन) के खिलाफ इल्जाम हैं प्रयोग को अव्यवहारिक बताया। उन्होंने पारिभाषिक शब्दों के मामले में संस्कृत ओर जाना ही सार्थक माना। ध्यातव्य है कि राहुल सांकृत्यायन ने भी पारिभाषिक शब्दावली के मामले में तत्सम शब्दों के प्रयोग को उचित बताया था। उन्होंने

भी विदेशी स्रोत होने के कारण अरबी-फारसी या अंग्रेजी के शब्दों के प्रयोग को अव्यावहारिक बताया था।

दीनदयाल जी ने कुछ प्रान्तों या संगठनों द्वारा हिन्दी के विरोध को निराधार बताया। उनका यह दृढ़मत था कि हम चाहे जितना प्रयत्न कर लें भारतीय आत्मा की अभिव्यक्ति अंग्रेजी के माध्यम से नहीं कर सकते।

उन्होंने हिन्दी सीखने के अनिच्छुक लोगों द्वारा किये जा रहे हिन्दी विरोध की उपेक्षा करने की बात कही। उन्होंने इस भ्रमात्मक प्रचार पर चिन्ता प्रकट की कि हिन्दी प्रादेशिक भाषाओं के अस्तित्व को समाप्त कर देगी। उन्होंने हिन्दी की विभिन्न बोलियों के विकास के प्रति अपनी आश्वस्ति जतायी तथा हिन्दी और बोलियों के बीच आपसी सामंजस्य पर बल दिया। उन्होंने विश्वास व्यक्त किया कि जैसे-जैसे हिन्दी का प्रचार बढ़ेगा अन्य प्रदेशों में भी वहाँ की भाषाओं में उत्कृष्ट साहित्य का सृजन होते हुए उनकी प्रगति होगी। हाँ हिन्दी को समझनेवालों की संख्या बढ़ जायगी तथा वह अन्तर प्रान्तीय व्यवहार का माध्यम बन जायगी।

दीनदयाल जी के व्यक्तित्व का एक पक्ष रचनाकार का है। उनके निबन्ध, व्याख्यान तथा 'सम्राट चन्द्रगुप्त' और 'जगत् गुरु शंकराचार्य' उपन्यास उनके साहित्यकार व्यक्तित्व का उदाहरण है। उनके दोनों उपन्यास किशोरावस्था के लोगों को भारतीय संस्कृति, भारतीय राष्ट्रीयता, भारतीय संस्कृति की उज्ज्वल परम्परा, नैतिक आदर्श तथा भारत की एकता तथा अखण्डता की प्रेरणा देने के लिए लिखे गये। चन्द्रगुप्त ने चाणक्य के मार्ग दर्शन में सम्पूर्ण भारत को राजनैतिक दृष्टि से एकता के सूत्र में बाँधा था। आदि शंकर ने सम्पूर्ण भारत को सांस्कृतिक एकता के सूत्र में आबद्ध किया था। भारतवर्ष के किशोरों में एकता और राष्ट्रीयता की भावना के संचार के लिए ये उपन्यास लिखे गये।

ध्यातव्य है कि ये दोनों उपन्यास उस समय लिखे गये जब स्वतन्त्रता संघर्ष अपने चरम पर था और राष्ट्र को विभाजनकारी शक्तियों से बचाना उद्देश्य था। ऐसी स्थिति में दीनदयाल जी को लगा कि चन्द्रगुप्त और आदिशंकर का व्यक्तित्व प्रेरणास्पद हो सकता है। दीनदयाल जी मानते थे कि "बिना सांस्कृतिक एकता के बिना विचारों के एकच्छत्र साम्राज्य के राजनीतिक एकता टिकाऊ नहीं होती। राजनीतिक एकता के मूल में सांस्कृतिक एकता चाहिए। सांस्कृतिक एकता हुई तो फिर राजनीतिक एकता के लिए प्रयत्न करनेवाले वीर जन्म ले सकते हैं। सांस्कृतिक एकता होते हुए राजनीतिक विभिन्नता भी राष्ट्र का गला नहीं घोंट सकती, उसके शरीर को चाहे कृष कर दे पर आत्मा को नहीं नष्ट कर सकती।" जगद्गुरु शंकराचार्य उपन्यास लिखते समय दीनदयाल जी की दृष्टि स्पष्ट थी, लक्ष्य साफ था। वे राष्ट्रीय एकता के लिए आचार्य शंकर से कहलवाते हैं—"सभी देवी देवता एक ही परब्रह्म के भिन्न-भिन्न स्वरूप हैं...रामेश्वर में शिव की प्रतिष्ठा और उपासना करके समुद्रोत्तरण व लंका विजय

करनेवाले राम और राम का नाम लेकर हलाहल पान करनेवाले शिव में विरोध कैसा? सती के शव को कन्धे पर रखकर भारत भ्रमण करनेवाले शिव और दूसरे जन्म में भी शिव को वरण करने की इच्छा में घोर तपस्या करनेवाली गिरिजा में कैसा अन्तर? ये सब तो एक ही है। जो वैष्णव है, वह शैव हैं और वही शाक्त भी हैं।

'चन्द्रगुप्त' नाटक का मूल स्वर भी राष्ट्रीय है। चाणक्य का वाक्य उसकी राष्ट्रीय चिन्ता को उजागर करता है—"आज देश में वीरता है, शूरता है अपनी स्वतन्त्रता के लिए सब-कुछ अर्पित करने की शक्ति है परन्तु यदि कमी है तो बस अखिल भारतीय एकच्छत्र सम्राट् की जो सबको बाँध सके। यदि यह नहीं हुआ तो भारतवर्ष पर यवनों का आधिपत्य हमेशा के लिए हो जायेगा।"

दीनदयाल जी के व्यक्तित्व का एक पक्ष पत्रकार का भी है। उन्होंने 'राष्ट्रधर्म', 'पाचंजन्य', 'स्वदेश', 'आर्गेनाइजर', 'हिमालय' जैसे पत्रों का सम्पादन प्रकाशन किया। उन्होंने पत्रकार कर्म को दायित्व मानकर स्वीकार किया और जीवन पर्यन्त अपनी मान्यता पर अडिग रहे कि एक पत्रकार की निष्ठा केवल देश के प्रति ही होनी चाहिए।

इस प्रकार दीनदयाल जी के व्यक्तित्व के अनेक महत्त्वपूर्ण पक्ष हैं जिन पर गम्भीरतापूर्वक विचार कर हम देश को उसके पूरे स्वत्व और स्वाभिमान के साथ विश्व के समक्ष खड़ा कर सकते हैं।

●●●